2016最具公众影响力公共关系案例集

金旗奖编委会 ◎ 编著

新世界出版社
NEW WORLD PRESS

图书在版编目（CIP）数据

2016最具公众影响力公共关系案例集/金旗奖编委会编著.－－北京：新世界出版社,2017.5
ISBN 978-7-5104-6239-9

Ⅰ.①2… Ⅱ.①金… Ⅲ.①公共关系学—案例 Ⅳ.①C912.3

中国版本图书馆CIP数据核字(2017)第060195号

2016最具公众影响力公共关系案例集

作　　者：金旗奖编委会
责任编辑：贾瑞娜
责任印制：李一鸣　黄厚清
出版发行：新世界出版社
社　　址：北京西城区百万庄大街24号（100037）
发 行 部：（010）6899 5968　（010）6899 8705（传真）
总 编 室：（010）6899 5424　（010）6832 6679（传真）
http://www.nwp.cn
http://www.nwp.com.cn
版 权 部：+8610 6899 6306
版权部电子信箱：nwpcd@sina.com
印　　刷：北京京华虎彩印刷有限公司
经　　销：新华书店
开　　本：710mm×1000mm　1/16
字　　数：320千字　印张：20.75
版　　次：2017年5月第1版　2017年5月第1次印刷
书　　号：ISBN 978-7-5104-6239-9
定　　价：58.00元

版权所有，侵权必究
凡购本社图书，如有缺页、倒页、脱页等印装错误，可随时退换。
客服电话：（010）6899 8638

本书编委会

主　编：银小冬

编审委员会：（按姓氏音序排列）

　　　　何春晖　李　君　李　曦　马旗戟　陶　西
　　　　王　薇　吴伟农　徐　俊　杨美虹　于　剑
　　　　于运全

编　委：（按姓氏音序排列）

　　　　陈　凯　陈小桃　樊传果　郭小安　胡远珍
　　　　矫　龙　蓝　劫　李明德　李雪峰　刘晓程
　　　　潘建新　彭焕萍　苏宏元　孙瑞祥　吴　磊
　　　　吴志远　杨丽萍　叶　珏　殷　俊　张晋升
　　　　张明新　张　宁　郑亚楠

前　言
PREFACE

继往开来又一年，金旗奖《2016最具公众影响力公共关系案例集》不负众望，如约而至，金旗奖案例集系列再添一员。

时光荏苒，岁月如梭，不知不觉，从2013年首度出版到现在，金旗奖案例集系列已经出版了四部，成为公共关系从业者的案头必备工具书、高校公共关系专业学生学习实战案例的必读参考书、公共关系类图书的热销书籍，我们深感骄傲；对于公共关系业界及学界的鼎力支持，我们满怀感恩。"每个出色案例都是一面旗帜"我们将再接再厉，将金旗奖案例集系列继续延伸下去，为中国公共关系行业的发展贡献一分力量。

当下我们正迎来一个变革的时代，新的世界政治经济秩序正在形成，中国正在成为世界的焦点；互联网的发展让中国的公共关系迎来弯道超车，令全球营销和公共关系业刮目相看。2016金旗奖邀请了众多重量级国际嘉宾参与，他们纷纷表示，未来全球营销和市场最重要的特点是："中国将成为议程设置者"。

时代在变革，科技在飞速发展，互联网和移动设备全面渗透到人们生活的方方面面，虚拟经济和实体经济已经密不可分，大量企业需要在新的世界政治经济格局下确定战略、展开博弈，这给拥有全球视野和战略性思维的公共关系从业者带来新的挑战和机遇，我们必须拥抱变革，并且成为变革的催化剂，转变心态，运用和发展新的实践和方法论来跟上这个变革的时代，同时我们也必须保持初心，我们不仅要正确做事，更要做正确的事。

树立典范,引领行业未来是我们的责任,也是金旗奖被创建的理由。让我们共同携手,共创公共关系行业更加美好的明天,一起"撸起袖子加油干"吧!

金旗奖组委会主席

中国公共关系网(17PR)总经理

银小冬

目 录
CONTENTS

2016最具公众影响力企业社会责任大奖

奥林巴斯大型肠胃健康公益项目　/002

"每一个行动都有意义"2015雅诗兰黛集团粉红丝带乳腺癌防治运动　/011

儿童安全过假期(Safe Kids @ Home)　/021

腾讯"守护者计划"　/031

星星点灯·关爱留守儿童公益计划　/040

名医主刀——名医公益联盟项目　/046

这次长征我们一起走·关爱震颤人群全国行　/051

2016最具公众影响力数字营销大奖

阿斯利康企业内部微信平台策划及营运项目　/060

蒙牛"随变随芯果"传播项目　/073

巧儿宜"好妈妈背靠背"儿童安全座椅推广项目　/081

sloggi"做舒服的自己"　/089

"优衣库KAWS联名系列"实现潮流民主化　/097

神秘代码——美丽说HIGO双十一地铁广告互动营销　/106

中国电信甜橙金融"互联网金融安全教育"　/114

2016最具公众影响力社群互动营销大奖

穿越百年见证七夕——茅台酒心巧克力事件营销　/124

2016最具公众影响力品牌传播大奖

京东618店庆月品牌传播　/132

澳优能力多《辣妈学院》跨国直播　/140

"美好，宛如初现"——TCL 750初现手机品牌传播案　/148

腾讯天天快报"芒种计划"　/156

2016最具公众影响力公关活动大奖

开放·分享——2015腾讯全球合作伙伴大会　/170

中粮福临门黄金产地玉米油奥运营销　/179

2016最具公众影响力内容营销大奖

"不忘初心，方得永恒"——I Do纪念日系列整合营销传播　/190

玩具"反"斗城中国第100家店开业传播项目　/201

长安FAN·欧尚边境线计划　/208

2016最具公众影响力娱乐营销大奖

网易游戏"倩女幽魂"品牌与电视剧《微微一笑很倾城》影游联动整合营销　/220

猎趣APP"拯救剁手党"网红直播推广项目　/229

OPPO娱乐明星定制机社会化系列传播　/238

 ## 2016最具公众影响力技术创新营销大奖

易赞"支付宝9.9新版"发布大数据精准营销——"让生活更简单！"　/248

网易乐得欧洲杯"斩男"H5　/260

 ## 2016最具公众影响力营销实效大奖

"烹"然心动在宜家——"小厨房中的大智慧"消费者推广活动　/270

2016年腾讯里约奥运实时营销　/278

 ## 附　录

2016最具公众影响力企业社会责任大奖

奥林巴斯大型肠胃健康公益项目

执行时间：2015 年至 2016 年 9 月
企业名称：奥林巴斯（中国）有限公司
品牌名称：奥林巴斯
获奖奖项：金旗奖——2016 最具公众影响力企业社会责任大奖

/ 项目概述 /

奥林巴斯大型肠胃健康公益项目，以肠胃健康话题作为切入点，在全国范围内通过各项公益活动，向社会公众推广积极主动的健康观，从根本上减少人们患病的概率。从 2008 年开始，一系列行之有效的肠胃健康启蒙活动拉开帷幕，并先后在全国举办了近 70 场活动，逐步帮助公众树立积极正确的健康观，消除对胃镜筛查的理解误区。2010 年，奥林巴斯倡议每年的 10 月为"爱胃月"，并以专家讲座、健康沙龙、光学巡礼、健康公益跑等丰富的线下活动，让公众在收获健康运动乐趣、了解肠胃健康知识的同时，唤醒公众对肠胃健康的重视，成功引起关爱下消化道健康的社会话题。未来，奥林巴斯会把"爱胃月"活动持续下去，并始终致力于为实现人类健康而不断努力。

/项目背景/

2008年,由卫生部和中国抗癌协会共同发起的"中国癌症防治科普宣传促进计划"的一组数据显示:中国每年新发40万胃癌患者,占世界发病人数的42%,大肠癌上升速度直逼5%。遗憾的是,中国的胃癌早期诊断率不足10%,5年生存率仅为20%,这组数据引起了奥林巴斯对中国公民肠胃现状的关注。为此,奥林巴斯以肠胃健康理念为核心、倡"三早"树"爱胃",发起任重而道远的公益行动。

/项目调研/

(1)首先,国人对健康有了初步的概念与认知,但对肠胃健康的重视程度较低;其次,公众对于胃镜筛查的认知普遍存在误区和恐惧心理;最后,大多数人不知道胃镜检查是对胃癌早期症状筛查最有效的方法。

(2)奥林巴斯持续开展了媒体沟通会、健康沙龙等工作,实现对媒体人的初期教育工作,通过媒体的传播平台实现第一阶段的传播工作。

(3)2010年,在奥林巴斯整体品牌传播有了基础声量后,策划了以"爱胃"为主题的大型公益活动,并将每年的十月定义为"爱胃月"。在七年的项目进行历程中,根据市场环境的改变不断推陈出新,通过大型线下健康活动,结合微博、微信、APP(手机应用程序)制作等线上推广,实现奥林巴斯品牌"认可度+美誉度"的双重打造。

/项目策划/

策划目标:

在国人对肠胃健康普遍缺乏认知的现状下,奥林巴斯定义每年10月为"爱胃月",传递"三早"理念及正确的内窥镜检查理念,开展健康知识教育,消除公众对内窥镜检查的恐惧心理,从而搭建起公众与奥林巴斯医疗品牌沟通与信任的桥梁。

目标1:提高公众对奥林巴斯医疗品牌的认知度,通过线上线下联动传播,达到影响人群超过千万人次。

目标2:愿意自主进行胃镜筛查人群比例明显提升。

传播策略及内容:

(1)在全国范围内掀起一场可持续的以"肠胃健康"为话题的公益活动。通过公关手法,针对奥林巴斯B2B(企业对企业)领域整体品牌进行阶段传播,启动"爱胃月"大型公益活动,从对奥林巴斯整体品牌的认知度引导上升到对"认知度+美誉度"的双重打造。

(2)以"中国人的肠胃健康"为话题高度,引领全新健康文化理念。挖掘中国人的肠胃健康现状,打造以"早发现、早诊断、早治疗"为核心的肠胃健康"三早"理念,软性植入奥林巴斯医疗领域品牌DNA(基因),树立整体品牌形象,引发社会公众、专家、权威媒体三方的强烈共鸣。

(3)因地制宜,引发重点报道。从全国不同地域的饮食文化、生活习惯、肠胃疾病健康现状、内窥镜检测等几方面入手,因地制宜地开展具有针对性的公益活动。

(4)互动式活动,激发参与热情。在活动策划执行中,强调互动式的活动氛围,以线上线下联动的方式,进行丰富有趣的肠胃健康相关体验环节。通过专家背书、公众参与度的热忱,吸引媒体关注,获得媒体多角度、多内容报道。

媒体策略:

以线上线下联动传播的方式,充分有效地将传统传播与Social(社交)传播相结合。

(1)传统传播:利用传统媒体+互联网媒体共振传播,打造品牌整体形象,传播"三早"理念。

（2）Social 传播：利用微博、微信、APP 等线上推广，以及肠胃健康网等新平台的搭建，立体构建话题；同时，对意见领袖人物和核心事件进行多层次的深度解读，结合圈层媒体通过先 2 B（对商家）再 2 C（对个人）的方式影响受众。

/ 项目执行 /

1. "承光之力 点亮生命"光学巡礼活动

2015 年，奥林巴斯正式开启"承光之力 点亮生命"光学巡礼活动，在成都、上海、北京等城市相继举办展览，日均参观人数近千人。巡展涵盖了医疗、影像、生命科学及产业领域的精华成果，其中"我是大医生"体验环节，让小朋友们以角色扮演的方式，了解胃镜的知识和工作原理。

2. "胃·爱的轨迹"健康公益跑

聚合"移动互联网 APP 应用""健康公益理念宣传"和"时尚运动"三

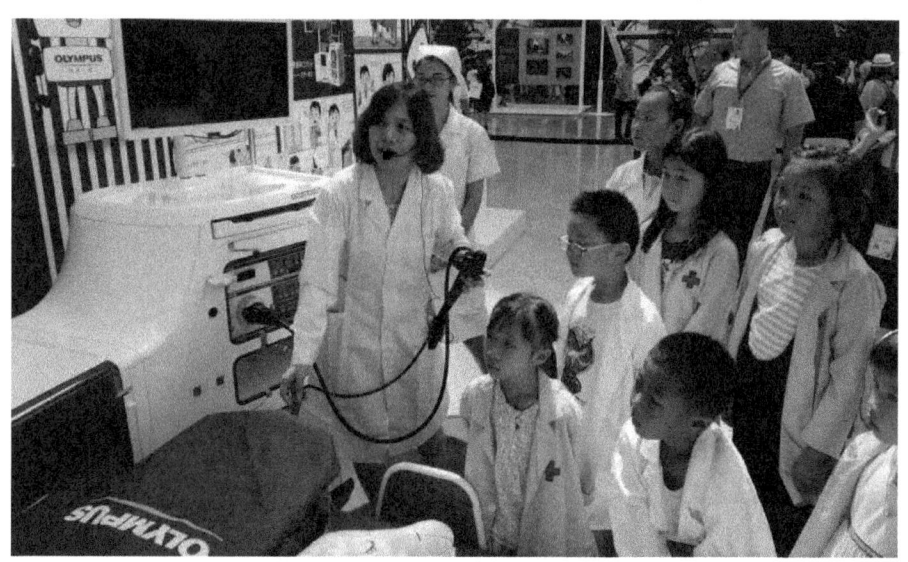

小朋友参与"我是大医生"职业体验

重元素的特别轨迹跑，参与者利用有轨迹记录功能的跑步 APP 应用，将"胃"形跑步轨迹图上传。本次活动相比以往的公益宣传具有更鲜明的移动互联特征，高度契合现代人的生活和娱乐体验模式。活动分别在北京（朝阳公园、奥林匹克森林公园、园博园）、上海（世纪公园、黄兴公园）两城五地举办，活动不仅吸引了大量粉丝与热爱健康人士的踊跃参与，更是引起了社交网站上对于肠胃健康的大讨论。

3. "肠胃健康沙龙"活动

2015 年，奥林巴斯先后在石家庄与成都两个城市成功开展了大型主题公益沙龙活动。河北医科大学第二医院消化科姜慧卿主任、四川大学华西医院消化内科吴浩主任受邀出席，旨在通过专家与公众面对面的交流形式，将科学的"三早"健康理念和丰富的健康知识带给两地市民。奥林巴斯多年来致力于培育积极主动的健康观，两个城市的健康公益沙龙得到了社会的广泛支持和肯定，成就了一段企业社会公益的佳话。

Runner（跑步者）与"胃"形跑步轨迹合影

4. 奥林巴斯肠胃年龄洞察报告

2015年,奥林巴斯在"爱胃月"启动仪式现场发布了《奥林巴斯12城市"肠胃年龄"调研报告》,明确了爱胃行动的新使命——"胃年轻,我要行动起来"号召公众关注自身肠胃健康,共同呵护肠胃。2016年,奥林巴斯再度面向全国12个城市,针对此前参与过2015肠胃年龄调研项目的,年龄在35~60岁人群进行了肠胃年龄再调研并发布《2016中国12城市肠胃年龄洞察》。报告显示,被访者的肠胃年龄普遍下降,肠胃早衰现象初现改观。与去年相比,大部分被访者肠胃更加健康,逐步形成对肠胃内窥镜检查的正确认知,对内窥镜检查的恐惧感有所下降,"早发现,早诊断,早治疗"的科学理念正在使更多人从中受益。

5. "胃·健康的力量"5000万步大挑战健康公益跑

2016年4月至6月,通过粉丝每日将步数截图后,上传奥林巴斯微信,完成5000万步数的累计。旨在通过跑步活动,向公众传递肠胃健康知识和"早

四川大学华西医院消化内科吴浩主任带来消化道健康讲座

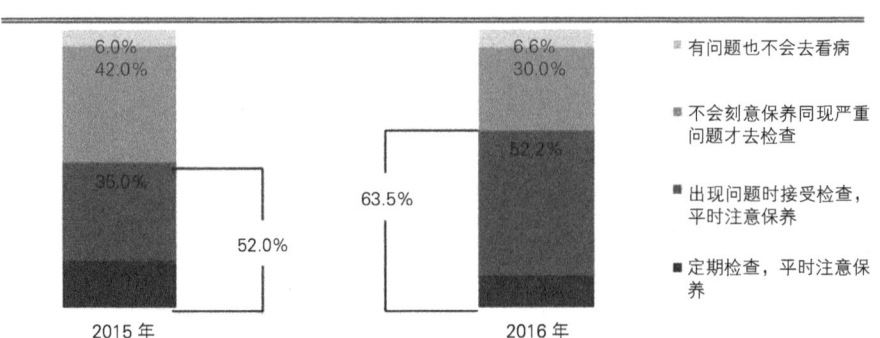

肠胃健康重视情况调研

发现、早诊断、早治疗"的"三早"理念，引发人们对肠胃健康的关注。依托奥林巴斯官方微博、微信两大平台，通过线上开启互动话题，配合线下活动，并结合APP等自媒体渠道实施互动宣传，形成话题传播。

/ 项目评估 /

效果综述：

奥林巴斯不断为社会提供新价值，始终致力于公益领域，依托自身资源优势，开展了一系列旨在传递"三早"健康理念、提升公众对于内窥镜检查正面认知的公益活动，实现了对奥林巴斯品牌"认知度"和"美誉度"的双重打造。

受众及市场反馈：

截至目前，根据活动到场人数、网络、平面传播等数据统计，奥林巴斯大型健康公益项目影响人群超过8400万人次；通过正面内窥镜检查市场教育，根据最新问卷结果反馈，愿意定期接受肠胃检查的调查者从2015年的27%提升至现在的64%，实现了质的飞跃。

"胃·健康的力量"杭州站合影暨三千万步达成纪念

亲历者说： 丁莹　奥林巴斯（中国）有限公司　品牌战略统括本部　副本部长

纵览奥林巴斯大型肠胃健康公益项目，不论是持续的时间还是需要投入的资源，对企业自身而言，都是一个非常现实的考验。但奥林巴斯始终坚信，先进的医疗设备是保证疾病治疗和康复的手段，而积极主动的健康价值观，则能从根本上预防疾病的困扰。本着高度的企业社会责任感和对生命的关爱，在过去、现在和将来，奥林巴斯都将以自身医疗品牌的深厚底蕴，倾情奉献于健康公益行动之中。

案例点评

点评专家：张晋升　暨南大学新闻与传播学院副院长，教授

作为社会的经济细胞，企业的成长和发展不仅来源于内在的驱动要素和品牌创新的爆发力，也在于社会公众对于企业理念和行为的认同及评价。如果说企业品牌的塑造是基于产品质量和品牌识别系统的自我建构过程，那么企业社会责任的履行则体现了企业价值观如何赢得公众认同的社会营销过程。正如"现代营销学之父"菲利普·科特勒所说的"履行企业社会责任是一种最好的营销方式"，是推动企业社会责任影响力向品牌认知度延伸转化的有效手段。

作为一家有着97年悠久历史的光学科技企业，奥林巴斯的业务涉及医疗、影像、生命科学及产业等多个领域，其医疗内窥镜在世界范围的占有率高达70%以上，而中国每年新发40万胃癌患者，胃癌早期诊断率不足10%的医疗现状，促使奥林巴斯发起了以肠胃健康理念为核心的公益行动，用企业责任来回馈社会，以社会营销建立公众认同，产生了巨大的社会影响。

奥林巴斯公共关系的亮点有三：一是理念上以利他作为公众关系的出发点，通过各项公益活动，向公众推广积极主动的健康观；二是行动上直逼"肠胃健康"这一公众核心需求，通过多样化的线上线下活动为公众生活带来改变；三是以利益共享作为营销诉求，创造体现新型社会关系的情感依赖和价值认同。

"每一个行动都有意义" 2015雅诗兰黛集团粉红丝带乳腺癌防治运动

执行时间：2015年9月至11月
企业名称：雅诗兰黛（上海）商贸有限公司
品牌名称：雅诗兰黛（上海）商贸有限公司
获奖情况：金旗奖——2016最具公众影响力企业社会责任大奖

/ 项目概述 /

1992年，雅诗兰黛集团粉红丝带乳腺癌防治运动创立，目前已遍及70多个国家和地区，覆盖数十亿人群。2003年，雅诗兰黛集团将粉红丝带乳腺癌防治运动带到中国，积极通过各种方式宣传推广粉红丝带运动。

2015年，雅诗兰黛公司提出"每一个行动都有意义"作为全新的沟通主题，旨在让每一个人，尤其是年轻女性，通过微小的行动预防乳腺癌。通过新媒体和社交媒体，得以触及更多年轻人，引起他们对于乳腺癌的重视。

此次活动，通过线上与线下事件的全面策划，意在引起公众对于乳腺癌预防的重视并积极成为粉红丝带精神的传播者，向身边人普及预防乳腺癌相关科普知识，扩大影响。通过公众、明星效应及媒体的传播，此次粉红丝带乳腺癌防治运动得以产生一定的影响力。

/ 项目背景 /

雅诗兰黛集团致力于为女性提供最高品质的产品和服务的同时,也关注她们的身心健康。1992年,雅诗兰黛集团前高级副总裁伊芙琳·兰黛和友人设计了一枚粉红丝带,并发起了粉红丝带乳腺癌防治运动,旨在向全球女性宣传"及早预防、及早发现、及早治疗"乳腺癌防治理念。目前已遍及70多个国家和地区,覆盖数十亿人群。

2003年,雅诗兰黛集团将粉红丝带乳腺癌防治运动带到中国,积极通过各种方式宣传推广乳腺癌防治运动,包括派发粉红丝带及乳腺癌防治信息卡,用粉色点亮地标建筑,举办公益音乐会,提供免费乳腺体检等,并于2013年发布中国首部数字化乳腺健康指南——"粉红丝带乳腺健康粉皮书"APP,为广大女性提供个性化贴身乳腺健康指导。

同时,雅诗兰黛公司积极与政府机关和医疗机构合作,加强乳腺癌的宣教和研究。2015年,雅诗兰黛公司与复旦肿瘤医院合作发布年轻女性患病因素《生活方式及心理应激对年轻乳腺癌患者患病影响》研究。

/ 项目调研 /

雅诗兰黛公司与复旦肿瘤医院合作发布年轻女性患病因素《生活方式及心理应激对年轻乳腺癌患者患病影响》研究,该研究共纳入582例小于40岁的乳腺癌患者及540例小于40岁的乳腺良性疾病对照女性。通过近两年的跟踪调研,发现中国年轻女性乳腺癌患病的一些最新趋势及诱发患病的危险因素。

2015 雅诗兰黛集团粉红丝带乳腺癌防治运动

亚洲年轻乳腺癌患者比率明显高于西方

全球年轻乳腺癌患者的发病率近年来有明显上升的趋势,来自美国肿瘤监测、流行病学和最终结果数据库的数据显示,约11%的乳腺癌患者年龄为35~45岁。而亚洲人群中年轻乳腺癌患者比率明显高于西方,占亚洲所有乳腺癌患者的9.5%~12%。中国近年来中青年乳腺癌患者激增,成为年轻女性中死亡率增长最快的癌症之一。

生殖遗传、生活习惯及精神压力成为年轻女性乳腺健康杀手

乳腺是对有关激素(雌激素、孕激素)反应极敏感的器官,女性很容易因精神创伤而影响神经内分泌激素的平衡,长期不良情绪体验可能与乳腺癌变相关。年轻女性是一个特殊的群体,处于事业上升期又兼具家庭、社会责任,快速的城市生活节奏和社会压力无法使其放慢节奏,以致机体长期处于应激状态,致使这些女性感到生活"很累",身体不适,精神压抑,自我调节能力降低,并抑制机体的免疫能力与内分泌平衡,从而降低了机体对致癌因素的抵抗力或使得机体的易感性提高,增加了罹患乳腺癌的危险。年轻女性应学会适当调整节奏、充分放松、自我减压,体验积极的情绪,从而提高个人的生活质量,减少患病的可能。

报告给出如下几点建议,以规避和降低乳腺癌的发生风险:采取符合人自然秉性的生活和生育方式;采取健康化、多元化饮食,低糖低脂,禁烟,保证蔬菜水果摄入;保持正常生活节律并放松心态;进行适宜强度的户外运动;以及进行一年一次的乳腺检查,并重视家族史和遗传咨询。

/ 项目策划 /

策划目标:

引起广大女性,尤其是年轻女性对于预防乳腺癌的重视,积极传播乳腺癌防治观念和知识给周围的家人、朋友。塑造雅诗兰黛公司积极关爱女性健康,帮助女性远离病痛的企业形象,体现企业社会责任。

策略:

2015年,雅诗兰黛公司提出""Every Action Counts"(每一个行动都有意义)的主题。此次活动迎合年轻用户习惯,加重社交媒体线上平台比重,在线上线下平台进行整合传播,旨在呼吁人们付出一个微小的行动,分享传播"及早预防、及早发现、及早治疗"的防治理念。

目标受众:

20岁以上关注自身健康尤其是乳腺健康的女性,以及乐于传播分享相关信息的大众。

媒体策略：

迎合年轻用户习惯，加重社交媒体平台传播比重，在大众类、时尚类、健康类、女性类新媒体及传统媒体进行整合传播。

传播内容：

● 前期预热（7月至10月）。

（1）"小粉T"H5（HTML 5 页面，可在移动设备上支持多媒体）互动。粉丝可在H5互动页面中，在"小粉T"上设计传达爱意的图案及自己的乳腺癌防治宣传宣言，从而生成一件写有体现粉红精神宣言的粉色T恤，粉丝可分享给朋友。

（2）"图说乳腺癌"科普知识专题。通过长图文的方式，以生动有趣的形式向大众普及乳腺癌相关知识，包括自检教程、乳腺癌的诱因及预防乳腺癌的方式。

（3）南京粉红健康走。邀请王励勤作为粉红丝带大使，在南京玄武湖畔开启雅诗兰黛公司粉红健康走活动，并邀请乳腺癌相关专家为南京市民免费义诊。

（4）"粉红丝带公益音乐会抢票"H5及粉红倒计时。在粉红丝带公益音乐会开启前，以明星海报进行倒计时，并开启"粉红丝带公益音乐会抢票"H5，利用明星效应吸引大众参与。

● 引爆期（10月）。

（1）**粉红丝带公益音乐会**。

邀请任家萱(Selina)、陈洁仪、吴克群、林凡、谢安琪、郑瑶等明星联袂登台，启动雅诗兰黛公司粉红丝带公益音乐会，借势明星个人影响力，传递粉红丝带精神。

（2）粉红点亮上海交响乐团音乐厅。粉红点亮全球标志性建筑已成为雅诗兰黛粉红丝带乳腺癌防治运动的标志性动作。此次选择粉红丝带公益音乐会举办地上海交响乐团音乐厅开启点亮仪式。

（3）粉红点亮天猫。为更多地接触年轻人群，雅诗兰黛首次选择与天猫平台合作，粉红点亮网络平台，以引起年轻女性对于乳腺癌防治的重视。

雅诗兰黛集团粉红丝带亮灯仪式——上海交响乐团音乐厅粉红亮灯

粉红点亮国内最大网络地标——天猫商城

/ 项目执行 /

8月,雅诗兰黛公司首先在微信平台推出"小粉T"H5互动游戏作为"Every Action Counts"主题的预热活动,邀请粉丝在"小粉T"上设计传达爱意的图案及乳腺癌防治宣传宣言,获赞最多的优秀作品将被制作成实物寄给粉丝,供其作为礼物送给所爱的人。

9月份,在微博、微信等社交媒体平台上全面开展粉红丝带公益音乐会的前期预热活动,包括制作乳腺癌知识科普长图来普及乳腺癌相关知识,抢粉红丝带公益音乐会门票互动活动等,同时在天猫平台上发起百万人线上点亮中国地图的活动。此外,在天猫品牌街和范儿频道开设粉红丝带专题,邀请粉丝参与分享防治乳腺癌的行动。

2015年10月13日,雅诗兰黛公司在上海交响乐团音乐厅举行粉红丝带公益音乐会,Selina、陈洁仪、吴克群、林凡、谢安琪、郑瑶等六位华语巨星联袂登台,用歌声分享自己的经历和态度,呼吁社会大众关注乳腺健康。音乐会现场,音乐地标建筑上海交响乐团音乐厅、中国最大网络地标——天猫商城被同步点亮成粉红色。粉红点亮全球知名建筑已成为雅诗兰黛集团乳腺癌防治运动的标志性动作。2015年同步点亮天猫平台是雅诗兰黛公司首次粉红点亮网络平台,这也体现了雅诗兰黛公司希望通过电商平台接触更多女性,以呼吁人们预防乳腺癌的愿景。

粉红丝带公益音乐会结束后,雅诗兰黛公司也在社交媒体平台中呼吁粉丝分享其为预防乳腺癌所付出的行动。

/ 项目评估 /

2015雅诗兰黛公司粉红丝带乳腺癌防治运动通过传统媒体、社交媒体在女性、健康、大众资讯等方向进行传播,获得了空前的关注与影响。通过社交媒体，乳腺癌防治的理念得以抵达更多受众与群体，向他们传达粉红丝带精神。而他们在社交平台的行动与分享也使得更多的人被辐射与影响。

在线上平台及社交媒体方面，粉红丝带乳腺癌防治运动在微信、微博平台总曝光量为 38 000 000，浏览量为 3 300 000，共有 43 000 余人参与了线上互动，人们积极在社交平台上分享他们为预防乳腺癌所付诸的行动，包括转载乳腺癌预防、自检的相关科普知识；契合健康生活、健康饮食、健康运动的行动，向身边的人传递粉红丝带精神。

在天猫 APP 平台，总曝光量达到 10 000 000+，有 4.5 万人浏览了粉红丝带话题页面 (landing page)，1.5 万人参与互动，晒出自己为预防乳腺癌进行的各类行动，品牌街互动达到 100 000+，天猫范儿频道有 12 000+ 张晒图，600 000+ 点赞。

在音乐会现场，共有千余人积极参与，包括明星、媒体、医学教授及普通受众，每个人都在自己的专业领域，用自己的力量传播预防乳腺癌的重要性。音乐会结束后，共有 1800 多条音乐会相关及预防乳腺癌相关的媒体报道，包括近 20 家电视台，25+ 家报纸，30 本时尚杂志媒体，20 多个视频网站，近 70 篇原发网络报道及 2000 多篇网络媒体转载。

/ 项目亮点 /

粉色点亮全球知名建筑是雅诗兰黛公司乳腺癌防治运动的标志性行为，诸多全球知名建筑都曾被点亮为粉红色。2015 年，雅诗兰黛公司粉红丝带乳腺癌防治运动将以往线下实体地标建筑亮灯活动推广至虚拟线上平台，除了点亮上海交响乐团音乐厅外，还首次点亮了国内最大的网络购物电商天猫商城。

年轻女性作为天猫的主体用户，也正是粉红丝带乳腺癌防治运动希望影响的人群。因此，雅诗兰黛公司借势天猫平台，希望借助线上平台扩大辐射范围的同时也覆盖活动的目标群体。此外，Campaign（系列营销活动）形式融入"每一个行动都有意义"的理念，邀请粉丝与公众积极参与互动并分享自己的行动，从而使影响人群最大化。

亲历者说： 孙玲玲 雅诗兰黛公司 公关经理

粉红丝带乳腺癌防治运动是雅诗兰黛集团最大的公益项目，每年都有无数的员工、零售商伙伴、媒体同仁一起参与这个项目，一转眼已经一起走过了9年。在我们的努力下，越来越多的企业和个人都参与到这个项目中来，这是一件让人特别欣慰、自豪的事情，特别是当我身边有朋友因为接收到"三早"信息，通过体检较早地发现了乳腺癌时，我会更加觉得自己所做的是一件多么有意义的事情。俗话说"不以善小而不为"，在乳腺癌防治运动中，每一个微小行动都有意义，可能只是因为你一个善意的分享，或是一句真诚地体检提醒，就能挽救一个生命。

每年10月，雅诗兰黛集团的每一位员工都会佩戴粉红丝带，有很多人甚至一年四季每天都会佩戴着。一线员工除了在柜台向消费者派发丝带、乳腺健康信息卡，还会自发地以各种形式宣传粉红丝带运动，比如拍摄小粉裙照片，为粉红丝带运动代言；比如担任美丽课堂志愿者，教乳腺癌患者护肤彩妆技巧等。一直以来，她们用自己积极而温暖的行动，默默地支持着这项运动，和她们一起努力，我觉得特别有归属感、使命感。

案例点评

点评专家： 叶钰 吾铭国际品牌管理顾问有限公司 董事长

企业社会责任被越来越多的企业纳入其经营和发展战略，他们不断积极探索其中所赋予的环境、社会和人文等价值，为社会发展做出了积极贡献。在无数企业社会责任项目中，雅诗兰黛公司的粉红丝带乳腺癌防治运动项目就是一个非常有代表性的成功案例，在社会上引起了广泛关注并产生了显著且良好的效果，已经成为一种成熟的CSR（企业社会责任）模式，为企业社会责任的发展起到了很好的示范作用。

雅诗兰黛通过选择与企业核心业务有相关性的女性健康为题材，在全球范围内，不分地域地利用粉红丝带乳腺癌防治运动项目作为落地实施载体，持之以恒地进行深耕和传播。他们在执行中，利用"粉红丝带"的两端，一端连接着品牌消费者，另一端系着女性特有的疾病，当消费者看到了粉红丝带就会产生强烈共鸣，将两者紧密地连接在一起。我们可以清晰地体会到他们利用新颖的创意和分阶段的传播节奏，即预热、引爆和后续期，制定不同的传播渠道和传播内容，包括大众资讯和故事等形式，吸引关注度和二次传播，开展相关教育活动，充分体现了"每一个行动都有意义"。值得一提的是，他们还注重效果跟踪，使我们能直观地了解到他们的影响范围和给妇女健康带来的益处。这是做慈善和直接捐赠等之外的另一种形式，同样能够提升品牌负责任的形象和美誉度，让人们直接受益，为社会创造无形的价值。

雅诗兰黛粉红丝带乳腺癌防治运动项目的精准传播策略和执行手段，以及可持续发展的思考值得企业借鉴。

儿童安全过假期（Safe Kids @ Home）

执行时间：2015年1月至2016年3月
企业名称：霍尼韦尔（中国）有限公司
品牌名称：霍尼韦尔（中国）有限公司
获奖情况：金旗奖——2016最具公众影响力企业社会责任大奖

/ 项目概述 /

霍尼韦尔与全球儿童安全组织（Safe Kids Worldwide）于2005年起在中国合作开展"儿童安全过假期"伤害预防教育，针对6～12岁儿童开展家庭燃气安全和火灾逃生的教育。针对中国空气污染现状，该项目于2015年新增"室内空气质量"内容，旨在唤起学生和家长对室内空气质量的关注。

"儿童安全过假期"项目采用线上线下"双线并行"模式，除了志愿者面授，还引入网络形式。在主题网站上，不仅可以观看教学视频，还可下载相关资料。我们利用霍尼韦尔和全球儿童安全组织的官方微信、微博，鼓励将知识进行分享。

作为霍尼韦尔家园建设计划在中国的旗舰项目，截至2015年该项目已覆盖全国21个城市，较去年新增7个城市，增长率近50%，有4300余所学校

300万名学生直接受益。上海市教委出台的保障师生安度寒假的多项举措中更将"儿童安全过假期"项目的教学内容列为三份中小学生安全作业之一。

/ 项目背景 /

据卫生部死因统计和人口统计数据显示，儿童意外伤害是中国1~14岁儿童的首要死因。每年全球有超过100万的儿童因可避免的意外伤害而失去生命，而在每一例意外死亡的背后，是上万名儿童因意外伤害而残疾或终身残疾。寒暑假期间，孩子们可能独自在家，由于缺乏安全意识和成人的看护，意外伤害事件时有发生。为此，对儿童进行安全教育，普及伤害预防知识，提高安全意识以降低假期的意外伤害事故发生率显得尤为重要。

此外，国家统计局发布的《2014年国民经济和社会发展统计公报》显示，2014年在按照新的《环境空气质量标准》监测的161个城市中，有大量城市空气质量未达标，空气污染主要包括颗粒物、各类有害气体和细菌病毒。然而，相较于对室外环境污染危害的了解，室内空气污染的危害被严重低估，"室内空气就是安全的"这一错误想法普遍存在。假期中，孩子可能长时间待在家中，长时间处在空气污染的室内会对他们的呼吸系统、心血管系统等带来极大的损害。为此，在传统的"儿童安全过假期"项目中增加"室内空气质量"的教学内容，唤起学生及家长对室内空气质量的重视，推广改善室内空气质量的方法，为孩子们营造安全舒适的室内环境极为必要。

/ 项目调研 /

为了更好地了解中国城市学龄儿童家庭对家庭室内空气质量的意识、认知和行为，全球儿童安全组织和霍尼韦尔今年在全国十个城市对1000多个小学生家庭的孩子和家长分别进行了问卷调查,并编写了《室内空气质量家庭认知与行为调研报告》,用于未来更好地指导和帮助针对家庭室内空气质量的儿童安全教育干预活动。

此次问卷调查的主要发现:

- 近八成受访的学龄儿童家庭认为室外空气污染"更严重",普遍低估了室内空气污染的危害。

- 对PM2.5(粒径小于2.5微米的细颗粒物)及其危害的了解有限,31%的孩子表示"没有听说过",只有不到5%的学生和家长了解PM2.5除了影响呼吸系统外,对心血管系统也会有损伤。

- 对室内空气污染物认知集中在化学类(如甲醛、苯)、生物类(如细菌、病毒),而对危害更大的挥发性有机物(VOC)和放射性污染物几乎一无所知,仅约10%的受访家庭表示听说过。

霍尼韦尔"儿童安全过假期"——广州市儿童安全教育特别活动

- "说一套，做一套"，知行不一的现象普遍存在，"吸烟"被认为是影响家庭室内空气的"罪魁祸首"（72%），但仍有58%的受访家长"偶尔或总是"在家中抽烟。

- 城市学龄儿童家庭普遍对改善家里空气质量期待甚高，87%的受访家庭认为可以更加主动地行动起来，改善家中的室内空气质量，最为认同的措施包括：开窗通风、不在家里吸烟、使用环保家装材料、种植绿色植物等。

- 99%的受访家庭都认为提升室内空气质量意识和开展相关的教育活动"非常必要"。

/ 项目策划 /

策划目标：

唤起家庭的安全与安防意识，普及相关知识与正确行为，填平认知与行为之间存在的鸿沟，从而减少假期家庭意外伤害事故的发生概率。

目标受众：

全国21个城市的300万名6~12岁儿童及其家长、老师。

传播策略：

（1）开展多维合作、汇聚多方力量。

全球儿童安全组织是一个以预防儿童伤害为使命的非营利性全球性组织，通过各类安全教育活动帮助小朋友远离伤害，是霍尼韦尔开展"儿童安全过假期"项目唯一的非营利机构合作伙伴。

学校是"儿童安全过假期"项目的重要合作伙伴。自项目创立以来已覆盖全国4300余所学校，为项目的前期调研、中期实施、后期评估都提供了非常大的支持。学校还专门派送老师接受项目的专门培训，然后在课堂中教授学生假期里的安全与安防知识。2015年11月，"儿童安全过假期"教育示范基地正式挂牌落户上海市花木中心小学。学校专门设立了用于儿童安全教育活动的教室，里面拥有一系列的教育课件及空气净化器等用于讲解示范的教具。该基地成为"儿童安全过假期"项目的一个示范性的安全教育活动场所和课程开发及内容展示的平台。

此外，刚刚启动的2016年"儿童安全过假期"项目进一步扩大了"安全大使"的范围，围绕"全民争当安全大使"这一主题，全球儿童安全组织的专家将带领霍尼韦尔员工志愿者在广州、重庆、上海和北京走进社区进行假期安全教育。这一活动得以开展得益于当地社区的鼎力支持。

此外，霍尼韦尔志愿者队伍也是"儿童安全过假期"项目实行的中坚力量。2005年以来，包括霍尼韦尔全球高增长地区总裁沈达理、霍尼韦尔亚洲高增长地区企业传播副总裁卢荣在内的近600名员工参与了项目，成为志愿者，亲自走入第一线向孩子们面对面传授安全与安防知识。

（2）结合品牌承诺、关联企业产品。

"至安、至净、至能、至联"是霍尼韦尔的品牌承诺，其中"至安"诠释着霍尼韦尔致力于安全领域的努力与愿景。霍尼韦尔的产品和技术在当今世界的安全与安防领域起着重要的作用，保障家庭与人身安全是其中至关重要的内容。霍尼韦尔希望能够通过"儿童安全过假期"这个项目进一步践行品牌承诺，为唤醒全社会的家庭安全和儿童人身安全意识做出一份贡献。

同时，作为《财富》百强之一的多元化、高科技的先进制造企业，霍尼韦尔长期以来一直关注并积极帮助公众应对环境空气污染挑战。"儿童安全过假期"项目实施期间，霍尼韦尔在其官方微信上同步发起关注"中国儿童呼吸健康"在线活动。通过该活动，霍尼韦尔将会向全球儿童安全组织捐赠一整套空气净化及防护产品——包括大型商用空气净化机净能达™、家用空气净化器Air Touch，以及全系列防PM2.5口罩。此次捐赠将用于全球儿童安全组织针对"中国儿童呼吸健康"活动的相关教育和研究，为后续的"儿童安全过假期"项目提供支持。

/ 项目执行 /

"儿童安全过假期"项目实行"线上线下、双线并行"的教学模式。

定点城市的学校教师在接受专门培训之后将结合教学视频进行课堂教学，并为学生发放安全检查卡；霍尼韦尔的员工志愿者们带上配备包括项目教学视频、教具、课件和互动工具等一应材料的"活动魔盒"走进他们自主选定的学校，践行"安全大使"的职责，为孩子们带来一堂生动活泼的安全知识课程。

值得一提的是，刚刚启动的2016年"儿童安全过假期"项目在之前的基础上进一步扩大了"安全大使"这一概念的范围，围绕"全民争当安全大使"这一主题，项目将在北京、上海、广州、深圳、重庆、南京、西安、天津、苏州、中山等十余个城市落地，全球儿童安全组织的专家将带领霍尼韦尔员工志愿者在广州、重庆、上海和北京进行现场互动，活动后"儿童安全大使"们将利用寒假开展同伴教育。这一创新延续了项目的教育效果，扩大了影响范围。

此外，"儿童安全过假期"项目还设有专属网站，孩子和家长可以登录专属网站收看项目专门拍摄的教学视频，下载相关知识材料，并可以将所学的安全知识在社交平台上进行分享，从而实现二次传播。

/ 项目评估 /

作为霍尼韦尔家园建设计划在中国的旗舰项目，截至2014年，"儿童安全过假期"已覆盖全国14个城市，有2800余所小学中的250多万名小学生从项目中直接获益。2015年，项目又取得新的成果和突破，新增覆盖7个城市，分别为长沙、无锡、青岛、沈阳、阜新、南昌和济南，增长率近50%，预计新增覆盖1500所学校，50万名学生。"儿童安全过假期"专属网站每年平均有超过15万独立访问量，是持续专注于假期儿童伤害预防的唯一网站。

"儿童安全过假期"项目还获得内部外部多项认可：

霍尼韦尔"儿童安全过假期"——走进浦东进才实验小学

- 2009 年获上海美国商会"企业社会责任合作奖"。
- 2016 年获共青团中央学校部指导倡议的第二届"CSR 中国教育奖"。
- 上海市教委出台的保障师生安度寒假的多项举措中更将"儿童安全过假期"项目的教学内容列为三份中小学生安全作业之一。
- 基于"儿童安全过假期"项目在中国开展的良好反响,此项目拟在印度、马来西亚试点开展。

在媒体报道方面,"儿童安全过假期"项目自开展以来,已累计收到超过 600 篇平面媒体和网络媒体的报道,仅以 2015 年、2016 年"儿童安全过假期"项目计算,就收到近 180 篇。

在项目传播过程中使用过的自媒体：

- "儿童安全过假期"项目专属网站。

http://www.safekidschina.org/safekidsathome/index.aspx

- 霍尼韦尔新浪微博。
- 霍尼韦尔微信公众号

/ 项目亮点 /

亮点一：虽然项目开展已有十余年，但"儿童安全过假期"的内容依然与时俱进。针对中国空气污染问题，该项目于2015年首次新增"室内空气质量"教学内容，并联合发布了《室内空气质量家庭认知与行为调研报告》。该报告为后续的"室内空气质量"相关教学内容提供了指导方向，进一步保障儿童在假期中的健康与安全。

亮点二：与非政府组织（全球儿童安全组织）、学校、社区等开展紧密合作，充分调动各方资源，形成1+1>2的合力。

亮点三：从企业自身出发，发挥企业特长，关联企业产品。项目从前期调研到中期执行、后期评估，都有霍尼韦尔多位致力于安全与安防、空气净化与水处理的科学家和专业人员参与，霍尼韦尔的产品诸如家用空气净化器 Air Touch 等也作为教具，为项目"室内空气质量"部分的教学提供支持。

亲历者说： 张勇（Roger Zhang）霍尼韦尔中国　企业传播总监

过去十多年来，通过"儿童安全过假期"这一项目，我们已经为全国三百多万的小学生带去了伤害预防的知识，重点关注燃气安全和火灾逃生。去年，为了更好地应对日益严峻的空气污染，尤其是容易被忽视的室内空气污染问题，我们在这个公益安全教育项目中新增了家庭"室内空气质量"教学内容。作为霍尼韦尔的员工和一名家长，我深感"儿童安全过假期"项目非常有意义。保障儿童安全是我们这个项目矢志不渝的初衷，很高兴通过志愿活动，看到越来越多的孩子和家长掌握了一定的儿童伤害预防知识。但是，《室内空气质量家庭认知与行为调研报告》的调研结果告诉我们，家长和孩子们对室内空气质量下降可能对我们带来的影响还不甚明确。希望通过我们项目的相关教学视频，能让孩子和家长们树立正确的意识，并用行动改善室内空气质量。未来我们希望携手全球儿童安全组织，更加积极地推进相关的教育活动，进一步引起社会大众对这一领域的关注和重视，和家长们一起为孩子在家中撑起一片绿色的"天"，帮助他们远离室内空气污染，健康成长。

案例点评

点评专家： 李明德　西安交通大学新闻与新媒体学院院长，教授，博导

霍尼韦尔（中国）有限公司的"儿童安全过假期"（Safe Kids @ Home）案例将其目标定位"唤起家庭的安全与安防意识，普及相关知识与正确行为，填平认知与行为之间存在的鸿沟，从而减少假期家庭意外伤害事故的发生概率"，这彰显了霍尼韦尔对儿童所遭遇的室内空气污染愈发严重这一现状的关切，并积极采取知识普及、防治结合联系品牌承诺、关联企业产品的策略，真正做到了将企业的专业生产力转化为高度的社会责任心，向公众传递面对儿童假期安全常规性问题及当前集体性空气污染问题时的正确、正面的应对措施，传递正能量。该案例的成功还具体体现在以下几个方面：

（1）坚实的前期调研。通过对全国十个城市1000多个小学生

家庭成员的问卷调查，得到《室内空气质量家庭认知与行为调研报告》。这一扎实的前期调研成果，为项目的重要性、执行方向与策略提供了合理性支撑。

（2）深远的社会影响力。"儿童安全过假期"项目自2005年来到中国以来，为中国城市儿童假期安全知识普及做出了重大贡献。截至2015年，该项目在中国覆盖21个城市，有4300余所学校的300万名学生直接受益。如此规模，充分体现了该项目在相关社会领域的影响力。

（3）心怀社会责任，实现知行合一。2015年起，该项目聚焦"室内空气质量"问题，并展开非政府组织、学校、社区的资源联动，实现1+1>2的合力。这是该项目准确地将当前中国城市趋于严重的空气质量问题与项目长期的儿童假期安全问题结合的正确举措。关心当下影响个体的重要议题，心怀社会责任是该项目的重要两点。而更加难能可贵的是，该项目长期致力于将"安全问题"的知识普及与行动指导相结合，并将企业自身特长关联企业产品，将产品作为重要的行动支撑，真正做到了以专长引导知识、引导行动，即真正做到了"知行合一"。

腾讯"守护者计划"

执行时间：2016年4月

企业名称：腾讯

品牌名称：守护者计划

获奖情况：金旗奖——2016最具公众影响力企业社会责任大奖

/ 项目概述 /

腾讯"守护者计划"是2015年腾讯公司成立的一个针对反电信网络诈骗的联合开放品牌，基于腾讯"天下无贼反信息诈骗联盟"丰富的实践经验，联合公安部进行全面升级。腾讯"守护者计划"将联动腾讯公司资源，包括QQ、微信、腾讯安全云库、腾讯手机管家、腾讯安全平台部、腾讯安全管理部等相关产品或力量，发挥腾讯在大数据技术及海量用户方面的优势，联合包括公安部、工信部在内的政府部门，与银行、运营商、互联网企业等对当前愈演愈烈的电信网络诈骗重拳出击。建立集用户教育、技术创新、行业联合、大数据共享在内的反电信网络诈骗体系，以实现构建移动互联网生态安全体系，保护网民权益的目的。

/ 项目背景 /

信息诈骗是指犯罪分子通过电话、网络和短信等方式，编造虚假信息，设置骗局，对受害人实施远程、非接触式诈骗，诱使受害人给犯罪分子打款或转账的犯罪行为。数据显示，仅2013年，中国信息诈骗案件发案30余万起，群众损失100多亿元。

2009年以来，中国一些地区信息诈骗案件持续高发。此类犯罪在原有简单信息诈骗作案手法的基础上手段翻新，利用高科技手段、社会工程学原理的连环骗使诈骗成功率攀升，危害巨大。

此外，诈骗分子团伙作案，形成了组织严密的黑色产业链，采取企业化分工细作，有的专门负责开银行账户，有的负责拨打电话，有的负责转账，并且很多都隐匿于境外，从而逃避公安机关的打击。

目前，信息诈骗已经从撒网式向精准化、高科技升级，黑色产业链越来越成熟，而我国相关法律法规仍不健全，导致防范个人信息泄露、打击信息诈骗缺少法律法规依据；运营商、银行、互联网企业等部门之间的业务数据未能打通，也给信息诈骗提供了犯罪的机会；此外，反信息诈骗的"单兵作战"模式短板暴露出来，无法实现对信息诈骗黑色产业链的严防严控，影响了反信息诈骗的效率。

/ 项目调研 /

腾讯"守护者计划"三大特点：

1. 海量用户资源，实现优质高效的用户教育，防范于未然

腾讯拥有最大的亿级用户量的互联网产品QQ和微信，是国内使用最多、影响和覆盖人群最广泛的互联网公司。通过打通腾讯内部的海量用户资源，具有将信息传达到相关用户手中的先天优势。而反信息诈骗最关键的就是加强对用户的安全教育，提升网民安全意识。腾讯可以通过相关渠道，建立最广泛的反诈骗教育平台，通过各种新颖的形式和及时的沟通防止用户在各种场景中被诈骗。

2. 海量大数据加先进技术，实现用户行为的精准预判

腾讯具有海量大数据运营经验，领先的大数据运营和分析技术，腾讯手机管家率先推出用户举报和标记功能，具有强大的大数据基础。基于此，腾讯推出的诈骗电话检测系统，能够精准识别出正在遭受诈骗的用户，然后通过相关单位进行精准的提醒，有效阻止诈骗发生。

除此之外，腾讯安全云库是全球最大的安全数据库，其功能在反诈骗上已有广泛应用。包括，在诈骗URL（统一资源定位符，即网络地址）识别拦截上，能够配合腾讯电脑管家、腾讯手机管家、手机QQ、微信及各合作伙伴的浏览器、路由器等对恶意URL进行识别拦截；同时，能够帮助腾讯手机管家及使用了手机管家拦截SDK（软件开发工具包）的合作伙伴，提供诈骗短信识别的拦截、诈骗电话来电提醒和标记功能、诈骗木马的拦截和查杀。

3. 行业联合，促进反信息诈骗产业合作

腾讯"守护者计划"联合公安、银行、运营商、各大互联网企业，推动反信息诈骗产业合作，将各自能力互通，资源数据共享，职能互补，实现在反诈骗合作上的创新，促进反信息诈骗的联动，协助有关部门重拳打击电信网络诈骗。同时，利用先进的科技手段和大数据技术，实现在技术上的解决方案，并且做出有触达性的反信息诈骗宣传教育，打造具有影响力的反信息诈骗生态环境。

/ 项目策划 /

腾讯"守护者计划"反电信网络诈骗手段：

1. 鹰眼智能反电话诈骗盒子

腾讯基于大数据分析的精准识别系统，通过与运营商的合作，能够对正在遭受诈骗的用户进行识别，并且进行三级提醒，避免其遭受诈骗损失。该系统在与深圳某运营商开展合作以来，通过该运营商仿冒公检法诈骗金额下降80%。

2. 反电信网络诈骗数据库

该数据库以腾讯安全所运营的"安全云库"为基础，囊括了全球最大的风险URL网址数据库、全国最大的活跃电话号码库、诈骗短信样本库、诈骗木马库，以及全国首个恶意诈骗银行账号黑名单数据库，以"大数据"方式增强对信息诈骗的防御能力。

以该安全数据库为基础，配合腾讯手机管家、腾讯电脑管家，以及其他进行了合作的客户端产品，能够有效对诈骗短信、客户端诈骗电话、诈骗木马、诈骗URL进行识别和拦截。

3. 反电信网络诈骗联合实验室专家智库

面对这种新的反诈骗形势，腾讯"守护者计划"旗下的反诈骗联合实验室成立反电信网络诈骗专家智库，共同打造一个能够全面掌握信息诈骗形势、精确看清未来信息诈骗打击发展方向、有能力推动整个产业链合作的反诈骗智囊团。

反诈骗专家智库将集合互联网技术专家、公安专家、运营商合作伙伴专家、银行支付服务风控专家、警方一线反诈骗专家等，由具有资深反诈骗经验或技术的专家团队构成。将为反诈骗的技术开发、情势预判、打击方式、法律建言等提供全面策略帮助。

4. 诈骗热度指数

2016年4月1日，腾讯"守护者计划"通过腾讯安全大数据平台所掌握的当期社会"诈骗行为"全流程的数据热度，通过综合评估诈骗行为流程中的多项因素（如诈骗分子数量、带来的信息与财产损失、用户主动举报等），进行综合计算后得出总体指数——"诈骗热度指数"。用以反映社会诈骗行为影响的严重程度，为广大从业者、用户提供一个实时的预警与风向标，提升行业与市场对诈骗行为的掌握程度。

5. 标记和拦截诈骗电话号码

基于腾讯手机管家超过8亿的累计用户量，庞大的用户群体参与到了反信息诈骗公益事业中。腾讯手机管家的用户，通过便捷的"一键标记"功能，可以对诈骗电话号码进行标记，向社会大众接力传播防御骗子的能力。

6. 反信息诈骗查询

基于腾讯安全平台部、安全云库的反信息诈骗数据库，民众可以快速获得信息或数据的查询结果，随时随地获得对诈骗信息的甄别和防御能力。通过统一开放的微信查询接口，可以在微信公众号中实现对可疑电话号码、URL网址、银行账号等信息的实时查询。同时，腾讯新闻客户端民生页面及手机QQ城市服务面向的80余座城市，也提供这一功能，覆盖3亿人。

7. 警企联动打击诈骗罪案

基于对反信息诈骗联盟数据库的大数据分析能力，腾讯"守护者计划"与公安部刑侦局开展紧密合作，警企互动联手打击信息诈骗罪案。

8. 反诈骗公益品牌宣传

腾讯拥有众多亿级用户产品，尤其是QQ和微信是用户使用最多的软件之一。QQ和微信不仅提供了大数据的支持，同时也能够传导反诈骗用户教育。增强社会民众对信息诈骗的识别能力和防御能力，这同时也是"守护者计划"的社会使命。腾讯"守护者计划"将联合社区、公安等线下资源，QQ、微信、腾讯手机管家等线上资源，通过大数据报告、互动小游戏、校园宣传等多种形式，动员全社会关注信息诈骗，向民众普及反信息诈骗常识。

/项目执行/

腾讯"守护者计划"成立了反诈骗联合实验室，首次推出大数据技术——鹰眼智能反电话诈骗盒子。在深圳某运营商使用后，使通过该运营商的特定诈骗类型金额下降80%。

警企民联动模式继续发挥作用，截至2015年12月31日，仅在深圳地区共接听市民来电超过132万人次，咨询员直接劝阻超过2.2万人停止汇款免于被骗,涉及金额超过 1.8 亿元,帮助 2.14 万名事主快速拦阻被骗资金近 3.54 亿元。避免、挽回群众损失合计近 5.34 亿元。

2015 年 9 月,腾讯"守护者计划"与深圳市公安局反诈办联合,在打击信息诈骗专项整治行动中,提供技术支持,协助深圳警方侦破信息诈骗案 91 宗,抓获犯罪嫌疑人 87 人,打掉犯罪团伙 10 个。2015 年 11 月至 2016 年 1 月,在广东省公安厅破获"飓风 1 号"特大跨国电信网络诈骗案时,腾讯"守护者计划"联动机制提供了技术支持,协助摧毁跨国电信网络新型犯罪窝点 5 个、制售伪基站窝点 4 个。2016 年 3 月,在深圳市公安局伪基站整治专项行动中,一个月协助打击伪基站团伙 8 个。

此外,在 2015 年 10 月,腾讯"反诈骗查询"功能在腾讯新闻客户端民生页面和手机 QQ 城市服务的 30 个城市上线。民众同样可以通过该页面进行对诈骗信息的鉴别和举报。2016 年 12 月,该功能已陆续上线至 80 余座城市,覆盖 3 亿人。全国联防的局面初步形成,查询举报通道的覆盖面不断扩大,也进一步加强了市民的安全防范意识。

此外,腾讯"守护者计划"推出的麒麟伪基站实时检测系统已经分别在北、上、深、渝、津投入实践。北京警方反馈共抓获犯罪嫌疑人 107 名,破案 72 起,扣押 77 套伪基站设备;深圳市公安局刑警支队反馈共抓获犯罪嫌疑人 110 名,打掉 13 个团伙,缴获伪基站 59 套、作案轿车 43 台、电动车 4 台。上海警方自今年以来共抓获伪基站犯罪嫌疑人 141 名,缴获设备 121 套。广州警方共打掉伪基站犯罪团伙 10 个,抓获犯罪嫌疑人 17 名,缴获伪基站 11 套、短信群发器 2 套、作案车辆 7 台。安徽警方共抓获伪基站犯罪嫌疑人 37 名,缴获伪基站 31 台。

腾讯"守护者计划"2016 年 7 月与公安部联合开展反电信网络诈骗宣传月,联合 51 个品牌、25 位明星及各地公安部门,创新反诈骗公益传播模式,形成了巨大的影响力。

/ 项目评估 /

网友评论：

"'腾讯守护者'能够让我们感觉到安全。手机管家的拦截，QQ、微信的安全提醒，都能够帮助我们过滤更多的有害信息。"

网络安全专家评论：

"腾讯公司整合了大数据资源，并且将自身产品的属性都带上反诈骗的功能，集合QQ、微信、腾讯手机管家、腾讯电脑管家、安全云库等在内的各种产品，通过提醒、教育、拦截、标记等功能，不断强化网民安全意识，实时保护用户于无形。"

/ 项目亮点 /

腾讯"守护者计划"通过发挥互联网公司的技术和数据优势，通过与警方、银行、运营商合作，建立了包括犯罪打击、用户教育、技术创新等在内的新型反诈骗平台。从政策和平台创新上，促进了反电信网络诈骗的执行落地，防止用户被网络各类不实信息诈骗，被垃圾电话、诈骗电话、骚扰电话骚扰，在保护个人隐私，保障用户信息安全上，起到了重要的作用。

亲历者说： 蒋伟鸣 腾讯公司 集团市场与公关部 高级经理

腾讯"守护者计划"是腾讯公司2016年成立的公司级反电信网络诈骗公益品牌，通过发挥腾讯大数据优势，联合全行业力量向犯罪分子发起反击。通过对安全技术的研究和联合宣传，腾讯将大数据能力转化为反电信网络诈骗技术，同时以海量用户为依托，向公众普及宣传反诈骗知识，成为国内最具影响力的反电信网络诈骗公益平台。

案例点评

点评专家：潘建新　华扬联众数字技术股份有限公司 CIO（首席信息官）

企业社会责任绝不是单纯的慈善和环保行动，所涵盖的范围是极其广泛的。中国企业在发展与成熟之路上，也同样在探索着企业社会责任的不断完善与发展。事实上，充分发挥企业的专长，特别是创新技术的优势，并将其融入社会责任的担当与实现，是新时代企业社会责任的重要体现之一。

在本案中，腾讯公司抓住了"防范与打击电信网络诈骗"这一社会热点问题，结合自身的产品与技术优势，与该项目中的各利益攸关方充分合作与协调，给广大电信、网络消费者带来了安全的保障，也积极主动建立和协调了良好的新型社会关系，确实是公共关系范畴中的优秀企业社会责任案例，值得推广与总结。

本案的突出亮点：

（1）把企业社会责任与本企业的战略发展密切结合，不仅发挥了本企业优势，而且在践行企业社会责任的同时，促进了企业的健康发展。

（2）抓准了项目实施的各个合作方，实现了真正意义上的高效、直接。

（3）没有仅停留在项目本身的实施，更注重面向全社会普及教育的实施，让更多的消费者掌握了防范和打击电信网络诈骗的手段和方法，也提升了本企业的社会形象。

星星点灯·关爱留守儿童公益计划

执行时间：2016年9月至12月
企业名称：中英人寿保险有限公司
品牌名称：星星点灯·关爱留守儿童公益计划
获奖情况：金旗奖——2016最具公众影响力企业社会责任大奖

/ 项目概述 /

经过7年的积淀，"星星点灯"公益项目已经成功地在全国12个省份（北京、黑龙江、辽宁、河北、河南、山东、江苏、湖北、湖南、福建、四川、广东）生根发芽，为留守儿童共建设25间"关爱小屋"，号召了1200余名社会志愿者参与其中，为超过110 000名留守儿童送去了诚挚的心灵关爱和物质援助。

2016年"星星点灯"公益项目的主题设定为"星星点灯·乒乓伴你行"，特别邀请了前中国乒乓球女队教练陆元盛先生为首的多名世界级乒乓球明星球员作为爱心大使，与志愿者们一起实地探访留守儿童，12场探访活动将主要突显陪伴和鼓励的概念，冠军们与留守儿童一起参与各类校园文体活动，与他们切磋球技，激励他们用积极向上的心态去克服生活中、学习中遇到的困难。

以一张小小的球台搭建桥梁，连接乒乓球明星球员与留守儿童，用顽强、拼搏、团结的体育精神,从心灵层面多角度地关爱、激励留守儿童!

/ 项目背景 /

随着中国城镇化的进程加速,"留守儿童"问题凸显。当前中国处在特殊发展时期,大量外出务工人员为我国的经济建设做出了特殊贡献,但也因多种复杂的现实原因,形成了数以千万计的留守儿童。全社会都要伸出援手,保障和关爱农村留守儿童,决不能让这一群体成为家庭之痛、社会之殇!

/ 项目调研 /

目前,全国留守儿童总数已经超过 6500 万。随着对这一群体的深入接触及关爱践行的推进,我们渐渐发现,物质缺乏只是这一群体面临的一个问题,亲情和教育资源的匮乏,才是更凸显的问题。因此践行关爱,不应仅仅停留在物质层面,更应该从孩子内心和精神层面的需求去挖掘。然而,目前中国乡村精神生活和文体设施相对贫瘠,留守儿童的内心和精神世界匮乏,不足以弥补亲情缺失造成的孤独。这一群体性格偏固执、冷漠、脆弱,学习成绩不佳,不良嗜好或者犯罪概率大,都是这一群体的特征。

/ 项目策划 /

策划目标:
关爱更多的留守儿童。

策略：

线上招募志愿者、线上视频、新闻、"孤独救助站"H5等整合传播；线下乒乓球世界冠军、奥运冠军支教。

传播受众：

社会爱心人士、媒体、NGO（非政府组织）、政府、学校、客户。

传播内容：

留守儿童需要精神关怀，留守儿童心理健康格外重要，用坚毅、拼搏、团结的体育精神感染留守儿童，激励他们奋发向上。

媒体策略：

报纸、电视咨询、网络视频、网络新闻、微信H5、微博等整合传播。分预热、启动会、落地执行、收官等阶段，有步骤地利用活动的不同节点，采用总分公司在全国及区域媒体的优势传播。

/ 项目执行 /

9月初，"星星点灯·乒乓伴你行"北京启动会开始（政府、企业、媒体、乒乓球教练参与）。

9月15日至12月，12省区乒乓球支教、体育知识讲授、文体活动零距离陪伴留守儿童落地活动执行。

12月26日，北京收官活动，留守儿童代表汇集北京，与乒乓球明星互动。

/ 项目评估 /

- 线上投放：微信"孤独救助站"H5活动参与者达125 000人。各类新闻、网络视频、网络广告、微信和微博 KOL（关键意见领袖）点击阅读量达到 1 070 000 次。

- 线下执行：参与 12 省区活动的志愿者近 360 人。
- 明星：参与活动的乒乓球明星球员共计 9 人。
- 客户：参与活动的客户达 110 人。

其他投放：

- 新闻发布：全国性综合新闻、财经报纸和杂志合计发布超过 120 篇报道，地方电视台资讯及专题发布达 15 次。
- 在项目传播过程中使用的自媒体："财经新闻天下""每天金融学"。

/ 项目亮点 /

- 邀请乒乓球世界冠军/奥运冠军，激发孩子们奋进和克服困难的意志品质。
- 乒乓球明星球员均小小年纪来到队里练球，不在父母身边，和留守儿童有类似的地方，易引起情感共鸣。
- 微信"孤独救助站"H5 吸引网友参与，增强了活动的互动性。

亲历者说： 陆元盛 前国家乒乓球女队教练（王楠、邓亚萍、张怡宁的教练），中国乒协副主席

以一张小小的球台搭建桥梁，连接乒乓球明星球员与留守儿童，用顽强、拼搏、团结的体育精神，从心灵层面多角度关爱、激励留守儿童！

非常荣幸能受中英人寿"星星点灯"项目组邀请，和体育界精英人士、各位乒乓球队员参与此项目，对留守儿童进行关爱。

案例点评

点评专家：于剑　雅诗兰黛中国区政府事务总监

据不完全统计，中国目前有6500万留守儿童。全社会都要伸出援手，保障和关爱农村留守儿童。在此大背景下，中英人寿保险公司开展的"星星点灯·关爱留守儿童公益计划"坚持了7年，遍布全国12个省份。该活动通过邀请乒乓球世界冠军/奥运冠军参与，来激发孩子们奋进和克服困难的意志品质，活动的意义还是非常大的。

类似关爱留守儿童的公益活动，很多公司都在做，如何做得有新意，还是需要企业另辟蹊径，这也是CSR活动组织者需要认真考虑的。比如，我们在做此类活动的时候，先入为主的观念就是留守儿童很困难，所以，我们一般都是到留守儿童所在的地区搞一些活动，而这些活动往往缺乏持续性，热闹过后，一切照旧。这个局面如何破解呢？

我曾考察过云南几个留守儿童村庄，令我诧异的是，孩子们并没有我们想象的那么悲观，虽然条件艰苦，但是孩子们大部分还是很阳光很有礼貌的，他们并没有因为是留守儿童而觉得自己可怜。事实上，如果我们把一部分精力放在教育上，比如培训他们的老师，让老师们接受更现代的文明教育，然后让老师们把知识再传授给孩子，也许效果远远好于简单和孩子一起搞一个活动。

我在此也要提醒企业：做CSR活动，不要仅停留在捐钱或者搞短期的互动，其实，我们有很多内容还可以深度挖掘。

名医主刀——名医公益联盟项目

执行时间：2016 年 4 月 20 日
企业名称：上海创贤网络科技有限公司
品牌名称：名医主刀
获奖情况：金旗奖——2016 最具公众影响力企业社会责任大奖

/ 项目概述 /

"共享名医资源、共铸健康中国——名医公益手术捐赠暨名医公益宣言发布会"于 2016 年 4 月 20 日在人民大会堂隆重举行。此次大型公益活动由名医主刀联合多家公益组织、企业家代表、医生代表、公益明星共同发起，力求在"全民健康，全面小康"的总方针下，创新性尝试共享公益资源的新模式。

/ 项目背景 /

名医主刀是中国首家移动医疗手术平台，旨在为有手术需求的患者提供专业、高效、安全的手术医疗预约服务，整合医生资源，用互联网技术打通地域医疗资源的限制，助力整个医疗生态发展，让病患重获健康，让百姓看病难、看病贵等问题得以有效解决。作为一个以仁爱为精神核心的创新型互联网医疗企业，名医主刀希望更多的病患能够通过共享经济和互联网技术获取优质的医疗资源，但是在运营的过程中发现有不少的患者家境贫寒难以全部承担手术费用，在与这些病患的沟通过程中，名医主刀希望汇集社会爱心力量，帮助贫困患者解决"好看病，看好病"的切实需求，并结合自身的业务优势与医疗资源，联合多家社会公益机构建立"名医公益联盟"，为众多贫困患者持续提供公益手术服务。

/ 项目调研 /

在名医主刀平台，每天都在发生着生命救助的动人故事。众所周知，中国个别地区医疗资源严重匹配不足，众多分布在三四线地区的家庭无法有效得到优秀医疗资源，及时解决重症患者手术需求。作为一个以仁爱为精神核心的创新型互联网医疗企业，如何贡献出一份自己的力量，通过共享经济模式和互联网技术，更有效地匹配医疗资源，解决手术刚需，让更多患者不只是好看病，更能看好病，一直是名医主刀思考的命题，不仅为了商业利益，更为了创业初心，这也是为什么思创客建议名医主刀在创业早期就启动企业 CSR 战略的动因之一。

/ 项目策划 /

策划目标：
建立企业 CSR 体系，树立有责任感、仁爱的企业形象。

目标受众：
行业上下游合作伙伴，C 端（客户端）患者和患者家属。

策略：

为响应国家"全民健康，全面小康"的指导方针，名医主刀从成立之初，就思考如何借助共享经济思潮和互联网应用技术解决国内医疗资源分布不均、看病难、看病贵的难题，如何让外界认同一家初创的互联网医疗企业，如何让大众信服互联网医疗平台能够解决实际医疗问题。采取一场以公益为主题，以连接医疗资源与患者需求为核心，传递爱心的社会公益活动，秉着共享、开放、连接的合作精神，遵循仁爱、专业、责任、创新的品牌理念，通过联合公益组织、医疗专家、医疗机构等社会各方力量，协力推进医疗公益事业的发展，不仅能切实解决社会问题，唤起大众认知，更能侧面彰显出名医主刀在医疗事业上的优势资源和品牌信仰，从而树立榜样的力量。

传播内容：

名医公益联盟计划，活动的核心宗旨是征集社会力量、爱心群体，通过互联网平台的匹配，帮助更多贫困家庭的患者解决手术难的问题。

/ 项目执行 /

项目从前端策划到落地执行，历经一个月时间，累计有数十家公益组织机构参与，多位明星及企业家出席，大家共聚一堂。

/ 项目评估 /

当天共邀请到了85位医生，捐赠365台公益手术；还邀请到了四大门户、医疗媒体、暖阳、嫣然基金会等公益组织，就医160、百度医疗事业部等企业的参与。活动由原央视主持人郎永淳担任主持，引发社会主流媒体主动报道并转载。

/ 项目亮点 /

名医公益联盟项目是医疗创业公司发起的 CSR 项目，该公益模式获得了中国医药教育协会的支持，百度医疗、复星医药、真格基金等多家创投机构的"大佬"出席活动并纷纷发表重要讲话。除此之外，公益明星乔榛、王艳也到场出席活动，通过诗朗诵等方式表示对活动的热烈支持。

亲历者说： 宋纯 思创客品牌咨询有限公司 项目经理（PM）

启动 CSR 是名医主刀品牌战略落地的重要工作之一，名医公益联盟模式实现了创业企业如何以小成本方式联动社会大资源，玩转社会公益项目，从前期策划到方案具体操作，都经过严谨的推理论证和反复打磨，最终确保顺畅地执行,并以零成本邀请到各方重要嘉宾,获得社会知名媒体的广泛报道,并获得创投机构的高度认可,实现了名医主刀品牌效应与商业效应的双赢。

案例点评

点评专家:殷俊　重庆工商大学艺术学院院长,教授,博士生导师

探寻和搭建医患之间,以及医院、医生和社会民众之间的优质关系,一直是我们致力追求的目标。当前社会上不乏义诊、药品捐赠等形式多样的公益活动,但大都停留在较为单一、单向的层面。名医主刀项目以公益联盟项目方式开展,起点高、覆盖范围广、影响力大。其捐赠的手术300余台,并且以名医主刀形式进行,使得这一活动实实在在落地,解决具体问题,为遭遇各种困难的患者提供了可贵的帮助。而以名医主刀的形式开展这一公益活动,使医疗机构与公益团体、医生等形成合力,通过公益人士的推动,进一步扩大了影响力,对自身也起到了很好的宣传和带动作用,成为标杆和榜样。名医主刀项目,弘扬医生救死扶伤的天职和精神,能够在社会上起到弘扬正能量、抒发正气的效果。名医主刀项目为医疗机构如何更优质地推进公益项目提供了一个切口,提供了一种思维和启发。鉴于此,我觉得,名医主刀——名医公益联盟项目,不仅应持续开展下去,当然只有持续开展才更为可贵,更重要的是希望它能够起到一种模式推广和精神激励作用,能鼓励和号召更多医疗机构、医疗企业和医生参与到这一活动中来,或者启动类似的公益活动,自然,相关部门也应大力支持。如果全社会能形成这一优良的风气和潮流,我想,这将是国家和社会的大幸,尽管要实现这一宏愿比较困难。唯有如此,这才是名医主刀——名医公益联盟项目的价值和意义所在。

这次长征我们一起走·关爱震颤人群全国行

执行时间：2016年1月至12月

企业名称：深圳市臻络科技有限公司

品牌名称：臻络 GYENNO

获奖情况：金旗奖——2016最具公众影响力企业社会责任大奖

/ 项目概述 /

"这次长征我们一起走·关爱震颤人群全国行"系列活动由深圳市君唯文化传播有限公司策划，深圳市臻络科技有限公司、健康报社协作共同完成。该活动以纪念红军长征80周年为契机，通过重走长征路，将关爱震颤人群的公益活动推广至全国。

震颤病症是困扰老年人生活的一大慢性病，65岁以上人群发病率为10.5%。在中国有超过数百万人因双手震颤而严重影响生活质量，而公众对震颤病症的严重性和预防却了解甚少。活动以"关爱震颤人群、关爱老区人民、关爱老年人"为目标，通过为震颤人群搭建医学专家桥梁，普及医学常识，成立震颤人群智能化管理学组（北京总会、地方分会），拍摄公益广告、人文纪录片，参与高峰论坛等方式，将公益理念传递至祖国各个角落，甚至惠及偏远山区与港澳台地区。

/ 项目背景 /

我国老龄化问题日益严重，国家"十三五"规划已将老龄化问题纳入未来五年内的重点发展项目。2015年，我国60岁以上老年人口达到2.16亿，年均净增老年人口800多万，超过新增人口数量；80岁以上的高龄老年人达到2400万，约占老年人口的11.1%，年均净增高龄老年人100万，增速超过我国人口老龄化速度。"十三五"规划提及医养结合模式，即在"有病治病、无病疗养、医疗和养老相结合"的新型养老模式下，整合养老和医疗两方资源，提供持续性的老人照顾服务。医养结合模式契合现代社会老年人的实际需求，也必将成为未来养老模式的主流。

在此背景下，老年人的慢性病越来越受到人们的关注。其中，震颤病症是困扰老年人生活的一大慢性病。为了唤起全社会对震颤人群和老年人的关注与关爱，进一步促进移动医疗硬件的发展，深圳市君唯文化传播有限公司、深圳市臻络科技有限公司、健康报社因共同持有的公益理念与紧密契合的合作意向，特就三方合作的多个项目进行研讨，最终形成项目企划——"这次长征我们一起走·关爱震颤人群系列活动"。三方积极互助合作，共同助力于"震颤人群提高生活质量、重获尊严"的人文目标，项目取得了良好的社会公益影响力与正能量传播效果。

/ 项目调研 /

1. 符合国家"十三五"规划

中央号召社会各届力量积极"关爱革命老区，关爱老区人民"，国家"十三五"规划也提及医养结合模式，国家号召关注和关爱老年人，并积极扶持相关公益活动的开展与进行。

2. 结合红军长征胜利 80 周年纪念活动

江西省作为红色故都、共和国摇篮，是中央红军二万五千里长征出发地，也是《健康报》创刊地，作为"健康报创刊 85 周年活动全国寻访"的首站，活动结合红军长征胜利 80 周年纪念，意义重大。

3. 老龄化日益严重引发老年病患者增长迅速

2015 年，我国 60 岁以上老年人口已达到 2.16 亿，年均净增老年人口 800 多万，超过新增人口数量；80 岁以上的高龄老年人达到 2400 万，约占老年人口的 11.1%，年均净增高龄老年人 100 万，增速超过我国人口老龄化速度。

4. 关爱老年病病患

震颤病症是困扰老年人生活的一大慢性病。目前我国患有震颤疾病的人达 2000 万~4000 万，其中 90% 为特发性或原发性震颤，65 岁以上人群发病率为 10.5%，他们长期受到震颤病症的困扰。此类震颤患者没有具体病因，也没有药物及其他有效治疗手段，长期的手部抖动使其进食非常不便，唯有借助医疗硬件才可改善甚至较大程度恢复其生活质量。我们活动的目的在于能为各地震颤患者带来社会各界的关注与关爱。

/ 项目策划 /

项目以红军长征胜利 80 周年纪念为契机，通过一系列重走长征路的公益活动，结合医疗科技，将"关爱震颤人群、关爱老区人民、关爱老年人"的公益理念推广至全国。

本项目长达 8 个月的活动周期，将对全国近 4000 万震颤人群提供帮助。在全国寻访活动下，每一个站点成立的协会分会将对本地区的震颤人群提供有组织的帮助；借助《健康报》和协会的健康教育平台，患者将了解更全面和专业的震颤病症信息，并形成社群联系，让震颤人群感受到组织的温暖；

同时通过对公益广告的病毒式传播，引发全社会对震颤人群的关注与关爱；大数据平台也将让更多相关企业投入到对震颤人群的辅助医疗器械的研发中。本项目将以一年为周期，每年寻找契合点延续举办，使更多有利于提高震颤人群生活质量的医疗器械为震颤人群所使用，为社会责任感的建设与公益精神的传承做出努力！

活动策略			
目标	"关爱震颤人群、关爱老区人民、关爱老年人"		
受众	全国人民特别是革命老区人民、老年人、全国震颤患者		
系列活动	关爱震颤人群全国行	高峰论坛	成立震颤人群智能化管理学组	拍摄公益广告、纪录片

系列活动一：关爱震颤人群全国行

（1）走访健康报社发展路线城市及红军长征部分路线城市，关爱老区人民和老兵（即"关爱二老"），同时感恩回报"二老"，为有震颤病症的"二老"群体提供医疗辅助器械帮助，如臻络睿餐防抖勺，提高其生活质量。

（2）了解当地医疗水平，将尖端医护资源带去当地，对老兵及老年人的身体状况进行寻查问诊。

（3）在当地举办医养知识讲座，普及老年人慢性病中震颤病症的相关知识。

（4）在路线城市设立震颤人群智能化管理学组分会，收集当地震颤人群的资料及相关医护数据，形成大数据库，并聚拢震颤人群，使其得到帮助，重获尊严。

（5）契合红军长征胜利80周年，在革命城市举办"红色"主题活动。

系列活动二：促进成立震颤人群智能化管理学组（北京总会、地方分会）

协会组织单位：国家卫生和计划生育委员会、健康报社、中国卫生产业协会。

系列活动三：拍摄公益广告，关爱震颤人群

· 广告主题：关爱震颤人群。

· 广告目的：

（1）唤起公众对震颤病症的关注，呼吁公众重视震颤人群的自我尊严与生活质量，将公益理念传播至更多人群。

（2）由"唤起、呼吁"进一步引申到"关爱"，用实际行动关爱震颤人群，帮助震颤人群找回自我尊严。

（3）提升整体项目的影响力，为后续各项活动的开展与传播开拓出良好的公众关注度。

· 广告策略：从震颤群体的各种生活细节入手，融入中国的孝文化，使公众对这一群体的痛苦与无奈感同身受，以唤起公众对震颤疾病的关注与进一步的关爱。

· 媒体策略：省市电视台新闻播出＋重点媒体专访专刊。

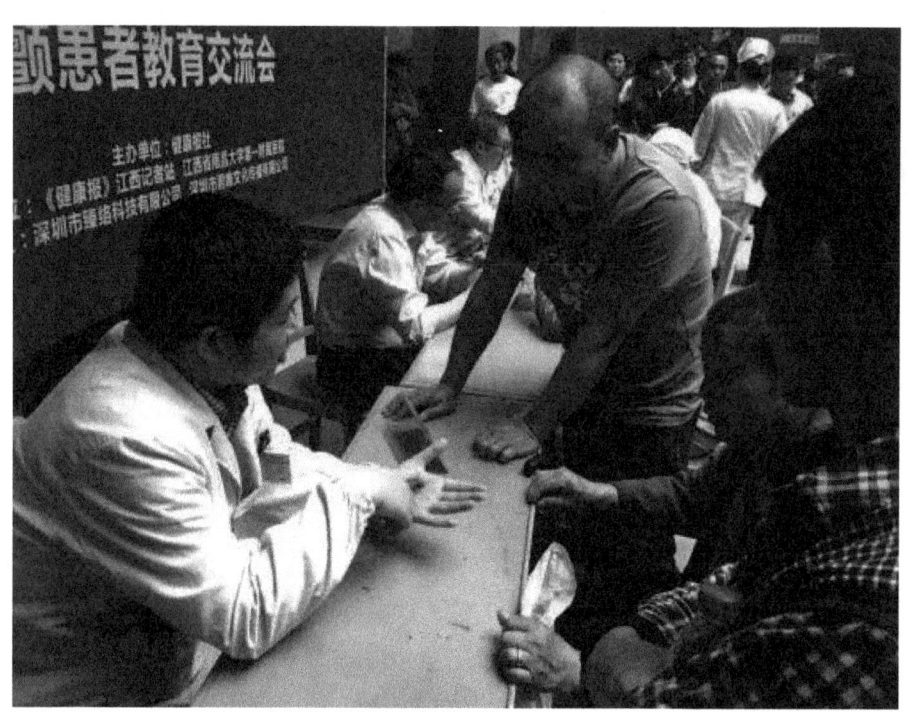

媒体	国家级媒体	地区媒体
平面媒体	健康报	—
网络媒体	中国科技网、网易财经、中国日报、健康报网、搜狐健康、中国经济网、凤凰财经、中国日报、新浪、腾讯网、中国新闻网、网易健康	四川新闻网、浙江新闻网、青岛新闻网、苏州热线、天津新闻网、贵州新闻网、北京热线、江苏新闻网、家电品牌网、大众健康、宜昌在线、中华网健康、江西新闻网、深圳之窗、深圳在线
电视媒体	—	江西卫视二套、江西卫视五套
自媒体	健康报社	君唯文化、臻络科技

/ 项目执行 /

成立震颤人群智能化管理学组（北京总会、地方分会），拍摄公益广告，关爱震颤人群，启动"健康报社创刊85周年全国寻访活动"，拍摄人文纪录片，参与高峰论坛等。

/ 项目评估 /

效果综述：

目前已完成及规划的城市有北京、南昌、上海等，惠及当地民众超过1000万人，还包括香港震颤患者500余人。项目现场参与人员达500余人次，南昌市的专家义诊活动现场参与患者多达400余人次。整体项目通过各省市电视台、重点报纸等媒体，传播辐射人群过千万。

亲历者说： 束建群 深圳市君唯文化传播有限公司 董事长

本项目的发起缘由是合作三方真正有着"关爱震颤人群、关爱老区人民、

关爱老年人"的公益目标和人文精神。我们也积极奔走,身体力行地策划了此次公益公关活动。从整体项目产生的影响来说,对公众的正面影响被加强、正能量被传播,对社会做出了贡献,产生了巨大的社会号召力。

深圳市君唯文化传播有限公司也秉持着"公益助人"的企业精神及愿景,积极运用企业自身影响力,联合众多公益力量,推动着本项目的创意企划、落地执行等环节。"君子之道,唯言唯行"是君唯文化传播有限公司的企业文化,言行一致地做公益,知行合一地帮助震颤患者,是君唯文化的做人、做事体现。君唯文化用点滴善念,号召着社会大众积极关注、关爱、关怀震颤患者,关爱老区人民,关爱老年人;在项目推动过程中,君唯文化用媒体资源、医疗资源等积极推动和传播着"这次长征,我们一起走"的公益影响力和社会正能量。项目的落地及成熟,与君唯文化的点滴付出息息相关,与君唯文化的企业愿景一脉相承。

案例点评

点评专家：于剑　雅诗兰黛中国区政府事务总监

"这次长征我们一起走·关爱震颤人群全国行"活动选了一个非常好的切入点。震颤病症是困扰老年人生活的一大慢性病，在中国至少有数百万人因双手震颤而严重影响生活质量，而公众对震颤病症的严重性和预防却了解甚少。

该案例以独特的视角，通过为震颤人群搭建医学专家桥梁，普及医学常识，成立震颤人群智能化管理学组（北京总会、地方分会），拍摄公益广告、人文纪录片，参与高峰论坛等方式，将公益理念传递至祖国各个角落。

该公益活动，选择了红军长征胜利80周年这个时间节点，通过一系列重走长征路的公益活动，结合医疗科技，将"关爱震颤人群、关爱老区人民、关爱老年人"的公益理念推广至全国，从品牌传播的角度分析，这样的时间节点和政治热点，有助于提高传播效果，对其他企业如何做好CSR项目具有积极的指导意义。

项目执行的不足之处：这个活动的目的是关爱震颤人群，该活动利用长征胜利80周年这个契机，通过走访老区人民，尤其是老区的震颤人群来制造吸引眼球的效应，扩大活动的传播效果。但是，从传播的角度看，把三者并列在一起是不合适的，反而冲淡了活动的意义。这也是很多企业做CSR活动的通病，总是把很多热点放在一起传播，反而让公众抓不住重点。

2016 最具公众影响力数字营销大奖

阿斯利康企业内部微信平台策划及营运项目

执行时间：2015年6月至8月

企业名称：阿斯利康（中国）

品牌名称：阿斯利康

获奖情况：金旗奖——2016最具公众影响力数字营销大奖

/ 项目概述 /

在阿斯利康（中国）的发展策略中，企业员工发展和企业内部建设同样是非常重要的议题之一，如何实现企业内部有效的沟通、传播及信息整合是公司当前迫在眉睫的问题。在经过员工问卷调查、行业分析及传播工具分析等调研工作后，公司决定以微信作为主要传播渠道和平台，并期望通过该项目实现传播企业文化、增强员工凝聚力及企业信息整合协同三大目标。

2016年8月3日阿斯利康（中国）企业内部微信号"我们的阿斯利康"—"从A到Z"主应用正式启动上线，主要作为企业消息、活动和专题内容固定推送的平台。至2015年12月，关注人数已上升至8000人。不管是微信推送的阅读量，还是员工对活动的高度关注和参与，都体现了此次项目的阶段性成功。

/项目背景/

1. 需解决的问题

阿斯利康是一家以创新为驱动的全球性生物制药企业，专注于研发、生产和销售处方类药品。阿斯利康（中国）总部位于上海，在中国内地主要城市有29个分支机构，在中国香港特别行政区设有一家办事处，拥有超过一万名员工，遍布于中国各个省和地区。在员工数量及团队部门如此庞大的结构下，如何有效利用微信的特性，善用其功能，保障信息的安全并能规避其局限性，实现传播企业文化、增强员工凝聚力及企业信息整合协同三大目标，是当前企业发展所必须面对的挑战。

2. 执行时间和执行地域

自2015年6月至今，项目团队协助阿斯利康（中国）策划企业内部传播方案，建立企业内部微信企业号——"我们的阿斯利康"，负责日常营运、图文设计、线上活动策划及执行等。

/项目调研/

项目可行性研究

（1）企业员工调研。

针对企业内部传播方案的设计，我们随机对员工进行了采访，收集员工的反馈意见。多数员工反馈希望改变企业现行的传播方式，增加员工相互之间的交流和沟通机会，发掘公司和同事更多的不同的面。

（2）数据观察。

微信平台于2014年9月推出微信企业号，为企业提供移动应用入口，帮助企业、政府机关、学校、医院等事业单位和非政府组织建立与员工、上下游合作伙伴及内部 IT 系统间的连接，并能有效地简化管理流程、提高信息的沟通和协同效率、提升对一线员工的服务及管理能力。微信企业号作为服务号的支撑，连接企业外部系统，包括与上下游合作伙伴建立连接，甚至在业态和业态之间建立连接。

截至 2015 年 5 月，微信月活跃用户超过 5.49 亿，公众账号达 800 万，服务号超 400 万，微信企业号达 30 万。

为更好地掌握微信企业号营运的可行性，我们对微信企业号在企业中的使用现状和数据进行了资料搜集，从而观察微信企业号的使用情况。

研究 2015 年中国中小企业日常办公对微信的使用情况，我们发现开通了企业内部微信沟通群与微信企业号的企业有 5.3%，仅开设微信企业号的企业有 2.7%，微信企业号的覆盖有望进一步提升[1]。

（3）分析评估

综合企业员工调研及行业和数据观察，微信企业号虽然还未能达成大范围的覆盖，但无疑已成为企业内部传播的新趋势，其功能性和服务性都非常符合我们的传播目标。微信企业号建立在微信平台上，具有高管理权限、多应用接口支持的功能，可以帮助企业在微信的大社交生态中聚合出一个紧密、层次分明的企业社交圈。在此企业社交圈中，借助微信在工作场景中的亲和力，企业号用户在办公系统和私人社交网络中切换互动，给严肃的办公场景带来乐趣。员工从被动接手的角色转换为主动参与、积极互动的主人翁角色。综上，微信企业号成为此次项目平台的首选。

/ 项目策划 /

目标及受众：

此项目受众为阿斯利康（中国）所有员工，期望通过项目能实现传播企业

---

[1] 数据来源：艾媒咨询，2015 年中国微信企业号市场研究报告。

文化、增强员工凝聚力及企业信息整合协同三大目标。

• 传播企业文化：通过微信平台传递及分享企业文化及价值观，策划创意线上活动，让员工分享内容，打破部门隔阂，促进零距离沟通。

• 增强员工凝聚力：利用微信平台的开放互动性，协助内部沟通交流，尤其是加强管理层与前端销售之间的沟通交流。提供便捷的互动沟通方式，促进内部信息传递效率与生产力的提升。

• 企业信息整合协同：为企业内部传播及内部活动提供方便的线上线下整合平台。

主要概念：

"我们"是阿斯利康大家庭，"我们"是平等开放，乐于互动，有丰富专业知识，更追求趣味生活的一群人。主要概念突出体现"我们在一起，为了共同的阿斯利康"。以"我们的阿斯利康"为理念，以"我们分享""我们发问""我们表达"三大概念贯穿整个平台信息输出，并与后续的线上线下活动结合。

"我们的阿斯利康"

我们分享	我们发问	我们表达
• 我们分享工作中的喜悦与成就，团队的卓越成绩 • 我们分享生活中的点滴，让同事也成为一家人 • 我们分享工作与生活的平衡人生	• 无论是公司未来方针，或是个人业务上的困难，我们都可以发问 • 无论是对其他部门的好奇，或是对管理层的疑问，都开放沟通	• 我们可以自由表达工作上的诉求，个人的烦恼，或是人生的迷茫 • 我们从互动中，表达对彼此的关心，互助成长

传播策略：

以多媒体视觉化及互动性呈现作为核心传播策略，注重开放、互动及沟通的传播方式，打造集互动性、趣味性、资讯性于一体的企业内部传播平台。

执行计划：

（1）"我们的阿斯利康"账号内容架构设计。

"我们的阿斯利康"账号平台由"我们的新鲜事""我们的互动""我们的专题"三大部分组成。"我们的新鲜事"将每日推送从部门和管理层收集编写的企业消息和公司通告，让员工一手掌握企业最新信息。"我们的互动"包括所有节日线上活动及对话管理层互动模块。"我们的专题"设置总裁信、员工故事及热门招聘三个专题板块，以固定栏目专题形式推送。

（2）项目执行时间表。

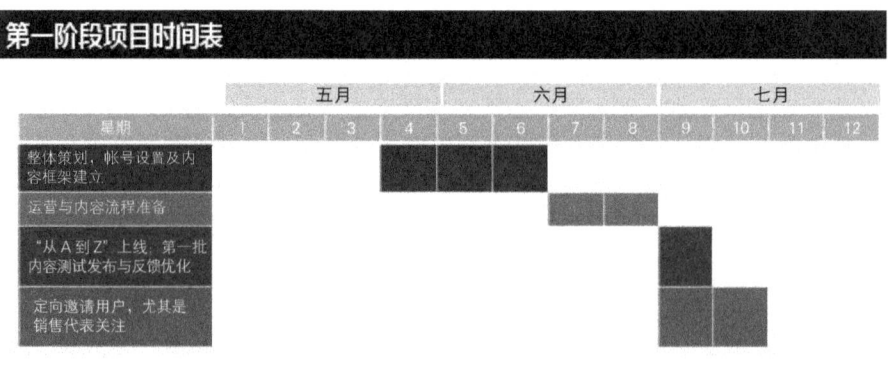

/ 项目执行 /

实施细节

（1）项目启动。

初始阶段为吸引更多员工关注企业内部微信平台，计划从线下宣传海报及管理层号召开始，举办"求自拍"活动，通过活动增加受众对企业内部微信账号的认知，了解其功能和意义。

在提前一周的线下海报宣传预热后，企业内部微信号"我们的阿斯利康"正式于 2015 年 8 月 3 日启动，以"＃我们＃来了，你在哪里"作为第一篇微信推送，以漫画的形式向大家介绍此微信平台的功能和意义，并号召大家参加启动活动，以主题相框拍照上传，赢取奖品。

企业内部微信账号启动活动为期两周，收获了大量员工的照片投稿，成功为账号启动初期吸引了超过 3000 位员工的关注，平均每条微信阅读量接近 1000，并在后续营运中持续增长。

（2）内容推送。

为了使企业内部微信账号能作为企业上下整合协同的平台，我们设置了两大板块作为日常推送的内容，即一是企业最新消息及活动通告，二是专题栏目。设定每周每月的编辑计划，按时按点进行推送。

（3）线上活动。

为了能有效地调动员工的积极性，打破管理层、部门及员工之间的距离，营造融洽的企业文化和氛围，除了日常企业信息及专题的推送，还在节日之际设计有趣、有创意的线上活动，增强线上线下的互动。

中秋祝福 H5 创意互动

（1）概念。

紧贴新媒体社交平台的热点，以"老板来电"作为 H5 创意点打破沉闷，在中秋节之际，以幽默的方式让管理层为员工送上祝福。同时，颠覆式的创意为员工们带来新鲜感，也带来有趣的话题。在传达祝福之际，达到传播企业文化、企业关怀的目的。

（2）中秋祝福轻应用的获取传播途径。

中秋祝福通过官方微信企业号发布推送，点击推送图文自动进入轻应用。该轻应用模拟来电界面，用户按接通键后进入模拟通话界面，以语音接收祝福；用户按挂断键后进入模拟信息界面，以图文接收祝福信息。

中秋祝福轻应用

"对话大佬"平台

（1）创意概念。

- 一个由管理层按月轮流"值班"的分享对象平台。
- 持续性的新内容及开放式的你问我答形式。
- 设置生活化的主题，营造轻松的对话氛围。
- 跳出企业的框架，促成高层管理团队与员工开放沟通。

（2）参与机制。

- 员工通过专门设计的轻应用平台提交问题。

- 每月的"值班管理层"挑选 20 个问题进行回复。
- 每周于微信平台推送精选问答。
- 每月"值班"结束时将问题整理为专题发布。

（3）具体执行。

- 前期宣传。由于"对话大佬"是建设在"我们的阿斯利康"账号下的子应用，必须提前通过在各地办事处放置海报及宣传物品，达到前期宣传及预热的效果，让员工关注其子应用，并通过发放奖品等奖励机制鼓励员工踊跃参与。

- 正式上线。"对话大佬"于 2015 年 10 月 28 日正式上线，至 12 月 31 日，共完成精选问答 8 期，于微信平台总推送 11 次。

- 轻应用及图文设计。

对话大佬轻应用

"AZ 人，敢自豪"线上照片投稿比赛

在年底之际，配合阿斯利康（中国）年会主题"赢道、高效、创新"，以展示过往辉煌，激励员工士气为目的，设计"AZ 人，敢自豪"线上照片投稿比赛。

（1）创意概念。

- 通过图文分享，让员工感受到企业和团队的认同及鼓励。

- 为强调"自豪感",以"红色革命"为设计主调。
- 作为年会预热活动,同时收集照片素材供年会活动使用。

怀旧革命风格,引发共鸣
- 所选用的图案及色调,唤起记忆,与自豪主题吻合
- 年轻一代感觉新鲜有趣

选取各部分精彩内容,资源配合
- 在推送中加入Leon点评,增添趣味和新鲜感
- 均衡各个部门的上榜机会,激发投稿热情

素材落地,整合传播
- 将素材剪辑整理,于线下电视宣传平台播放

"AZ人,敢自豪"创意概念

(2)参与机制。
- 员工通过专门设计的轻应用平台提交图文照片。
- 需要将照片分享给微信好友拉票。
- 后台定期挑选精选图文于微信平台推送。
- 最终以投票数量前10位为优胜者,颁发奖品及奖状。

(3)具体执行。

• 前期宣传。"AZ人,敢自豪"活动搭建于独立的轻应用平台,因此线下宣传也是活动前期预热不可或缺的部分。在活动开始前一周,于阿斯利康各办事处设置主题线下海报及易拉宝,并附上二维码可以直接扫描跳转到活动页面。

• 正式上线。"AZ人,敢自豪"于2015年12月1日正式上线,为期一个月至12月29日结束。每周2次精选图文投稿于微信平台推送,共推送8期。

- 轻应用及图文设计。

"AZ人，敢自豪"轻应用

/ 项目评估 /

效果综述：

自2015年8月3日平台启动至2015年12月，总共推送249条微信，平均阅读量超过2000，最高月总阅读数量达12万，单条微信最高阅读量超过3万。

（1）中秋祝福H5创意互动。

中秋祝福H5上线当天，即获得超过4万浏览量，上线5天共获得51 203次浏览，平均每位员工访问1.8次。

受众反应及效果评估：在繁忙的日常工作中收到老板的来电，以幽默的方式送上中秋祝福，新颖的形式受到员工的一致好评，更成为企业里、甚至行业中的热门话题。

（2）"对话大佬"平台。

"对话大佬"上线两个月累计获得14万次浏览，收到员工的积极提问，精选问答于微信推送，总平均浏览量达3000，单条最高浏览量更超过6000。

受众反应及效果评估："对话大佬"成功实现了管理层与前端员工的双向沟通，匿名提问的机制设置大大增加了员工提问的积极性及提问内容的真实性，有效营造企业内部沟通的良好氛围。

（3）"AZ人，敢自豪"线上照片投稿比赛。

"AZ人，敢自豪"自2015年12月1日上线至12月30日，累计总浏览量超过24万，访客数超过6万，平均每人浏览4次，照片投稿上传131份。

受众反应及效果评估：为了让员工不只感受到企业内的认同，更能收获家人和朋友的鼓励，此次"AZ人，敢自豪"图文比赛设置为对外开放投票和转发功能，除了能提高员工的参与热情之外，更扩大了活动的辐射范围。在此次活动中，员工是参与者，员工的家人和朋友成为见证者。在年会之际成功达成预热效果，并将收集的素材用于年会活动，此次活动无论从数据统计方面还是员工反馈，都得到了前所未有的成功。

/ 项目亮点 /

作为医药企业的内部沟通和企业文化平台，阿斯利康企业内部微信平台不但是一个信息更新的平台，更是一个创造员工互动、加强与管理层交流的有效平台，成为业界加强企业内部沟通的领先做法。不但在企业内部产生了良好的反响，在医药业内也建设了正面的口碑。

亲历者说： 严佳怡 阿斯利康中国　企业传播经理

这次阿斯利康公司首次利用微信平台进行内部员工沟通的项目，公司高层和同事们都给予了很高的期望。从建立之初，该微信号就获得了内部员工的热切关注，从关注的人数到各个项目参与互动的人数，都可见同事们对于这个沟通平台的热情及投入程度是很高的。

例如中秋祝福H5创意互动，大大拉近了员工与高层之间的距离，以有趣而生动的方式使管理层的形象亲近又贴心，其易于传播的方式也让一个简单的节日问候成为医药行业内部沟通的口碑案例。又如"对话大佬""AZ人，敢自豪"这两个较为持续的互动项目，根据内部员工的需求进行了设计，让员工可以抒发自己真实的想法，令公司内部的气氛和环境更加透明，也进一步令有潜力和杰出的员工有展示自己的空间。

而整个项目颇具有挑战性的地方，是微信互动的平台要求我们的团队反应更快、更及时，也给后续传播积累了很好的经验。

案例点评

点评专家：陶西　益海嘉里食品营销有限公司电子商务＆数字化营销总监

有了好员工、好文化，才有好产品、好服务、好口碑，阿斯利康企业内部微信平台策划及营运项目是个非常独特的内部营销/社会化传播好案例。通过启动"我们的阿斯利康"微信企业号，打造平等＋互动的开放平台和内传播渠道，实现传播企业文化、增强员工凝聚力和企业信息整合三大目标，彰显了阿斯利康以创新为驱动的全球性生物制药企业的远见卓识，具有行业示范性和参照价值。

"我们的阿斯利康"以"我们分享""我们发问""我们表达"

三大概念搭建企业内部信息输出平台，并创意开展了一系列企业文化建设的互动活动。

该项目有如下创新点：

（1）营造企业社交圈：注重开放、互动的传播方式，打造具有互动性、趣味性、资讯性的企业内部传播平台。

（2）创新内部营销：倡导主动分享、积极互动，让员工成为企业的主人翁；着力打造员工与管理层的沟通渠道，让企业文化和价值观充分传递；打破部门墙，有效沟通，零距离沟通，提升内部信息的传递效率与企业活力。

（3）创意互动：内部营销贯穿创意策划的巧思，用心难能可贵，真正将员工当用户，不是灌输，而是想方设法吸引员工主动关注和参与。"#我们#来了，你在哪里"第一篇企业号微信推送即为主题互动——主题相框拍照上传，赢取奖品。顺应新媒体传播/社交沟通方式，创意中秋祝福"老板来电"H5互动。创造"对话大佬"管理层按月轮流"值班"的分享平台，实现管理层与员工的双向沟通，大大增加了员工参与企业管理/合理化建议的积极性，营造企业内部沟通的良好氛围。"AZ人，敢自豪"投稿比赛，通过图文分享，既让员工感受到企业的认同和鼓励，更收获家人、朋友的参与和赞赏，实现广泛的社会化传播。

（4）量化评估：2015年8月至12月推送249条微信，平均阅读量超过2000，月度阅读量最高达12万，单条微信最高阅读量超过3万……项目效果评估数据翔实、有说服力。

该项目创新员工互动，实现公司上下的有效沟通，从而提升员工满意度和创造力，是企业文化和内部正面口碑建设的创新营销——为阿斯利康管理层以人为本、与时俱进的创新理念和成功实践点赞。

蒙牛"随变随芯果"传播项目

执行时间：2016 年 4 月至 8 月

企业名称：内蒙古蒙牛乳业（集团）股份有限公司

品牌名称：随变

获奖情况：金旗奖——2016 最具公众影响力数字营销大奖

/ 项目概述 /

在国内冰品行业陷入连续下滑困境的情况下，蒙牛"随变随芯果"创新研发了双重果酱口味的新品雪糕。联科公关多渠道整合"随变随芯果"的 IP（知识产权衍生系列版权）资源，线上线下联动为"随变随芯果"新品上市造势。利用上海迪士尼乐园独家合作资源和"2016 蒙牛酸酸乳超级女声"合作资源，有效地整合这两大 IP 资源助力"随变随芯果"的新品推广。在预热阶段，通过双微平台传播，为新品上市造势；在推广阶段通过"随便摇一摇，扫码赢大奖"活动 H5 大幅吸引消费者和经销商参与，在设计线上微博话题活动横向传播的同时，通过"眼力大闯关"线上游戏互动纵向深入；在持续传播阶段，与超级女声线下互动推广，借势超级女声为"随变随芯果"进行持续推广。"随变随芯果"产品自 4 月中上市，产品销量突破 8000 万，成为 2016 年蒙牛冰品

4大主推产品之一,截至6月,产品累计贡献净利润达700万元。

/ 项目背景 /

2014年冰品市场遭遇"寒冬",2015年冰品经销商们主要在"清库存"。有"史上最热夏天"之称的2016年,冰品市场尤其是新品之间竞争更加激烈。蒙牛和伊利两大乳制品集团在冰品方面的竞争尤为火爆,蒙牛乳业因负面报道等因素致销售业绩不断下滑,而伊利集团"巧乐兹"系列产品成为支棒类冰品销量最高的单品之一,以巧脆棒、巧恋果为代表的产品销售额高达15亿元,是蒙牛随变品牌整体销量的近2倍。

蒙牛需要研发一款全新的雪糕,以应对与"巧乐兹"系列产品的竞争,而创新研发的"随变随芯果"系列产品,拥有与伊利"巧乐兹"竞争的产品实力。

/ 项目调研 /

蒙牛冰淇淋是上海迪士尼乐园的独家合作伙伴。作为中国内地第一座迪士尼主题乐园,上海迪士尼乐园对游客具有极大的吸引力。针对这一热点,蒙牛发起"眼力大闯关"互动小游戏,以迪士尼乐园的六大主题公园为关卡,每关一道问题,在游戏页面植入产品及产品口味对应的水果,强化"随变随芯果"的产品特点。结合上海迪士尼乐园开园的热点,有效强化消费者对"随变随芯果"的了解,与大众纵向深入互动。

超级女声作为中国本土影响力巨大的选秀节目,粉丝覆盖量以千万计。利用蒙牛与超级女声合作的资源优势,进行线上线下推广活动,通过娱乐营销互动的方式,增强"随变随芯果"的影响力。

/ 项目策划 /

策划目标：

线上线下联动，为"随变随芯果"新品上市造势；活动得到最大化的传播告知，吸引消费者参与；提升消费者对蒙牛随变新品的好感度，为"随变随芯果"上市进行推广并向销售引流。

策略：

（1）多渠道资源整合：上海迪士尼乐园独家冰品合作品牌资源，"2016蒙牛酸酸乳超级女声"合作资源。

（2）线上线下纵横双向推广：预热阶段通过微博、微信等线上平台为新品上市预热，并告知消费者 H5 线上活动信息；正式推广阶段开始"随便摇一摇，扫码赢大奖"活动 H5 互动传播，辅之以线上微博话题"#随变聊：奇妙冷 CP#"进行横向传播，最大面积地告知大众新品产品信息和 H5 互动活动信息，并设计"眼力大闯关"线上游戏，推动产品与粉丝之间的互动纵向深入；在持续传播阶段，借势超级女声决赛高潮热点，与超级女声深入互动。

（3）借势超级女声，推动娱乐营销：与超级女声展开深入互动，组织线上线下推广活动，拉动粉丝对"随变随芯果"的好感，增强产品曝光度。

目标受众：

各地的冰品经销商和广大终端消费者。

传播内容：

"随变摇一摇，扫码赢大奖"互动 H5，在微信、微博等平台定期推送，与超级女声进行线下深度互动活动，线上线下联动传播，为"随变随芯果"上市造势和推广。

媒体策略：

终端消费者对于选择成本极低的雪糕类商品，常常容易受到产品本身之外因素的影响，而左右其最终的消费决定。通过调研我们发现，消费者尤其是年轻消费者对于关联热点活动及有明星代言的产品，最易影响他们的消费决策。同时,我们还发现通过第三方信任与权威背书,也能够给予消费者足够的购买动力。

/项目执行/

实施细节:

(1)预热期利用微信、微博平台展开新品上市信息的传播和H5互动信息的推广,设计一系列gif(动画)海报、表情包,结合时下热点话题,吸引民众注意。

(2)推广期发布"随便摇一摇,扫码赢大奖"线上互动H5,网友可以通过扫取"随变随芯果"活动二维码参与摇奖活动,所有摇到奖品的用户需要购买"随变随芯果"产品,输入雪糕棒上的11位兑奖码才可以领取奖品;消费者也可在购买产品之后直接扫取产品包装上的二维码参与摇奖活动,摇奖和购买两个环节形成双向循环过程。同时,"随变摇一摇"H5互动中镶嵌了一个集随芯果的众筹互动,用户可以分享给5位好友,6个人一起集齐6块"随变随芯果"图案就可以获得现金红包,购买产品之后可以兑奖领取。

(3)发起微博话题活动"#随变聊,奇妙冷CP#",与25家微博KOL合作,合作的微博KOL涉及美食、娱乐、萌宠、星座、科技等各个领域,微博大号的转发引起了网友的广泛关注。

(4)发起"眼力大闯关"互动小游戏,以迪士尼乐园的六大主题公园为关卡,每关一道问题,在游戏页面植入产品及产品口味对应的水果,强化"随变随芯果"的产品特点,每人每天有3次游戏机会,通过分享可增加游戏机会,每分享一次额外获得2次游戏机会。

(5)直播超级女声活动现场比赛吃"随变随芯果"环节,为超级女声提供"随变随芯果"产品犒劳粉丝,摇奖红包可以兑换成为超级女声投票等系列活动。

/ 项目进度 /

（1）预热阶段：双微平台传播，为新品上市造势，拓宽铺货渠道，增加终端覆盖率。

（2）推广阶段："随便摇一摇，扫码赢大奖"活动 H5 传播，增加销售黏性，有效兑奖 70 万次，引发千万人次参与摇奖活动；线上微博话题活动横向传播，两次登上微博话题排行榜；"眼力大闯关"线上游戏互动纵向深入，引发消费者深度了解产品。

（3）持续传播：与超级女声线下互动推广，推动产品持续曝光。

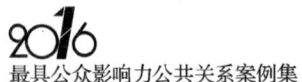

控制与管理：

（1）推广力度与铺货渠道结合，在前期铺货覆盖率有限的情况下，通过双微平台进行推广；在铺货渠道打开，终端覆盖率大增之后，新品进入正式的推广期，在保持双微平台推广的同时，发布"随变摇一摇，扫码赢大奖"的互动 H5 进行大力传播，吸引海量消费者参与。

（2）及时更新传播借势资源，借势超级女声的 IP 资源，开展线上线下活动进行推广。随时跟进超级女声热点，如每周的线下拉票会和超级演唱会。随着超级女声的赛况设计移动端互动 H5 游戏，推动产品的持续曝光。

/ 项目评估 /

效果综述：

"随变随芯果"产品自 4 月中上市，产品销量突破 8000 万，成为 2016 年蒙牛冰品 4 大主推产品之一，迅速提升随变品牌整体销量，与竞品"巧乐兹"展开强势竞争。

现场效果：

截至 7 月 15 日，共参与 9 地 10 场超级女声线下活动，累计现场售卖超过 1 万支"随变随芯果"雪糕，新品认知度迅速提升，变身网红冰品。

受众反应：

"随变摇一摇，扫码赢大奖"活动参与量突破千万，最多当日参与量可达 30 万+，活动有效兑奖 70 万次。"#随变聊，奇妙冷 CP#"微博话题阅读量达 4347.3 万，讨论量达 10.4 万，先后两次登上微博话题榜前十。

市场反应：

截至 6 月，产品累计贡献净利润达到 700 万元。

媒体统计：

与 30 家微信 KOL、20 家微博 KOL 合作发稿，中国冰淇淋、草根生活、吃货一族等微信公众平台参与。

/项目亮点/

（1）活动机制创新：搭建冰品行业首个大规模线上线下整合抽奖 H5 互动平台，贯穿整个项目执行过程，整合摇奖和购买两个环节，让消费者在摇奖之后发生购买才能兑奖，购买之后可以通过包装上的二维码参与摇奖，让摇奖和购买产品两者成为双向循环过程，促进活动向销售引流。

（2）媒体选择创新：有效运用微博、微信等线上平台，在微博话题活动中与美食、娱乐、萌宠、科技等多角度 KOL 合作，最大面积覆盖微博用户。

（3）娱乐营销模式：与超级女声进行深层互动，通过超级女声赛事热点话题和人气超级女声选手粉丝带动产品推广，在增强产品知名度的同时促进产品销售。

亲历者说： 陈娜 中青旅联科（北京）公关顾问有限公司 客户经理

蒙牛"随变随芯果"传播项目历时 4 个月，产品上市之初，利用上海迪士尼强 IP 资源和上海迪士尼双人游大奖，对超过 5000 万支的产品进行线上线下整合联动，发起互动活动"随变摇一摇，扫码赢大奖"，并通过微博话题活动、"眼力大闯关"H5 互动游戏、有创意的互动海报和图文等方式有节奏地进行推广，使抽奖互动参与人数突破 8000 万，同时强有力地拉动了产品销售量，打响了新品知名度。

在针对产品上市的摇奖互动接近尾声时，配合"随变随芯果"新口味上市，利用超级女声的资源进行多种创意互动与植入，紧跟超级女声热点，采用轻量级小互动形式，利用双微平台完成，增强了粉丝黏性。

面对冰品行业最大型的抽奖互动，落实到一波波的传播推广过程中，我们不断地调整创意形式和沟通内容，使传播效果达到最大化。

案例点评

点评专家：孙瑞祥　天津师范大学新闻传播学院院长，教授

　　蒙牛"随变随芯果"传播项目知名度高、影响力大，给人耳目一新之感，是一个可圈可点的成功案例，值得推介。该项目的突出亮点体现在三个方面。

　　一是前期策划周密、实施步骤清晰、目标对象明确、市场定位精准。从项目预热、推广到持续传播，环环相扣、前后呼应、有机结合。通过充分整合多渠道平台载体和传播资源，实现线上线下纵横双向推广。充分彰显了动之以情、晓之以理、喻之以利、导之以行的劝导逻辑力量，形成了一个完整高效的传播链。

　　二是充分借助新媒体手段，通过线上线下有效联动为随变新品上市造势，在项目实施中实现了活动机制创新、媒体选择创新、娱乐营销模式创新。通过双微平台传播、"随便摇一摇，扫码赢大奖"线上互动H5、以迪士尼乐园六大主题公园为关卡的"眼力大闯关"线上游戏互动、超级女声线下互动等一系列创新举措实现产品推广。创意新颖、构思巧妙、吸引眼球，产生了显著的经济效益和社会影响。

　　三是注重项目策划传播的"时度效"。时，就是善于借时、顺势，精准把握市场需求和传播时机；度，就是活动内容有深度、有力度、有温度，注重传播节奏掌控；效，就是有效果、有效力、有效能。用富于创意的互动体验、内容丰富的故事情节和感染力超强的图文视频，成功演绎了一个具有独创意义的营销事件。

巧儿宜"好妈妈背靠背"儿童安全座椅推广项目

执行时间：2016年5月30日至6月3日

企业名称：巧儿宜（中国）有限公司上海分公司

品牌名称：巧儿宜

获奖情况：金旗奖——2016最具公众影响力数字营销大奖

/ 项目概述 /

目前，中国妈妈对儿童安全出行的认知普遍不足，对"0~4岁孩子后向乘坐更安全"的科学理念知之甚少。如何让巧儿宜的后向安全座椅成为妈妈们讨论的热点及购买首选，是本次传播的挑战。

每个女性从成为妈妈的那一刻起，都希望能把最坚实的肩背给予孩子依靠，背对背的姿势传递出一种本能的信赖感。

巧儿宜在六一儿童节发起了"好妈妈背靠背"活动，用"背靠背"的情感纽带取代"后向乘坐更安全"的理性诉求。活动先用辣妈明星小S（徐熙娣）引发网友好奇，然后借助育儿专家引导大众讨论，最后号召妈妈们晒出背靠背的自拍照表达态度。

活动有效提升了巧儿宜的品牌认知度和区隔度，使巧儿宜成为"好妈妈背

靠背"的专业倡导者,以及年轻妈妈为孩子选择后向乘坐安全座椅的首选品牌。

/ 项目背景 /

英国婴童品牌巧儿宜旗下的安全座椅产品在市场竞争中虽然具有极大的产品性能优越性,但是与早期进入中国的其他进口品牌相比品牌知名度较低,与中国本土品牌相比又无价格优势,在国内市场中暂无独特的市场地位,市场拓展面临挑战。

近年来,儿童安全座椅的市场领先品牌正在国内市场斥巨资做大规模推广,如中国本土品牌好孩子与乐视达成战略合作,合作方式包括利用乐视的网络视频平台资源开展亲子教育、赞助乐视的育儿网络综艺节目《崔神驾到》、联手乐视商城提供母婴产品套餐优惠等,获得了巨大的品牌曝光。然而巧儿宜希望能够找到更加经济、高效的传播方式,可以在有限的预算内显著提升品牌知名度。

巧儿宜希望能够建立自身品牌的差异化竞争优势,率先将"0~4岁儿童后向乘坐更安全"的领先理念引入中国市场,成为儿童安全座椅"后向乘坐"的专业倡导者,在激烈的市场竞争中建立起巧儿宜品牌与竞品的区隔点,提高品牌知名度。然而在中国,绝大部分消费者尚不了解安全座椅的正确用法,对于"后向乘坐更安全"的领先理念更是知之甚少。而且,许多中国父母在观念上,仍然觉得只有抱着孩子、看着孩子才安全,不容易接受让孩子以面向车尾的方式坐在后排。

/ 项目调研 /

儿童安全座椅产业在欧美国家已有数十年的发展,但在国内市场才刚刚起步。伴随着国家相关法律法规的出台,以及消费者儿童乘车安全防护意识的提高,儿童安全座椅行业将迎来一个快速发展时期，也将吸引更多企业进入该行业。

当前，国内儿童安全座椅市场的参与主体主要可以分为三大类：国外品牌、国内知名品牌和一般品牌。2015年以来，中国本土品牌与国外品牌平分秋色，市场占比各为50%左右。据《全国大型零售企业暨消费品市场2015年度监测报告》数据统计，2015年中国国产品牌好孩子儿童安全座椅的市场综合占有率甚至达到35.45%。此外，还有众多实力微弱的中小企业，这些企业的特点是产品质量未经任何质量认证，部分产品存在以次充好、以假充真的情况，扰乱了市场正常的竞争秩序，急需市场整顿和规范。

英国婴童品牌巧儿宜旗下的安全座椅产品在外国进口品牌中属于中高端定位，在市场竞争中受到其他国外进口品牌和中国本土领先品牌的双重挑战。在品牌知名度层面，由于进入中国市场的时间比较晚，知名度低于德国Kiddy（奇蒂）、美国Graco（葛莱）、英国Britax（宝得适）和日本Combi（康贝）等品牌；在价格方面，又面临着好孩子和宝贝第一等中国本土品牌的极大竞争，尤其是与大批中小企业品牌价格相差较大。

根据阿里巴巴大数据发布的2011~2014年儿童安全座椅购买数据，在中国市场，购买安全座椅的主力军为25~35岁的女性，其中，23~28岁的女性主要分布在浙江、江苏和山东等二线城市，29~35岁的女性主要分布在北京和上海等一线城市。这些"80后""90后"的"中国新生代妈妈"就是此次传播的目标受众。根据百度知道《80、90妈妈行为调研》，这些中国新生代妈妈对于"科学育儿"的理念越来越认可，她们会在怀孕后变身"学习型选手"，积极主动地向网络上的辣妈达人和育儿专家取经，学习如何成为一个负责任的好妈妈。

/ 项目策划 /

在传播策略上，我们抓住"中国消费者更相信辣妈达人和育儿专家意见"的特点，利用辣妈明星小S的话题号召力，用富有冲击力的视觉画面在主流社交媒体上引发好奇与讨论。然后再请专家从科学的角度来解释后向乘坐的原理，让"后向乘坐更安全"的理念深入人心。

在传播平台的选择上，本次活动整合社交媒体、传统媒体和垂直母婴社区等多个渠道，协同发声。新浪微博适合借助明星话题号召力引爆话题，因此以新浪微博作为话题引爆和 KOL 发声平台；微信平台适合 H5 等更具互动性的传播内容，所以以微信作为消费者深度互动平台；垂直母婴社区辣妈帮是妈妈们学习交流育儿知识的平台，可以作为活动的二次扩散平台，在话题引爆之后发布实用性的科普帖和指导视频。

/ 项目执行 /

（1）引发好奇，发起话题。

我们发现许多新生代妈妈愿意向辣妈达人和育儿专家取经，所以我们首先邀请辣妈明星小 S 在微博上率先发布了自己和女儿"许老三"在汽车中"背靠背"的自拍照，富有冲击力的视觉画面迅速引发热议。

（2）专家科普，号召行动。

巧儿宜借势推出"# 好妈妈背靠背 #"微博接力活动，号召妈妈们晒出背靠背的自拍照表达态度，掀起一场社会观念改变活动；同时邀请母婴专家从科学角度解释"好妈妈背靠背"更安全的理念。

（3）深度互动，实用指导。

在微信上，发布"好妈妈背靠背"主题互动游戏，使用户通过简单直观的互动，了解安全座椅后向乘坐的必要性。

在母婴垂直论坛，巧儿宜发布了后向座椅安装的视频教程，促进"后向乘坐更安全"的主张从理念变成行动。

/ 项目评估 /

"# 好妈妈背靠背 #"微博接力活动引发了妈妈群体的热议和积极参与，于活动发起当天迅速攀升到"微博热搜榜"第二名和微博首页"热门话题"排行榜第二名。活动 1 周内，"# 好妈妈背靠背 #"新浪微博话题主页阅读量达 4988.8 万，讨论量 5.3 万。微信 H5 在上线 2 周内，浏览量（PV）超过 10 万，互动人数（UV）超过 4 万。本次活动还获得了北京卫视超过 2 分钟的专题报道。许多网友表示，"原来做一个好妈妈不是给宝宝买一个安全座椅就够了，后向乘坐比前向乘坐更安全"。

本次活动有效提升了巧儿宜的品牌认知度和区隔度。活动上线一个月内，巧儿宜百度搜索指数与去年同期相比增长 5%，去前一个月相比增长 2%；"后向乘坐"关键字的搜索量也大幅提升，而且搜索结果前两页有 90% 都是巧儿宜相关信息，巧儿宜已经成为"好妈妈背靠背"的专业倡导者，也成为妈妈为 0~4 岁孩子选择后向乘坐安全座椅的首选品牌。本次活动广告价值达 RMB（人民币）764 880 元，ROI（投资回报率）达 3.04。

在行业层面，由于本次活动有效提升了中国新生代妈妈对于"后向乘坐更安全"的认知，她们消费观念和行为的变化也会反过来促进行业的发展，促使更多儿童安全座椅生产商投入到对于 0~4 岁儿童来说更加安全的后向乘坐产品的研发中，从而推动儿童安全座椅行业的发展和行业标准的提升。

在项目传播过程中使用的自媒体：
@ 儿科医生鱼小南，儿科医生，育儿漫画《鱼小南》作者。
@ 育儿妈妈说，微博育儿名博。
@ 关于汽车那些事儿，微博汽车达人。

/ 项目亮点 /

亮点一：基于精准洞察，用感性诉求传递科学理念。
亮点二：活动立意深远，促进社会观念改变

亲历者说： 林晓吟　爱德曼国际公关（中国）有限公司　消费实践组　客户主管

随着《康熙来了》的落幕，小 S 回归家庭主妇的生活，每天微博秀秀厨艺、孩子和运动，被冠以"失业少妇"的头衔。然而在 2016 年儿童节，小 S 和女儿的一张"背靠背"照片，却引发了网友的围观和评论，甚至一度顶上热搜榜第二位。

明星发自己代言产品的广告微博很常见，然而在如今的微博时代，像小 S 这样引发如此大规模互动的并不多。这篇微博牛的地方在于它的社会话题性"儿

童安全出行"和科普价值"正确使用儿童安全座椅",最后才带出品牌与产品。

本次活动由爱德曼北京快消组策划和执行,在成功利用小S和女儿引发网友对儿童安全出行问题的热议之后,巧儿宜借势在微博、微信、母婴论坛等多个渠道展开了一场儿童安全出行理念的大科普,讲述了一个"好妈妈背靠背"的生动故事。

随着母婴行业的日益强大与成熟,品牌需要花更多心思在营销手段上,像巧儿宜这样把产品价值建立在更大的社会公益上,立意深远,让代言人微博行为更能被网友接受与分享。

案例点评

点评专家：张明新　华中科技大学新闻与信息传播学院教授，院长助理；华中科技大学国家传播战略协同创新中心研究员，主任助理

巧儿宜"好妈妈背靠背"儿童安全座椅推广项目是一个非常成功的公共关系营销案例。它的成功不仅体现在作为一个品牌营销的典范事件，更体现在作为一个社会观念营销的成功实现。从品牌营销和社会营销两个方面来看，它通过凝练富有情感吸引力的概念体系，有效整合各种叙事要素，并且最大化地释放文本能量，成功地讲述和传播了一个关于幼儿"后向乘坐更安全"的故事。

这个项目所要传达的基本价值是母亲对幼儿的关爱，传递这种价值的直接载体是安全座椅（更具体地说，是英国婴童品牌巧儿宜旗下的安全座椅产品），其诉求的是安全和健康。鉴于年轻妈妈们对"0~4岁孩子后向乘坐更安全"的科学理念知之甚少，该项目聚焦正确使用幼儿安全座椅"后向乘坐更安全"的理念。然而，若是一般性的倡导，就会缺少传播力和说服力；而且，根据中国人的传统观念，不能抱着和看着孩子是不安全的。为了让这种理念更加能从情感上打动人,被年轻妈妈们接受,项目创意了"好妈妈背靠背"的核心概念。在其中,"好妈妈"是能够接受并实践"后向乘坐更安全"的母亲;"背靠背"则不仅表达了向后乘坐的观念,也传递了母子之间与生俱来的爱和信赖。

除了"好妈妈背靠背"的核心概念外,项目中的其他叙事要素,主要包括三个,其一是故事的最初讲述者辣妈明星小S,其二是微博接力活动中妈妈们晒出的背靠背自拍照,其三是从科学角度对"好妈妈背靠背"更安全的理念加以解释的母婴专家。在其中,小S扮演故事发起者和践行者的角色,使得故事能够被大众所了解和关注;妈妈们晒出的背靠背自拍照,既是故事文本的一部分,也构成故事进一步发展的前提,晒照片的妈妈们则通过参与到讲故事的行列,使得故事具有了高度的互动性和参与度;母婴专家扮演着深化和提炼故事的角色,也是故事的主题和结局的背书者。

当然,仅仅有以上概念体系和故事要素,还是远远不够的。该项目的成功,在很大程度上依赖于充分利用多种新媒体渠道,从而实现文本能量的巨大释放。项目主要应用的新媒体渠道包括微博、微信和论坛。故事从微博上发起并不断发酵,在微信上促使妈妈们的参与和互动,在论坛上帮助她们实现从认知到行动的转变。在这个意义上,本项目被专家们一致评为数字营销类公共关系优秀案例,完全在情理之中。

社会观念营销往往面临着很大困难,因为人们既有的传统认知、信念、态度和行动,都是难以改变的。值得欣喜的是,这个项目取得了阶段性的成功,它使得"好妈妈背靠背"的话题为近5000万人所关注。伴随着观念营销的成功,是品牌在市场上的卓越表现;因为科学的、先进的观念营销的扩散,往往会带来市场上该品牌的优先占位。我们相信,随着时间的推移,会有更多的家庭不断认识和接受"好妈妈背靠背"的理念;在此过程中,安全座椅巧儿宜品牌将为更多的父母和幼儿带来安全、健康和欢笑。

sloggi "做舒服的自己"

执行时间：2015年7月10至9月30日

企业名称：盐城国际妇女时装有限公司上海分公司

品牌名称：sloggi

获奖情况：金旗奖——2016最具公众影响力数字营销大奖

/ 项目概述 /

通过对国内女性内衣消费市场的大量市场调研，sloggi发现女性消费者对内衣的根本需求并不是性感，而是舒服。所以sloggi以"做舒服的自己"为主题，通过舒服的代言、舒服的话题、舒服的互动、舒服的体验四部分内容，多渠道与消费者进行互动，在微博、微信平台联动，创意性地采用直播、H5小游戏等形式，并通过代言人唐嫣线下的"舒适睡衣派对"把整个营销活动推向高潮。同时利用KOL传播扩大活动影响，在140万元预算情况下，在长达3个月的传播周期里保证传播节奏与热度，影响消费者近1亿人次，最大化地传递品牌"做舒服的自己"这一理念。

/ 项目背景 /

当今国内女性内衣消费市场品牌林立，竞争激烈，作为 2015 年初才成为独立品牌的 sloggi，虽然有德国品牌黛安芬集团的背景优势和过硬的产品品质，但是在诸多国内外品牌中，知名度并不高，所以 sloggi 迫切需要寻找新的品牌定位，塑造差异化形象，并提高自身知名度。

当下内衣品类的市场需求被刻意引导为追求性感，而忽略了消费者真实的基本需求，sloggi 品牌提倡重塑内衣选择新理念——不仅要满足生理上的舒适体验，更要体现一种心理状态和生活主张。

随着社会的发展，女性的生活方式和态度也在不断改变，经济的独立和知识的提升让她们更注重自我感受，因此并不需要内衣时刻凸显性感，大多数时候，内衣是为自己而穿的，舒服远比其他属性更重要。内衣作为基本穿着，给予女性最贴身的呵护，一件舒服的好内衣，能够让女性更自在从容地面对生活，做舒服的自己。

/ 项目调研 /

sloggi 作为国际知名内衣品牌黛安芬旗下的时尚宠儿，2015 年成为独立品牌。产品秉承德国理念，做工精良、品质高端，拥有相当数量的忠实消费者。通过实际市场调研，sloggi 目标消费群为 19~35 岁人群，以大学生和白领族群为主，她们不必时刻都保持性感，有穿着舒适内衣的需求，认同舒适的生活态度。她们正处在事业和人生的上升期，对生活和工作充满热情，人格独立、个性鲜明，有自我主张和态度，是社交媒体的忠实拥趸，乐于参与其中，喜欢发表自己的观点，乐于分享。

sloggi 通过调查问卷的形式，以上海为样本城市，对 1000 名女性进行调研，发现女性消费者对于内衣的根本需求并不是性感而是舒服，而市场上主要的内衣品牌都以功能性作为主要卖点，主打集中、聚拢等性感元素，偏少女系的竞品也以可爱、年轻的性感为主要卖点，而忽略了内衣作为基础穿着的舒适本质。

同时，sloggi 还发现，消费者需要的不只是产品层面的推广，还包括自己选择的品牌能够与自己的消费观甚至世界观相符合。所以，sloggi 倡导的"做舒服的自己"，不仅传递了品牌的核心理念和产品的主要卖点，也表达了一种自在随心的生活态度，从精神层面与消费者产生共鸣。

/ 项目策划 /

策划目标：

sloggi 作为国际知名内衣品牌黛安芬旗下的子品牌，迫切需要打破集团品牌桎梏，打造自己独特的品牌形象。通过品牌诊断明确品牌定位，运用新媒体和代言人的影响力，引发目标消费者的共鸣和互动，进而提升品牌知名度。

策略：

sloggi 以"做舒服的自己"为主题，从舒服的代言（代言人推广）、舒服的话题（微博讨论）、舒服的互动（微信直播及 H5 游戏）和舒服的体验（线下活动）四个方面入手，从社交媒体平台对品牌理念进行传播。为了重塑消费者对于内衣选择的认知，除了在社交媒体平台全面推广，sloggi 还以代言人为核心 KOL，延展不同等级 KOL 进行扩散式传播，针对核心目标受众重点推广。

目标受众：

目标消费群为 19~35 岁人群，以大学生和白领族群为主。这个年龄段的女性既面临来自学业、事业和生活琐事等多方面的压力，需要舒适的内衣和生活理念来帮助她们纾解，又是社交媒体的忠实拥趸，乐于参与、分享和传播。

传播内容：

sloggi 的所有产品线均以穿着舒适作为主打卖点，所以在传播过程中，并没有刻意强调某一款产品，而是从品牌角度出发，以"做舒服的自己"这句品牌 Slogan（口号）作为传播的核心要素，多渠道向消费者传递同一种声音，即 sloggi 是一个由唐嫣代言的舒适内衣品牌，穿 sloggi，做舒服的自己！

媒体策略：

sloggi 以代言人唐嫣为核心传播要素，吸引消费者关注；通过微博话题引领传播节奏，以话题"#做舒服的自己#"联系各种微博活动，并对参与的粉丝给予奖励；通过微信输出优质内容，与 KOL 以合作软文形式推广活动；通过传统时尚媒体的网络渠道报道提升品牌格调，从行业影响力和搜索引擎收录角度刷出品牌存在感。

/ 项目执行 /

（1）活动开始之初，通过发布新闻通稿和自媒体消息，正式宣布代言人信息，把唐嫣舒适亲和的气质和品牌舒适调性完美结合，为接下来的传播打好舆论基础。

（2）接下来公布明星拍摄视频，由明星直接展示产品，并在视频中向消费者传达舒适理念，号召大家参与接下来的活动，认同"做舒服的自己"这一品牌理念。

（3）围绕代言人和品牌理念，在微博持续发布多轮活动，在统一主题下，开展形式多样的互动，把"做舒服的自己"作为话题，加深其在消费者心中的印象。

（4）微信平台同步传播，先后发布"唐嫣约你 ba 内衣"和"夏日美臀挑战赛"活动，以直播形式传递品牌理念，增加消费者黏性，以趣味 H5 游戏阐释产品，增加自传播。

（5）sloggi携手微信大号"深扒深夜八卦"和"金融八卦女"及六大微博KOL，共同发布品牌活动，传播舒适理念，与粉丝进行互动，不断扩大活动影响。

（6）作为本轮Campaign的收尾，sloggi以一场线下活动"唐嫣舒适睡衣派对"完美落幕。现场明星、KOL、粉丝等都穿着sloggi家居服出席，在舒适的环境布置中，以闺蜜聚会的形式，创造一场舒适的视觉盛宴。

/ 项目评估 /

本轮活动结束后，微博曝光量达9173万，超出KPI（关键绩效指标）358.65%；微信曝光量达32.3万，超出KPI 53.81%；微博微信互动数15万次，超出KPI 66.67%；微信粉丝增长3951人，超出KPI 97.55%。

共有1家电视台、6家视频媒体、39家网络媒体参与报道，媒体总价值达1060万元，代言人微信品牌相关阅读量为17万次，微博阅读量为5633万次，KOL发稿阅读量超17万次。

在 2016 年初，sloggi 国际总部对中国地区的品牌知名度进行了一次整体调研，数据显示，"做舒服的自己"活动之后，sloggi 品牌知名度提升了 10.8%，绝大多数消费者知道了 sloggi 是一个由唐嫣代言的舒适内衣品牌。这对刚刚拥有独立品牌的 sloggi 来说，标志着品牌个性的初步确立及核心卖点为消费者所接受，奠定了品牌之后发展的良好基础。

在项目传播过程中使用的自媒体：代言人唐嫣微博公众号，微信公众号"深扒深夜八卦"和"金融八卦女"。

/ 项目亮点 /

主题统一、形式多样的多轮社交媒体活动，在低成本的情况下长时间维持品牌热度，刷出品牌在消费者心中的存在感。

创造代言人直播群聊形式，避免线下活动在费用、人员、地域等方面的局限性，又能真实地与粉丝互动，不仅拉近了代言人、品牌与消费者之间的距离，更真实地倾听到消费者声音。

明星舒适睡衣派对实现了线上活动的落地演绎，邀请多家媒体和若干粉丝直接到场参与，事件自传播性强，从预告阶段就受到广泛关注。活动新鲜有趣，内容丰富，受到媒体和受众的一致好评。

亲历者说： Lilith Pan　上海互仁圣清营销策划有限公司　客户经理（AM）

sloggi品牌出身名门却资历尚浅，在强敌林立的内衣品牌市场当中面临非常严峻的竞争局面，加之近十年间，女性内衣市场的需求导向一直被刻意引导为追求性感，所以消费者对内衣穿着根本需求的认知也存在一定误区。作为刚刚独立的sloggi品牌，还面临着传播费用有限、传播周期长等其他方面的各种难题。

在诸多困难面前，项目组与sloggi品牌方同心协力，经过细致周密的调研和科学严谨的分析之后，得出品牌推广策略，即运用与品牌气质相得益彰的代言人作为核心传播要素，通过代言人的影响力扩大品牌知名度，同时根据消费者的媒体属性，多渠道地运用社交媒体资源，既扩大传播影响力，又节约传播成本。采用创新活动形式，在直播平台还未兴起的时候，就通过H5技术实现明星与粉丝的直播互动，并成功举办了线下活动"唐嫣舒适睡衣派对"，让代言人和粉丝穿着睡衣面对面交流，在轻松舒适的状态下传递品牌舒适理念。活动执行3个月内传播效果显著，无论从媒体数据还是受众反响都取得了超出预期的效果。这不仅是品牌打开市场的良好开端，也为接下来更宏大的愿景奠定了坚实的基础。未来，我们希望sloggi能走得更快、更远，影响更多消费者，使她们认识到舒适生活态度的重要性，能"做舒服的自己"！

案例点评

点评专家：彭焕萍　河北大学新闻传播学院副院长，教授

sloggi此次数字营销事件可圈可点，概括来说集中在以下三个层面：

第一，尊重消费者的需求，基于充分的市场调研确定"做舒服的自己"这一差异化的品牌营销活动主题。尊重消费者的主体地位是实现品牌传播的前提，该案通过深入调研1000多名女性，洞察消费者需求，发掘出了具有区隔性的营销主题"做舒服的自己"。这一活动主题来源于消费者，能够在精神层面与消费者产生共鸣，为后续良性互动奠定了坚实的基础。

第二，创新性地使用新媒体平台，激发消费者的互动体验，将全面推广和重点推广相结合，扩大品牌的知名度。代言人推广、微博讨论、微信直播及H5游戏，结合线下活动，从四个方面入手，从社交媒体平台对品牌理念进行传播。

第三，在相对低成本的情况下，实现了品牌热度的维持、品牌格调的提升和品牌影响力的扩大。主题统一、形式多样的多轮社交媒体活动保证了传播的节奏与热度。在3个月的传播周期里，影响消费者近1亿人次。从行业影响力和搜索引擎收录角度刷出了品牌存在感，既扩大传播影响力，又节约传播成本，最大化地传递了"做舒服的自己"这一品牌理念。

"优衣库 KAWS 联名系列"实现潮流民主化

执行时间：2016 年 3 月 29 日至 5 月 2 日

企业名称：迅销（中国）商贸有限公司

品牌名称：UNIQLO 优衣库

获奖情况：金旗奖——2016 最具公众影响力数字营销大奖

/ 项目概述 /

"优衣库 KAWS 联名系列"是优衣库与世界级别潮流艺术大师 Kaws 的一次完美合作，向中国消费者介绍了全球最酷的街头艺术，真正实现了潮流民主化。通过该系列产品，建立了优衣库的时尚领导力，吸引了更多潜在用户和年轻消费者。

该项目完整整合品牌 + 产品 + 体验，结合商品、店铺、事件、微信、微博、APP、图片社交软件 NICE 平台，整合市场营销，打造爆款商品，引起媒体、潮流人士及广大消费者的高度关注，甚至成为一场极具影响力、波及人群极广的社会化事件。

"优衣库 KAWS 联名系列"成功打造爆款商品神话，上市当天优衣库官方网络旗舰店零点开售，3 分钟后热门款迅速售罄，开售一周国内销量已达 58

万件，引起消费者和整个社会的热切关注及讨论。

/ 项目背景 /

优衣库（UNIQLO）是全球第四大服装零售企业迅销（FAST RETAILING）集团旗下的实力核心品牌，截至2016年2月29日，优衣库在中国地区逾100个城市拥有436家店铺，今后仍将保持每年80~100家的开店速度，在一线城市及二三线城市，为更多的顾客提供"LifeWear"（服适人生）优质服装，满足广大消费者的需求。

在大力开拓中国事业的同时，如何进一步提升优衣库品牌的知名度、美誉度及影响力，是优衣库企业品牌传播工作的主要目标。

Kaws是现代艺术的标志性人物，在流行艺术领域创作了大量具有影响力的作品，凭借其现实的艺术风格打动众多年轻人。在世界很多著名画展和艺术博物馆、店铺中，陈列着众多Kaws广受称赞的作品。

此次"优衣库KAWS联名系列"秉持"LifeWear"（服适人生）的品牌理念，从设计到面料，在所有元素上都精益求精，带来了令人惊叹的潮流体验。优衣库打破限量款，向中国消费者介绍全球最酷的街头艺术，真正实现了潮流民主化。系列产品在中国地区销售和传播的成功也体现为爆款商品的销售神话，引起消费者和整个社会的热切关注和讨论。

/ 项目调研 /

传播挑战：

• 在夏天满是T恤的大街上如何展现出"优衣库KAWS联名系列"独有的魅力，是一大难题。

• 要把握好 Kaws 粉丝的心态，不能在联名款发布之后让他们产生艺术"烂大街"的心里落差。

• 如何面向所有消费人群，吸引不同年龄、不同性别、不同个性的消费者，以及如何在二三线城市中普及 Kaws 的知名度是传播的关键点。

消费者洞察：

• 来自欧美的顶尖潮流在中国的普及率相对较低，很多中国的消费者都不知道被奉为"潮神"的 Kaws。

• 现在的消费者，尤其是年轻人都很喜爱追逐潮流，但大部分年轻人对潮流没有一个明确的定义。需要一个有影响力的品牌来告诉他们什么是潮流，以及潮流文化所包含的原创精神与无限创意。

• 顶尖的潮流单品往往价格高昂从而让众多消费者望而却步。

• 中国的消费者是热爱潮流、热爱艺术，乐于接受新鲜事物的，能够超越地域、年龄和性别的限制，渴望被激发出对于服装搭配和对于生活的创意。

/ 项目策划 /

传播目标：

打造爆款神话，实现潮流民主化。

• 建立优衣库的时尚领导力，吸引更多潜在用户和年轻消费者。向中国消费者介绍全球最酷的街头艺术，通过与世界级别潮流艺术大师 Kaws 的合作，经典再现，原版复刻，价格亲民，实现潮流民主化。

• 帮助建立商品和潮流的连接，推动"优衣库 KAWS 联名系列"产品的销售，打造新的爆款神话。

传播策略：

• 从品牌概念、产品设计、社交网络预热、与图片社交软件 NICE 平台合作、线下活动等多方面整合传播，打造爆款神话。

- 完整融合品牌＋产品＋体验，通过商品、店铺、事件、微信、APP、微博、图片社交软件 NICE 平台等向中国消费者介绍全球最酷的街头艺术，实现潮流民主化。

- 明星／KOL 抢先体验，娱乐明星（林俊杰等）都爱 Kaws，名人效应引发更广泛的关注和购买需求。

- 与图片社交软件 NICE 平台合作，带来大量网友自发 UGC（用户原创内容），在年轻消费者中极具感染力，引发大量的参与和关注。

- 五大城市"UT 潮流巡展"，让消费者感受潮流文化。火爆的排队盛景和销售情况引起媒体高度关注，甚至成为一场极具影响力、波及人群极广的社会化事件。

/ 项目执行 /

预热传播：合作曝光 + Kaws 是谁

3月29日，优衣库的创意总监 Nigo 和 Kaws，同时在 Instagram 抛出这次合作的新图，宣布大家期待已久的"UNIQLO X KAWS"来了。

随后，优衣库通过数字平台，陆续向外界透露合作的更多信息，包括海报和视频等，向中国消费者介绍 Kaws 是谁，及其代表的全球最酷的街头艺术，实现潮流民主化。

集中传播：明星/KOL 抢先体验 + NICE 平台互动

优衣库选择了在潮流文化，尤其是年轻人中极具影响力的明星及 KOL 率先体验，并在社交媒体中分享穿着体验与搭配心得。通过娱乐明星(林俊杰等)都爱 Kaws 等名人效应，引发更广泛的关注和购买需求。

同时，与时下最火的图片社交软件 NICE 合作，照片 + 标签的玩法满足了年轻人对生活态度的表达，带来大量网友自发 UGC。

线下活动：

4月25日至5月2日，在北京、成都、上海、广州、深圳上演"UT 潮流

巡展"。让消费者们仿佛置身于 UT 博物馆,亲身感受汇集世界各地文化、丰富多彩的 UT 系列,同时处处可以见到潮流文化元素——Kaws 创作的经典形象之一 Companion 的巨型图案、创意的 UT 主题拍摄等互动环节,为热爱流行文化和艺术的年轻人呈现一场潮流盛宴。

/ 项目评估 /

营销效果:

项目采用自媒体传播、线上传播与线下事件呼应,传统媒体、新媒体串联配合,巧妙地运用时下最火的图片社交软件 NICE 平台,最大限度地利用媒体优势投入营销，获得全方位的曝光及信息传播，使目标成果最大化。

4月25日开售当天，优衣库官方网络旗舰店开售3分钟热门款迅速售罄。北京、上海、广州三地旗舰店门前粉丝排起长龙。北京三里屯店创下排队时间超过24小时的记录；上海淮海中路全球旗舰店的货架在15分钟后被一扫而空。各地优衣库门店也是同样的火爆场景，开售一周该系列在中国销量已达58万件。

传播与影响：

与世界级别潮流艺术大师 Kaws 的合作、O2O2O（在线推广到线下体验到在线消费）、产品、活动、受年轻受众喜爱的图片社交软件运用的叠加整合效益，打造出爆款神话，引起媒体高度关注，甚至成为一场极具影响力、波及人群极广的社会化事件。

短期内有超过 320 个媒体报道，平面、广告和电视等媒体报道覆盖超过 1.5 亿人次。数字媒体用户浏览量超过 870 万人次，数字媒体用户参与量超过 24 万人次。

在项目传播过程中使用的自媒体：周末做啥、月之海、理想生活实验室。

亲历者说： 董春芳 迅销（中国）商贸有限公司 公关经理

在"优衣库 KAWS 联名系列"推广之前，我们思考过一些问题：首先，来自欧美的顶尖潮流在中国的普及率相对较低，很多中国的消费者并不知道被奉为"潮神"的 Kaws。即使 Kaws 在之前也合作过一些潮牌还曾有自己名下的潮牌店，但都只覆盖到小众人群。另外，优衣库 UT 一直是最热销的夏季单品之一，之前的 Line 系列、迪士尼合作系列都曾在上市时引起轰动。如何能让"优衣库 KAWS 联名系列"脱颖而出，需要寻找到更加有效的方式。因此优衣库与 Kaws 的这次合作，对我们来说既是一次挑战也是一个机遇。

我们首先要做的就是告诉中国消费者 Kaws 是谁，什么是欧美潮流文化。我们发现，在小众的潮流粉丝中不乏有很多的明星和意见领袖，所以我们邀请他们抢先体验并与大家分享。同时，我们通过与 NICE 平台的合作吸引大量年轻人前来体验和关注，让大众消费者在开售前产生了极大的兴趣。"优衣库 KAWS 联名系列"开售当天，全国各地销售火爆，我们还通过重点城市的线下活动，让消费者切身感受 Kaws 及 UT 的巨大魅力，把销售的火热扩散到整个品类。

案例点评

点评专家：矫龙　蓝色光标数字营销机构首席执行官

优衣库与小众潮牌及设计师的合作早有渊源。更准确地说，极致的材料工艺、技术及与多元化艺术的合作，是优衣库从"物美价廉"华丽转身的两大要素。Kaws 作为一个美国本土标志人物，其疯狂大胆的涂鸦艺术风格被国际潮流时尚界广泛认知，有非常高的爆款打造潜力。那么营销上如何快速培养这个潮流 IP 并成功将其推向中国消费者，最大化 Kaws 个人及品牌势能，让小众艺术大众化是项目成功的关键。

所谓小众艺术大众化，其实反过来说，就是引导消费者追随。时尚品牌的打造与大众品牌不太一样，一般做大众品牌，我们先做知晓度，再做美誉度，最后做忠诚度；但是时尚品牌的打造路径是反其道而行之，必须先有忠诚膜拜者，由他们影响扩散到时尚潮流媒体界，再进一步反过来覆盖大众人群。其实这就是小众艺术大众化，或者潮流民主化的核心。

从这点出发，该营销案例最令人印象深刻的就是其"潮流民主化"概念下步步为营的策略和打法——在国内外社交媒体上率先制造品牌跨界话题噱头，迅速抓住 Kaws 粉丝的关注及快时尚年轻消费群的敏锐触角；借助明星及意见领袖的影响力作为消费市场引爆点，打造爆款效应和抢购风潮；精准地选择符合年轻受众和客户群体触媒习惯的新媒体渠道持续多角度扩散，结合照片分享社区作为 UGC 聚合平台，进行粉丝和用户沉淀——每一环节的设置都逐层递进地推进，让"潮流"无缝衔接、无孔不入。

今天，时尚化已经成为所有行业的必选项，快时尚行业今天面临着比以往更大、更多变的挑战。独特而持续的创新，不可取代的强个性，以及能够一而再再而三创造爆款的运营能力，都是现阶段快时尚行业所必不可少的。因此快时尚的"营销"对从业人员的整体能力提出了更高的要求。如何快速挖掘高度细分的消费者需求，如何把产品推广与品牌文化高度结合，如何快速激发挑剔的核心潮流时尚粉丝的渴望，如何准确找到打造潜在风潮的渠道，本案例在上述方面为大家提供了不错的借鉴。

神秘代码——美丽说 HIGO 双十一地铁广告互动营销

执行时间：2015 年 11 月 1 日至 3 日

企业名称：美丽说（北京）网络科技有限公司

品牌名称：HIGO

获奖情况：金旗奖——2016 最具公众影响力数字营销大奖

/ 项目概述 /

美丽说 HIGO 冠名第三季《奔跑吧兄弟》节目，在节目开播之前，借助人气明星 Angelababy（杨颖）作为形象代言人，利用神秘兑奖的趣味互动形式，制造营销事件，引发从线下到线上的传播。在双十一前，完成了品牌的高度曝光，通过相对有限的传播预算，激发了极其可观的 APP 下载量。以传统广告形式为基础，利用数字营销方式，运用公关手段完成了更为有效的营销。

/ 项目背景 /

在电商竞争最为激烈的双十一营销节点，针对美丽说 HIGO 代言人

Angelababy 的出街广告，如何有效打通线下广告和线上传播，赋予传统广告新玩法，并最终实现产品的实际转化是项目的核心目标。

/ 项目调研 /

近几年电商大战战况越发激烈，各大平台花大钱全线营销，线上线下全面开花，传统媒体＋社交网络无所不用。这种线上拼命砸钱引流量，线下疯狂烧钱铺广告的方式，当然不适用于所有品牌。线上流量又贵又"摸不着"，而线下营销受地域局限"看不见"，垂直电商平台如何才能玩转双十一，分得热点红利，需要我们大胆创新。

美丽说 HIGO 作为新崛起的垂直电商品牌，转换思路从精准的受众需求出发，策划了一场线下事件反哺线上社交网络传播的营销活动，将线下广告和线上互动有机地整合起来。

/ 项目策划 /

传播目标：

美丽说 HIGO 借助出街广告，整合线上线下平台，精准辐射目标人群，引发品牌传播，激发销售转化。通过地铁广告＋线上互动游戏，不仅让线下的人群参与进来，同时营造线上的病毒式传播。

策略：

借势第三季《奔跑吧兄弟》节目强势回归，突出 Angelababy 的明星效应；利用游戏机制，围绕线下广告，打造美丽说 HIGO 现金代码广告事件；利用社交网络时间碎片化的传播特性，采用易于传播的形式，出奇制胜；在双十一来临前最后引爆，线上线下全无死角。

目标受众：

年轻热爱时尚、有品质追求的城市白领。

传播内容：

美丽说 HIGO 在 2015 年签约当红女星 Angelababy 作为代言人，双十一前夕在北京西单、西直门地铁站全面投放线下广告。广告上不仅有美如天仙的 Angelababy，还另有玄机。美丽说 HIGO 经过对主要目标受众人群的深度洞察发现，每个消费者都想要在双十一获得独一无二真金白银的优惠，而不是羊毛出在羊身上的营销把戏。美丽说 HIGO 决定在出街广告上为大众女神 Angelababy 打"码"，这是真正的神秘代码，每组代码都对应一个真实的现金兑换券。只要下载美丽说 HIGO APP，就可以直接参与兑换，无门槛，无限制，只要手快就有机会获得现金奖励。

当天几名逛街的年轻女孩发现了藏在广告牌上的秘密，然后兴奋不已，于

是越来越多的人也发现了广告牌上的代码竟然可以在美丽说 HIGO 上兑换价值 100 元或 500 元的现金。于是大家口口相传，短短十分钟就在西单地铁站引发了无数人的驻足关注，人们纷纷拿起手机下载美丽说 HIGO APP，兑换代码，一时间西单地铁通道瞬间引发围观。

为了让更多用户和网友都能感受到此次营销举措，使传播突破地域局限性，美丽说 HIGO 在线上同时推出了模拟线下活动的 H5 互动游戏——"北京女孩都蜂拥前往西单，原因竟然是……"，以新闻扩散的方式将互动游戏发出，把线下聚集的人群瞬间转移到线上，引发大量网友的迅速参与和转发，短短一天内上千个优惠代码就被抢兑一空。

媒体策略：

微博扩散线下事件：2015 年微博逐渐成为热门事件传播阵地，利用年轻用户对热门事件的关注引发扩散和传播。

微信传播互动 H5：借势热门明星的热点事件，利用北京地标的影响力传播线上互动游戏，引发 APP 下载。

/ 项目执行 /

1. 事件营销引发互动传播

传播地铁广告可领取现金优惠券消息，造成公众围观；微博 KOL 随后发出信息，进行消息扩散。

2. 真实奖励激发线上游戏互动

西单地铁围观事件很快被大家关注，微博、微信朋友圈纷纷转发，"#Angelababy 在西单被围观#"很快成为热门搜索。为了使传播突破地域局限性，美丽说 HIGO 在线上同时推出了模拟线下活动的 H5 互动游戏——"北京女孩都蜂拥前往西单，原因竟然是……"，线上引发大量网友的迅速参与和转发，短短一天内上千个优惠代码就被抢兑一空。

3. 塑品牌营销案例总结

在前期西单地铁拥堵事件引发关注，线上 H5 互动游戏抢现金码之后，微信公众号"@首席品牌官"发布"一场差点让品牌摊上大事的营销"，以第三方角度深入解读美丽说 HIGO 此次营销事件，认为美丽说 HIGO 此次营销真正洞察到了用户的需求，产生了深层互动传播。

/ 项目评估 /

美丽说 HIGO 通过线上线下联动，将真实广告事件通过线上互动游戏完成了有效的连接体验，线下活动引发大量围观，品牌曝光与销售转化都取得了不错的成绩。线上互动游戏三天内共计获得 100 万 + 点击，美丽说及美丽说 HIGO 官方微信首发 5 个微信公众账号参与微信阅读量 262 298 次；3 个微博娱乐时尚 KOL 参与微博阅读量 305.9 万次，微博互动量 7 213 次。活动期间，美丽说百度指数爆发式增长，"美丽说"搜索指数在 11 月 1 日达 22 243 次，11 月 2 日达 21 572 次，11 月 3 日达 22 054 次。整个传播周期内，人群覆盖超过 1100 万 +。

/ 项目亮点 /

思维转换——打通广告与公关边界，借助公关手段完成有效销售转化。

以小博大——深入洞察挖掘用户需求，借助小成本与游戏刺激，撬动大传播。

借势热点——借势第三季《奔跑吧兄弟》节目开播，强势推出热门代言人广告，完成品牌借势传播。

全面打通——打通线上线下限制，围绕精准用户行为习惯，突破营销局限。

亲历者说：孙楠楠　美丽说　前公关总监

美丽说HIGO作为新兴的垂直电商平台，为了打赢双十一的关键营销之战，我们准备了很多策略和战术。双十一已成为万众瞩目的消费节日，电商各路豪杰一拥而上，鹿死谁手就要看谁有真本事了。专注于跨境买手平台的美丽说HIGO，在这次营销混战中以一场线下事件联动线上游戏的立体式营销，成功地四两拨千斤，完成了一次漂亮的逆袭。

赵娜　白狮互动　总经理

基于社交网络的数字营销，说到底拼的是"命"。所谓"命"是好的基因，HIGO产品的优秀体验和精准定位，让我们有更多创意的空间；"命"是好的势态，冠名《奔跑吧兄弟》节目，Angelababy代言美丽说HIGO，造势十足；"命"还是未知，感谢美丽说HIGO公关团队给我们大胆创意的自由。活动整体因为有了深刻的对产品的理解，对用户的洞察，对热点的把握，才能在最后用很小的预算取得有效的传播效果，最终达成营销目标。

案例点评

点评专家：郭小安　重庆大学新闻学院研究员，院长助理，博士生导师

"双十一"前夕，电商大战正处于白热化阶段，各路豪杰一拥而上，各大平台挖空心思，不惜一切代价砸钱做广告。在如此严峻的竞争环境下，美丽说HIGO作为新兴的垂直电商品牌，能够大胆创新，独辟蹊径，策划了一系列有创意、有影响和有针对性的营销策略，完成了一次别开生面的商业营销。

首先，它能够深入洞察受众需求，借助适当的利益刺激，如通过打"码"、下载 APP 等方式，使得用户可以参与进来，并有机会获得现金奖励，实现了注意力的快速占领。

其次，它通过丰富多样的新媒体手段来借势造势，实现了热点营销。热点营销其实就是一种"借势营销"，是指企业及时地抓住广受关注的社会新闻、事件及人物的明星效应等，结合企业或产品在传播上达到一定高度而展开的一系列相关活动。

再次，它推出了模拟线下活动的 H5 互动游戏，实现了线上与线下的联动，使得传播突破了地域局限性，做到了事件营销。

最后，它通过微信公众号，以第三方角度解读此次营销事件，产生了深层互动传播。

由此可见，一个成功的新媒体营销案例需要思维的创造、产品的理解、用户需求的洞察、热点的把握，只有具备这些，才能实现以小博大式的营销逆袭，用较小的预算取得良好的传播效果，并能作为一种成功模式加以推广。

中国电信甜橙金融"互联网金融安全教育"

执行时间：2016年2月至5月
企业名称：中国电信集团公司
品牌名称：甜橙金融
获奖情况：金旗奖——2016最具公众影响力数字营销大奖

/ 项目概述 /

"互联网金融安全教育"项目立足用户角度，紧扣用户日常互联网金融产品使用场景，抓住春节春运、互联网进入中国22年两个时间节点，通过用户关注度和活跃度较高的微信、微博社会化平台及传统媒体影响力，将"互联网金融安全教育"内容以H5互动游戏和社交漫画等形式传达给用户。项目以优质内容吸引用户主动参与，使互联网金融安全知识被用户积极理解与接受，是一轮低成本、高回报的营销传播活动，同时也达到了小活动、大影响的传播效果。

/ 项目背景 /

随着互联网时代的到来，越来越多的互联网金融产品走进用户的生活。在为用户生活带来方便的同时，不断出现的各种安全问题也给用户造成了困扰，甚至危害了用户财产安全。2015年下半年互联网金融安全问题集中爆发，第三方支付平台的安全性是社会关注的焦点话题。大量互联网金融用户账号和金融安全受到威胁，用户对互联网金融平台的信任度有所下降。

互联网金融安全问题不仅关系到甜橙金融品牌的发展，更关系到整个行业的健康成长。甜橙金融以往在互联网金融安全领域一直处于被动位置，用户的误解、媒体的质疑让品牌一次次地处于风口浪尖。在项目运营过程中，甜橙金融在对案例及数据整理总结的基础上发现中国网络用户的互联网金融安全意识薄弱，有效地提高用户安全意识才是防止互联网金融安全事件发生的根本。因此，以行之有效的方式向中国网络用户普及互联网金融安全知识，提高安全意识，成为互联网金融安全建设的当务之急。

互联网金融安全教育基于对互联网金融安全案件的整理总结，发掘案件背后用户安全意识的薄弱点，围绕用户在生活中容易忽略的互联网金融安全因素进行安全知识和技能的普及，以年轻化、易理解的内容形式吸引用户注意、引导用户参与，使活动取得更好的效果。

/ 项目调研 /

"互联网金融安全教育"项目从用户角度出发，立足用户的根本利益，通过大数据及互联网金融安全案件案例的研究整理，深入发掘用户使用场景中的安全隐患环节，围绕各个安全隐患环节以年轻态的、有趣的形式向用户传达互联网金融安全知识，提高用户安全意识。

在项目策划阶段为获得对互联网金融安全问题的深入洞察，项目进行了充分的调查研究，对互联网金融各类案件进行分析整理。在调研过程中总结各类案件的共性，将案件的关键环节还原到用户日常生活场景中，使得案件深入浅出地呈现出来，从而发现互联网金融安全问题的根本所在。

项目前期阶段，在对用户互联网安全习惯分析的基础上，设计科学合理的调查问卷。"票囧之返乡大作战 机票免费赢"调查问卷内容以 H5 互动游戏形式呈现，互动游戏的趣味性和用户生活场景的还原有效吸引用户参与。此次问卷调查得到大量一手调研数据，使得项目能够获得对互联网用户安全行为更为直接、深入的了解与洞察。

"互联网金融安全教育"活动以问卷调查及分析、"票囧之返乡大作战 机票免费赢"H5 互动游戏、互联网金融安全系列四格漫画、"手机安全隐患大揭秘"数据总结信息图、反馈信息及数据收集环环相扣的五大环节步骤展开，并在此基础上于后期推出"互联网金融安全教育"第二期"互联网金融安全防身秘籍"巩固深化活动成果。在项目执行的各个环节，前一步骤获得的数据与结论不断指导下一步活动，在保持了项目一致性的同时也确保了项目对用户的教育效果，并很好地将用户带入安全教育的过程中，在具互动性的过程中对用户进行互联网金融安全教育，达到普及互联网安全知识，提高用户安全意识的目的。

/ 项目策划 /

"互联网金融安全教育"项目旨在有效普及互联网金融安全知识、有效提高用户安全意识，帮助甜橙金融打造一个更加正面、积极、安全的品牌形象。通过"互联网金融安全教育"项目将沟通的主动权拉回到品牌的手中，为行业健康发展和社会良好环境提供正向的、积极的影响。

"互联网金融安全教育"项目在对互联网安全问题深入洞察的基础上，将用户容易忽略的关键安全隐患深入浅出地呈现在传播内容中，以优质内容吸引

用户注意,以娱乐互动引导用户参与。同时利用一手资料的收集、整理和分析,使项目传播内容更加贴近消费者实际,更易于受众理解,达到更好的传播效果,使品牌专业、安全、友好的形象有效建立。

"互联网金融安全教育"项目目标受众为"80后""90后"互联网支付、理财平台重度使用者,以及部分"60后""70后"刚刚接触互联网金融产品的使用者。目标受众对互联网金融产品都有较为深入的使用体验,同时在日常生活中对第三方支付产品有较为依赖的使用习惯。在互联网金融安全方面,目标受众缺乏专业的安全防范知识,尤其在日常生活场景中安全意识淡薄,对安全问题的关注程度不高。

针对目标受众的媒体接触习惯和内容形式偏好的分析,项目选择以微信、微博等社会化媒体为主要传播渠道,并在传播过程中借助传统媒体和权威媒体的影响力,强化传播效果。

"互联网金融安全教育"项目前期传播内容以 H5 互动游戏、安全教育四格漫画及综合数据图等内容为主,在对前期传播效果和数据进行分析的基础上,后期以"互联网金融安全教育"项目第二期内容"互联网金融安全防身秘籍"巩固深化活动成果,强化品牌形象。

/ 项目执行 /

"互联网金融安全教育"项目经历前期的调研、分析与策划阶段,在春运期间紧扣春节返乡热点话题借势推出,"票囧之返乡大作战"H5 互动游戏以趣味性和娱乐性的内容迅速吸引了大量用户的关注和参与,在此阶段有 1 万余名用户完成了调查问卷,为项目后期执行获取了珍贵的一手资料。"甜橙提醒您"系列四格教育漫画区别于支付宝、财付通等企业的安全教育漫画,真实、贴近生活、专业兼具趣味性,揭示了常被用户忽视的安全隐患并提供正确应对建议。教育漫画持续在官网、官方微博、官方微信等渠道传播,起到长期警示教育作用。"手机安全隐患大揭秘"数据信息统计图综合用户互动信息反馈、甜橙金融大数据资料等延续 H5 互动游戏的设计风格制作。联手互联网观察、里外生活等热门微信公众平台,在"3·15"来临之际,针对重要的安全隐患问题进行系统教育,并得到平面媒体见刊引用。后续"互联网金融安全教育"项目第二期,以"互联网金融安全防身秘籍"互动 H5 在社会化平台广泛传播,有效巩固了活动成果,深化了活动后续影响。

内容表达与技术方面,通过创意互动 H5、趣味安全知识漫画等形式实现富有代入感的专业知识普及和娱乐化的安全教育推进。"票囧之返乡大作战"H5 互动游戏发布更是正值春节前返乡热潮,表达方式轻松又极具互动性,通过甜橙金融官方微信平台即有超过 5 万用户参与,并有 1 万余名用户完成了调查问卷。"互联网金融安全防身秘籍"以吸引人眼球的方式设计并将品牌业务的创意融入，带来更多用户和媒体的关注及好评。四格教育漫画与数据信息统计图内容贴近受众，也将专业知识用娱乐化的方式进行了更广泛的传播。

媒体策略与执行方面，利用微信、微博等社会化媒体进行传播。除官方微信平台发布外，增加付费媒体进行扩散。短期内影响粉丝总数超 500 万，阅读量超 60 万，对目标人群的传播实现了较高的到达率和互动性。

/ 项目评估 /

"互联网金融安全教育"项目，从用户利益出发，立足产品日常使用场景，做出了真正贴合用户实际的内容，并取得了较好的传播效果。对于行业发展而言，"互联网金融安全教育"项目为整个行业的健康成长提供了正向因素。

"互联网金融安全教育"项目作为一次低成本高回报的事件营销活动，在实现对目标受众高覆盖的同时，成功塑造了甜橙金融互联网金融安全品牌的品牌形象，并在活动中收集用户亲身反馈，丰富了自有互联网金融数据库内容。在"互联网金融安全教育"项目的传播过程中结合春运话题互动，有 10 546 名用户完成调查问卷，付费微信影响粉丝总数达 5 482 706 人、阅读量总数 602 425 次，官方微信推送收获 5 万次以上关注和转发，获得良好的用户到达率。

项目投入费用和结果 AD Value（广告价值）比例达 1:4，并由小型新媒体活动转化到平面媒体扩散传播。获得众多媒体如 Vista 看天下、36 氪、广告门等的关注，共同塑造甜橙金融的安全品牌形象。增加对普通用户的黏性，活动吸引众多用户积极参与，第一期场景体验式问卷调查 H5 发布一周即收获 1 万余份有效反馈，并有超过 5 万次单篇微信阅读量。通过短时间、周期性互动活动进行场景性金融安全教育，制作品牌长期可用的素材内容，弥补了官方安全教育的空白。

Vista 看天下、36 氪、广告门这 3 家媒体主动关注，大版面报道 1 次，主题微信推送 1 次。Vista 看天下评论："互联网金融安全教育属于常做常新的选题，尤其是今年春节红包大战愈演愈烈、移动支付已经渗透到 N 线的县、镇甚至是村里，而手机黑客也越来越猖獗。甜橙金融在春节做这样的话题，本身就是很好的策划，也获得了很成功的传播效果。在"3·15"之际将互联网金融的发展概况、手机使用的安全隐患等进行详尽解读，对媒体来说也是一次学习的机会。"

亲历者说： 赵峥　达睿思国际传播咨询　客户经理

互联网金融安全案件在 2015 年下半年集中爆发，展现了这一行业发展前期存在各种产品良莠不齐的问题，同时对甜橙金融造成了不良影响。如何在传播层面上掌握主动权，如何在当前的舆论环境中改变消费者对品牌的态度成为十分棘手的问题。

"互联网金融安全教育"项目启动伊始就将注意力集中在用户利益角度，同时作为多年从事公共关系行业的从业人员，我深知品牌与公众建立良好的沟通空间是改变和建立品牌形象的关键。在建立沟通空间的过程中，不是仅仅靠单纯的媒体曝光，而是要真正从消费者立场出发，以真诚的态度与消费者对话沟通。不是盲目制造热点、追热点，而是传达真正有价值的、具有正向因素的信息。

案例点评

点评专家：郑亚楠　黑龙江大学新闻传播学院院长，教授

2015 年下半年以来，互联网金融产品安全问题频发。对公众、行业、社会都造成了或多或少的负面影响。甜橙金融身处其中，如何在行业冲击中寻找机遇，是它必须面对的问题。

(1) 抓住"安全"之核，建立"公益"品牌。

甜橙金融聪明地抓住了互联网金融产品安全遭遇困境这一时机，逆势而上，开展公关活动。在公益性的前提下，以用户为核心，从公众视角出发，运用社交媒体（也结合了传统媒体），在恰当的时间节点上着重对"互联网金融安全教育"进行普及性传播，从而有效地建立起"安全、公益"的品牌形象，让公众提升分辨互联网金融产品安全系数的能力，降低恐慌情绪，心中有定心丸。

(2) 凸显专业知识，选取形象沟通。

甜橙金融在核心理念支持下，结合原创的优质内容，将专业相关知识以简单有趣的形式展现出来。在策划、执行过程中，体现出项目组对于大数据价值的认知，对于不同代际用户的理解，以及基于此的社交媒体创意呈现能力。通过能够为公众带来有价值信息与趣味体验的交互类内容吸引用户，不仅有利于改变消费者对互联网金融产品（即甜橙金融）的模糊印象，而且有利于重塑互联网金融产品行业的整体形象。传达出真正有价值的、正面的互联网金融信息。

(3) 运用组合营销，强化细节作用。

甜橙金融将本次互联网金融安全教育作为一次事件营销活动，真正达到了用小活动换大影响，以低成本求高回报，短期投入之下取得长期效用的目的。通过本次互联网金融安全教育活动，使互联网金融产品品牌和公众建立了良好的沟通机制，体现出了新时期的互联网金融产品品牌同样是具有高度人文关怀、注重个体参与的企业。彰显出以甜橙金融为代表的互联网金融产品品牌的人文价值。

2016最具公众影响力
社群互动营销大奖

穿越百年见证七夕——茅台酒心巧克力事件营销

执行时间：2016 年 7 月至 8 月

企业名称：贵州茅台酒股份有限公司（客户）

品牌名称：贵州茅台酒

获奖情况：金旗奖——2016 最具公众影响力社群互动营销大奖

/ 项目概述 /

时间：2016 年 8 月 9 日（七夕）

此项目是专为茅台打造的年轻化品牌营销试验案例，以跨界合作的形式，联合 DIY 巧克力工坊，借势七夕节日营销，设计并制作出主打"合卺"概念的茅台酒心巧克力，以迎合年轻人审美及口味的独特创意和设计包装获得年轻受众青睐。项目前期借由网红在社交平台发出"七夕最走心的礼物"话题，进而引发热议，同时招募活动粉丝参与巧克力制作与线下活动。在七夕当天通过视频直播线下"七夕醉爱"活动与粉丝互动，持续发酵，引发白酒营销创新话题的讨论，并成功为自身公众号赢得自然粉丝增长和好评，成为白酒行业营销的创新范本。

/ 项目背景 /

（1）在酒水行业中，年轻消费群体大多以饮用洋酒、葡萄酒、啤酒为主，而白酒一向少有年轻人青睐。白酒的年轻化转型一直是各大品牌的重要议题，许多品牌也有过试水，如尝试低度化、网络化的产品包装或合作青春题材的影视剧等。

（2）作为中国白酒行业中的龙头企业，茅台也在寻求对于年轻化消费市场的突破，如调制茅台鸡尾酒。

/ 项目调研 /

（1）消费者分析：通过对当下"80、90后"为主的年轻人群进行消费习惯及趋势研究分析，发现当下年轻人群对品牌文化与个人生活方式、生活态度的关联性要求越来越高，因此如何以贴近年轻人情感诉求的方式植入品牌非常关键。而白酒因其长期以来营造的稳重形象使其看上去离年轻人很远，但其代表的中国传统文化却受到越来越多年轻人的关注。当下白酒行业的转型尝试虽亲近了年轻受众，但只是从表面上解决问题，并不能从本质上改变受众对白酒严肃刻板的认知。

（2）营销分析：年轻受众活跃在各大社交平台和互动社区，自媒体平台和直播平台是我们更有效接触受众的途径。在品牌营销上，富有趣味性、故事性的创意内容和传播形式更容易引起他们的兴趣。

/ 项目策划 /

策划目标：
以年轻人易于接受的方式拉近茅台与年轻受众的联系，树立品牌年轻化形象。

策略：

借助大数据平台捕捉用户需求，从线上新媒体平台发起话题讨论，在线下进行快闪活动，并邀请网红在三个直播平台实时扩散，进一步发酵话题。从大数据挖掘到直播应用，呈现一次全新技术的营销尝试。

目标受众：

"80、90后"年轻人群。

传播内容：

- 提出话题"七夕最走心的礼物"，借助网红在自媒体平台征集创意，产生UGC内容。
- 围绕"合卺"这一概念进行产品包装设计和内容文案创意，携手DIY巧克力工坊制作出茅台酒心巧克力。
- 策划"七夕醉爱"主题活动，邀请网红直播配合线上传播。

媒体策略：

线上借助KOL力量在微博、微信等新媒体平台发声引发关注，线下通过直播平台对营销事件进行网红直播，线上线下协同配合，扩大事件影响力，引发公众话题讨论和二次传播。

在项目传播过程中使用的自媒体：酒业家、微酒、酒说、魔都吃货联盟、吃货联盟、doMarketing-营销智库。

/ 项目执行 /

前期，通过微博平台大数据调研，挖掘"七夕最走心的礼物"话题，利用网红发声，众筹出"茅台酒心巧克力"创意，并邀请5位粉丝参与到整个活动的设计、策划、执行中，充分制造UGC内容，给此次营销事件披上神秘的外衣。

活动过程中，利用53度飞天茅台融合巧克力制成巧克力浆，并就酒精含量作了区分。在酒心巧克力的包装上，紧扣"合卺"概念，将传统文化中的"合

香酒"理念融入设计和内容包装上。在活动前夕设置试吃环节,以感性诉求为主线拍成病毒视频进行传播,引发关注和热议。

七夕当天,与巧克力DIY工坊合作,策划举办线下"七夕醉爱"主题活动,参与者在活动现场将由自己全程参与打造的走心礼物送给另一半,借助网红的影响力在自媒体平台、直播平台全程跟踪直播,与KOL互动,把七夕走心礼物和走心活动的概念推向高潮,吸引广泛围观。

通过此次活动的影响力辐射,获得诸多媒体主动发布资源,如酒业家、微酒、酒说、魔都吃货联盟、吃货联盟、doMarketing-营销智库等,维持了事件热度,同时此项目也在白酒行业内获得好评。

/ 项目评估 /

投资回报率:本次项目的营销费用集中在创意制作和活动执行上,借助

新媒体平台扩散，得到超过 12 万的精准人群覆盖及 1000+ 的用户讨论，高效覆盖的同时，也为茅台拓展年轻人市场，提供了大量的用户声音反馈，战略意义深远。

受众满意度：86% 的受众认为活动很新鲜，传统品牌的尝试很成功；75% 的受众认为事件创新，是白酒行业的标杆。

客户满意度：全新的创意形式得到茅台客户的高度认可，为茅台品牌年轻化转型开辟了新的方向。

/ 项目亮点 /

（1）文化嫁接：深挖品牌文化标签，在七夕来临前期，结合网友力量共同打造一款特殊的以葫芦为造型的茅台酒心巧克力，作为情侣间的七夕走心礼物。此设计灵感来源于古代婚礼，在婚礼中有喝合卺酒的仪式，而一剖为二的葫芦瓢作为合卺酒的酒器，象征"夫妇合二为一，同甘苦，共患难"。这款巧克力的设计也是借用这个美好寓意，弘扬中华传统文化，在七夕节祝福天下有情人能够白头偕老，甘苦与共。

（2）跨界营销：国酒茅台53度白酒与巧克力完美融合，参与者齐聚DIY巧克力工坊，亲手制作茅台酒心巧克力，打造七夕走心礼物。

（3）众筹创意：全程邀请真实情侣参与策划创意事件，集思广益打造最走心的七夕礼物，而整个过程被全程拍摄记录做成集锦（包含参与者的深情告白），在七夕当天为他们播放，将七夕节日氛围推向高潮，赢得参与者与受众的双重好评。

亲历者说： 邹曼丽　蓝色光标数字营销机构　上海公司客户总监
　　　　　　刘　政　蓝色光标数字营销机构　上海公司客户副总监
　　　　　　王孟丹　蓝色光标数字营销机构　上海公司客户主任

节日越过越多，怎样送出走心又不重样的礼物成了很多人的烦恼。在项目初期，组内的一位男同事分享了他的一次送礼物经验。他为女朋友亲手DIY了一个戒指，并用相机记录下了整个过程，在送礼物时，对方非常感动且记忆深刻。结合这次七夕活动，我们想是否可以把这样的感动带给更多的人，于是我们开始酝酿此次的项目。在执行过程中，最让我印象深刻的是5对情侣中的男士亲手DIY巧克力的过程。刚开始他们还十分害羞，觉得这样的手工都是姑娘们做的事情。但当他们对着相机说了他们内心的那些小温柔时，他们开始慢慢地进入角色，非常认真地跟着老师学做巧克力，从设计款式到灌酒心，再到完成一个个立体的巧克力，最后挑选礼物盒写卡片给女友。整个过程我们都用镜头记录着，我们一群工作人员看着都感受颇多，默默地祝福这些情侣们能"以爱酷佳酿，与尔共合卺"，这是茅台酒心巧克力的祝福，饱含着我们所有的感动，由衷地祝福天下有情人幸福快乐！

案例点评

点评专家：陈凯 北京汉诺睿雅公关顾问有限公司董事长

本项目是一个典型的社群营销案例，所谓社群营销即基于相同或相似的兴趣爱好，通过某种载体聚集人气，通过创造内容满足群体需求来达到营销目的。社群营销的载体不仅仅局限于微信，各种平台都可以做社群营销。论坛、微博、QQ群，甚至线下的社区，都可以进行社群营销。

本案例从策划到执行多处可圈可点：

（1）目标人群精准画像，讲好故事。构建的社群必须是有相同兴趣爱好，所以对于该案例中针对的年轻族群，将茅台酒与巧克力跨界融合，巧妙地把中国传统酒文化进行了重新包装，用年轻人喜闻乐见的方式讲故事，传递客户品牌。

（2）打好情感牌，引发社群共鸣。七夕是年轻人表达爱情的节日，而具有创意的表达方式会引起大家的兴趣，从而引发病毒式传播，七夕礼物"茅台酒心巧克力"因为好玩、有料成为这一天大家传播的焦点。

（3）线下活动引发社群互动，引导传播高潮。七夕当天，与巧克力品牌跨界合作举办的线下"七夕醉爱"主题活动，借助网红线上招募5名嘉宾参与七夕礼物制作，于双微平台、直播平台全程跟踪直播，同时与各KOL互动，活动内容新颖，吸引了广泛围观讨论，引导了线上社群进行自运营、自传播、自组织。

总之，这是一次文化出新、跨界互动、创意上乘的成功的社群营销案例，品牌方也在此次项目中得到了最大的曝光。

2016最具公众影响力
品牌传播大奖

 **京东618店庆月品牌传播**

执行时间：2015年5月1日至6月30日
企业名称：北京京东世纪贸易有限公司
品牌名称：京东
获奖情况：金旗奖——2016最具公众影响力品牌传播大奖

/ 项目概述 /

2016年，京东618这个年中大型促销活动已经超出了平台、行业的范畴，成为线上线下、各行各业争相进入的消费大狂欢。可以说，一年有两个消费狂欢节，"双十一"是下半场，而618则是上半场，而且是京东的主场。结合时下中国消费整体升级的现状及激烈的市场竞争环境，京东打造了一场全民关注的品质狂欢节。

/ 项目背景 /

京东作为中国领先的自营式B2C（企业到用户）电商平台，成就了卓越的品质，京东代表着良好的产品质量和优质的服务。随着中国消费环境的升级，越来越多的消费者对商品品质的关注已经超过了对价格的关注，因此，作为品质电商代表的京东在618大促期间为大家打造了一个"低价购品质"的购物狂欢节。随着京东品质的追随者越来越多，京东618未来势必重构整个电商生态。

/ 项目调研 /

（1）618已经不单单是京东的大促，已经成为全平台甚至线上线下都参与的全民狂欢节，因此引导整体舆论，提升行业及公众影响力成为传播的关键。

（2）随着公众消费水平的升级，中国消费者对于品质的追求已经超越了对于低价的追求，需进一步结合购物、社交和娱乐概念，打造一场影响全民的品质狂欢盛宴。

/ 项目策划 /

策划目标：
行业：将京东618打造为整个电商行业的重大节日，提升京东在行业内的品牌影响力。
消费者：提高消费者对京东618品质狂欢节的品牌认知，将"品质"与京东618强关联。

策略：
强曝光，齐发力：持续保持京东618曝光热度，传统媒体、新媒体、直播等平台共同发力。

造品质，拉销量：针对"品质"进行多方扩散，将促销利益点以趣味互动形式呈现。

（1）品质：

• 品质电商：京东在业界率先提出品质电商理念，与其他电商形成独特的差异化。

• 品质购物：秉承对假货零容忍的态度，确保高品质的产品与服务。

• 品质生活：为众多家庭构建一个可提供品质生活的综合性电商平台，让品质生活触手可及。

（2）促销：

• 大牌云集：联合 34 家国际大牌、超 400 家优质品牌商加入 618 大促。

• 促销力度强劲：3C、家电、消费品、服饰家居、生鲜事业部打造花样促销。

• 移动端玩法多样：京东 APP、微信、手机 QQ 购物共同发力。

• 打造娱乐消费：携手明星组成"品质学院"，向消费者传达"明星品质生活观"。

（3）创新：

• 创新供应链：提升供应链效率是京东具备的核心优势，京东向合作伙伴开放了物流能力。

• 创新营销：利用流量、数据、平台优势为合作伙伴提供一站式电商营销解决方案。

• 创新技术：京东致力于研究无人机技术，并在 618 期间开放智能卖场。

/ 项目执行 /

京东 518 数字营销峰会

峰会现场大咖云集，围绕"京腾计划"的社交电商营销、消费数据驱动营销模式变革、数字营销的最新趋势等方面展开激烈讨论，同时进行多角度传播。

新闻稿件传播量为 186 篇，IT 经理世界、新营销等平面媒体进行了刊出。整体曝光量超 2956 万，互动、阅读量达 38 万。

京东 618 品质狂欢节启动仪式

宣布京东 618 品质狂欢节正式开启，向消费者及行业解读今年京东 618 的大促亮点、品质理念及三大创新，品牌商及大咖站台提高京东 618 关注度。通过对刘强东与几位大佬对话内容的输出，凸显了京东追求品质的理念及行业伙伴对京东的高度认可和信任，传递京东未来战略重点，引发广泛关注，为 618 大促打响第一枪。新闻稿件传播量为 485 篇，累计曝光量超 1.43 亿，互动、阅读量超 840 万。

预热、专场、高潮期促销传播

对京东各大事业部促销利益点、移动端多重玩法、京东金融给力优惠等信息进行传播，通过趣味长图、互动 H5、促销稿件、热门晒单话题、618 狂欢图文等形式展现，吸引消费者参与购买，提升销量。稿件报道量达 404 篇，总曝光量累计达 1.16 亿次，互动、阅读量达 745 万次。

京东品牌事件传播

结合 618 期间的新闻事件进行内容深挖，从官方、第三方、行业 KOL 等方面出发，传递京东 618 品质概念，并对这一主题进行持续解读，树立京东品牌价值。稿件发布共 247 篇，并被搜狐网、凤凰网等主流媒体报道。自媒体及行业大 V 纷纷发布评论稿件，累计阅读量近 6 万，新媒体曝光量达 143 万。

农村电商中国特产"趴"

策划京东仁寿网上枇杷节、京东怀宁网上蓝莓节、京东盱眙网上小龙虾节、"县"礼京东 618 祝贺视频等活动。传统稿件传播共计发布 232 篇，新媒体传播曝光量为 13 万次，互动、阅读量达 31.5 万。

农村电商工业品下乡

围绕"京东帮服务店"及京东乡村推广员，借助"父亲节"、京东乡村第二届推广员评选活动，通过符合目标受众审美情趣且打动人心的传播素材，传递 618 的"毕竟主场嘛"、促销等核心信息，以及展示京东在农村电商中的领先地位。稿件传播共计 58 篇，互动、阅读量达 20 万。

网红直播 & 晒单

以导购内容为核心，选择时下最热的传播方式——网红直播，通过甄选出的 10 位网红，分别代表京东商城 3C、消费品、家电、服饰家居四大事业部，在新浪微博和直播双平台进行推广，直接刺激目标用户的消费行为。网红直播 & 晒单累计曝光量达 1.2 亿次，互动量达 1384 万次。

"# 我美我先晒 #"话题传播

"# 我美我先晒 #"话题墙阅读数已达 1.5 亿，讨论量达 21.2 万。话题墙登上新浪微博话题小时榜第 3 名，生活记录类最热榜第 1 名；8 位 KOL、7 位达人及 250 位活跃用户晒单曝光量累计超 4200 万次；转发、评论及点赞量共计 41 807 次。

"# 这么快你咋不上天呢 #"话题传播

6 月 21 日至 23 日，针对京东 618 期间送货速度快话题点进行传播，安排段子手调侃京东快递小哥的送货速度，同时号召全民分享有关京东 618 收货速

度相关信息。话题上线仅 3 天时间，总曝光量已达 1.33 亿，讨论量达 58.3 万。有 5 个微博大号（八哥专用、奔波儿灞与灞波儿奔、网瘾少女的追剧日常、重口味女青年、IT 工程师）通过段子的方式发布创意长微博，同时 220 位活跃用户发布微博参与讨论。

/ 项目评估 /

1. 新闻传播

2016 年京东 618 系列活动围绕核心促销信息，从品牌、营销、技术、物流、区域特色等多角度进行传播，共 3167 篇报道，获得显著关注度及舆论影响力，总体影响逾亿人次。

2. KOL 评论

沟通撰写发布近 162 篇 KOL 评论文章，发布于微信号、百度百家、搜狐科技、新浪微博、今日头条等多个一线自媒体平台，阅读量超过 400 万，成功地对京东 618 进行了多维度的正面报道。

3. Social 传播

原创图文、视频、H5、攻略长图、网红直播等多种形式创意内容，超过 600 个优质社交网络大号、段子手等第三方资源推转，相关内容影响人群过 3 亿人次。

/ 项目亮点 /

事件主题：一年两次购物节，京东品质 618 先来。

（1）对比倒计时海报传播。

5月23日至24日在《新京报》投放整版广告，5月23日至25日在北京、杭州、广州、深圳四个城市投放户外楼体广告。对比倒计时海报出街，直接对标"双十一"，引发受众围观热议。

5月23日至28日在双微端发布微博50条、微信13条，传播覆盖总人数2.5亿+。其中4篇登上热门微博1小时榜，1篇登上24小时热门与昨日热门榜。

（2）明星线海报传播助力。

17天17个不同圈层的明星为京东618证言，从自身标签出发，讲述自己对"品质"的不同诠释，让受众从明星角度理解品质618的传播主题概念。5月31日至6月17日在双微端发布微博42条、微信4条，传播覆盖总人数1.7亿+。

（3）家庭剧病毒视频。

视频中讲述了4个生活中的戏谑片段，4位主角凑合过日子，半年内纷纷走偏，还取得了荒谬的成就。调侃主角的另类工匠概念，在风格化叙事严肃讲故事之后，剧情迎来反转，强调品质生活没那么复杂，早买早好。6月13日至15日在双微端发布微博63条、微信13条，传播覆盖总人数2.9亿+。

案例点评

点评专家： 吴志远　华中师范大学传播系主任

作为国内最具影响力的电商平台之一，京东旗帜鲜明地走自己的路，通过自营来实现对商品品质的控制，以此区别于其最强的竞争对手。这也是京东能够快速崛起的重要因素。此次"京东618店庆月品牌传播"项目，除了拥有京东庞大的消费群体带来的较旺的人气，还有如下亮点：

首先，京东品质理念贯穿全过程。作为品牌传播和促销的重要手段，实力强大的电商都擅长"造节"。只要真正有利于消费者，消费者也乐于接受这样的"造节"活动。与京东的核心理念高度合拍，京东618旗帜鲜明地打上了自己的烙印，强调自身的品质理念，并将该理念贯穿于618活动月所有的传播活动中，无论是事件营销传播还是新旧媒体平台的传播，让消费者无时无刻都能感受到京东所提倡的品牌理念。

其次，在媒体运用方面，服务于京东的公关团队，对新旧媒体的特性有非常充分的理解，充分利用京东丰富的传播资源，与各类型媒体密切配合，让媒体围绕京东的品牌理念各取所需，传播成果非常丰硕。不仅如此，对于企业领袖刘强东自身的传播影响力，也运用得非常充分。

最后，在京东的整个618店庆促销活动中，电商平台、商品供应商及媒体之间的配合高度默契，形成了共振，让京东的品牌传播效果实现了最大化。

澳优能力多《辣妈学院》跨国直播

执行时间：2016年9月5日至23日

企业名称：澳优乳业（中国）有限公司

品牌名称：澳优能力多

获奖情况：金旗奖——2016最具公众影响力品牌传播大奖

/ 项目概述 /

2016年9月12日至13日国内著名母婴栏目深圳卫视《辣妈学院》联手澳优首创国内乳业海外直播，以"荷兰为什么这么牛"为主题线索，深入荷兰当地的博物馆、幼儿园，将荷兰特有的风土人情用直播的方式真实地展现给国内的观众。荷兰人人高马大的秘密，荷兰优质奶源的精髓，荷兰人的饮食观、育儿观、生活观，在这两天四场的直播中娓娓道来，观众在真实与虚拟之间大开眼界，大呼过瘾。

这场活动共计吸引了超过120万+的观众，并收到了61万条互动留言，得到网友超过350万的互动点赞。母婴行业与海外直播的首次触电，实现了良好的宣传效果。

/ 项目背景 /

根据 CNNIC 最新发布的第 38 次《中国互联网发展统计报告》显示，我国网民规模达 7.10 亿，其中手机上网使用率为 92.5%。近半年来以井喷式发展，受到越来越多品牌青睐的网络直播用户规模达到 3.25 亿，占网民总体的 45.8%。直播，开始无处不在地出现在大众视野。

7 年前的微博，5 年前的微信，永远走在风口浪尖红利期的品牌营销人不会放过"直播"这一全新的娱乐社交方式，"直播 + 营销"已成为各大品牌营销模式新标配。

直播的营销方式在如今已不算最新鲜，前有杜蕾斯 Air 空气套"百人试套"，后有小米 Max "超长持久 24 小时直播"，但母婴行业鲜少有品牌进行此类尝试。近年来国产、外资品牌纷纷发力，树起进口奶源大旗，通过高强度线上、线下趋向同质化的广告红海战术轰炸用户，以建立用户对自身企业的初期品牌认知。区别于各路竞争者，澳优能力多此次大胆盯上了"互动电商"之路，成为母婴行业首个颠覆传统营销方式，试水海外直播营销的品牌。

/ 项目调研 /

能够在短时间内聚集起大量用户的注意力是直播营销相较于传统营销最大的优势。尤其在品牌联手《辣妈学院》这样一个本身就具有一定知名度与公信力的媒体，又引入明星、网红等公众人物的情况下，直播聚集的人气更是呈几何级增长。

但是目前直播营销也存在很大的局限性，有深度不足、专业化不够、互动形式表面化等问题，让很多直播只是空有人气，能够留存的直播话题并不多，缺乏长尾效果。

然而，本次《辣妈学院》的荷兰特别直播经过精心的策划，专业化的制作团队有意识地主动规避了上述问题，并为品牌直播营销提供了实践性的新思路。

/ 项目策划 /

精准的市场定位、清晰的消费心理、准确的传播载体，澳优联手《辣妈学院》的荷兰特别直播既具有爆发力，又具有延伸性。能够在品牌形象塑造过程中持续发酵的根本原因，离不开精心的内容策划。

"荷兰为什么这么牛"之旅，走访了当地多个景点的同时更深入到荷兰人的生活中，体验真正的荷兰"慢生活"。来到荷兰幼儿园时，我们发现荷兰人的育儿观和国内有很大不同，荷兰小朋友的饮食与教育更遵从自然规律，"慢慢地吃饭""慢慢地写字"，过着我们"从前慢"一般的生活。

荷兰幼儿园的直播，让辣妈们看到了国外幼儿教育的真实景象。辣妈们在直播中积极评论、讨论关于荷兰人育儿方面的各类问题。直播结束后，妈妈网等母婴类社区中的妈妈们仍积极地讨论着关于本场直播的话题，让"荷兰为什么这么牛"持续发酵。

作为送给荷兰小朋友的特别礼物，金多多玩偶和金多多书包让荷兰小朋友们爱不释手的同时，也让屏幕前的用户迫不及待地想要拥有。然而，两天四场的荷兰直播，用户不仅仅是想要澳优金多多玩偶，更是记住了澳优荷兰原装进口的品牌特性，倡导纯净、天然的品牌价值观。

本次《辣妈学院》为澳优特别定制的荷兰直播受到淘宝直播、淘宝母婴、亲宝贝的大力支持。在直播首页主要位置推广直播的同时，更配合直播秒杀、直播专享价等电商促销活动，让澳优的到店转化率达到新高。

诚然，优秀的直播内容策划是直播营销的基石，创新的环节设置与大胆的海外直播是引爆直播营销的关键。与传统营销无法量化宣传效果不同，直播营销不仅能够让品牌看到用户的覆盖面、曝光量等数据，还可以同步电商

平台,边看边买,实现从观看到销售转化的一步到位,未来必将受到越来越多的品牌青睐。

/ 项目执行 /

直播结束后,官微"澳优能力多"快速开展"游戏+视频"H5回顾活动,通过微信覆盖错过直播的目标用户。制作精良的画面、可爱淘气的音乐生动地呈现出别有趣味的澳优能力多荷兰之旅。观看完精彩的视频回顾,观众还可以通过帮助明星奶爸李晨"挤奶"参与抽奖活动，游戏方式简单有趣，直达直播"漏网之鱼"。

由明星奶爸李晨助阵，在荷兰当地的跨国直播一时间占领各大直播头条，"#李晨送钻石#"成为炙手可热的讨论话题，突破6300万阅读。在主持人李晨、网红辣妈陶然、秦雪等名人与KOL的带动下，《辣妈学院》荷兰特别直播更是以轰炸之势席卷社交网络，吸引超过60万用户参与。

/ 项目评估 /

直播平台和社交平台的双发力，为澳优天猫店铺带来巨大流量导入，直播期间，澳优乳业天猫旗舰店日均访客量增加20倍以上，订单成交量增加6倍以上，直播活动爆炸性地提高了销售转化率。

在直播营销开展的同时，澳优乳业在社交端同时发力，李晨nic、秦雪、陶然ida等微博大号，各路网红与行业大V同步进行微博相关话题"#李晨送钻石#"发布，为直播活动造势。直播期间，"#李晨送钻石#"两度登上微话题排行榜，进入前四热议，并获得微博首页热门话题推荐，短短十分钟，话题阅读量突破90万，围观的网友纷纷以为是演员李晨赠礼女友，瞬间引爆话题。活动结束统计"#李晨送钻石#"话题共获得6385.6万次阅读，引发14.6万人次热议。微博、微信、论坛等相关话题阅读量达1.1亿人次，其中，母婴垂直网站妈妈网更是以4379万人次的浏览量，为整个活动带来了海量精准人群的关注。

在项目传播过程中使用的自媒体：一直播、淘宝直播、淘宝母婴、亲宝贝、黑马营销、4A广告门、我是大美人。

亲历者说： 段理　上海妈妈觅呀互娱网络科技有限公司　商务总监

澳优乳业选择与淘宝直播、一直播、我是大美人三大直播平台合作，直接导流至天猫,邀请深圳卫视《辣妈学院》当家主持人潮爸李晨、网红辣妈秦雪、陶然以澳优乳业特派员的身份前往荷兰,带领消费者领略独特的异国风光文化,探索澳优能力多纯净的海普诺凯奶源地。从豪迈地去考斯特钻石博物馆购买直播大奖——钻石,到回归童真探访荷兰幼儿园,了解荷兰优秀的育儿方式,去参观第四代奶粉澳优能力多原产地百年工厂海普诺凯,两天四场接力直播,为这场活动共计带来了超过120万+的观众,并收到了61万条互动留言,得到网友超过350万的互动点赞,母婴行业与海外直播的首次触电,实现了良好的宣传效果。

全新的营销方式体验,直戳消费者痛点的活动设置,澳优乳业在此次直播活动过程中,娴熟地运用直播平台的玩法,整合了微博、微信等社交端口流量资源,成功为淘宝天猫的营销活动引流。无论是从话题吸引力、活动关注度还是母婴行业首个海外直播的影响力来说,澳优乳业的此次荷兰直播都可以算是

2016年度国内品牌直播营销的标志性案例之一。

案例点评

点评专家：何春晖　浙江大学传媒与国际文化学院策略传播系副主任

直播已成为自媒体时代热度最高的营销手段，澳优乳业成为母婴行业首个颠覆传统营销，试水海外直播营销的品牌，带给消费者全新的营销体验。该项目的策划亮点体现在：

（1）"直播+营销"创新吸引公众注意力。

在互联网高速发展的今天，注意力经济无疑是互联网经济的重要增长点。澳优乳业在母婴行业首次试水"直播+营销"方式，在短时间内创新公众注意力，非常值得肯定。直播和真人旅游秀形式的产品营销，往往会出现植入生硬、环节设置不合理、话题性与热度不足、制作专业化程度不够等问题，该项目做到了长尾效果的延伸和多维度获取直播新趋势下的营销红利，成为产品营销与品牌传播的双赢者。

（2）"内容+渠道"整合流量和导流。

首先，直播内容与品牌形象无缝对接。一场承载着品牌营销目的的直播真人秀，离不开紧扣消费者痛点和企业品牌传播诉求的精心策划。以"荷兰为什么这么牛"为主题，全程内容创意紧扣观众眼球，观众在真实与虚拟之间，有了真切的直播营销体验。其次，传播渠道多元整合，催生新的流量。流量是互联网时代重要的估值指标。澳优乳业与一直播、淘宝直播、我是大美人等优质直播自媒体合作，依靠《辣妈学院》平台优势，通过可视化的直播数据来实时跟踪，快速、准确地寻找及挖掘更深层次的营销场景，使得品牌与用户的沟通更加立体化、场景化，有效增加用户黏性，最大化地实现直播营销的核心目标，即提高澳优的品牌价值。再次，二度传播相互导流。通过直播节目的主持人和微博大V，同步进行话题造势，同时把流量导入直播或者天猫店铺。再通过直播秒杀、直播专享价等电商互动促销模式，助力新的到店转化率。在直播后快速展开游戏＋视频H5回顾活动的做法也是非常漂亮的，不但通过微信覆盖错过直播的目标用户，也利用"曝光效应"对受众进行二度传播。因此，直播平台、社交平台和线上销售平台的同时发力，共同提升了此次活动的影响力。

"美好，宛如初现"
——TCL 750 初现手机品牌传播案

执行时间：2016 年 6 月至 11 月

企业名称：TCL 通讯（深圳）有限公司

品牌名称：TCL 通讯中国区

获奖情况：金旗奖——2016 最具公众影响力品牌传播大奖

/ 项目概述 /

  TCL 通讯中国区在 2016 年发布全新品牌理念"Tout Comme La Vie——宛如生活"，这一品牌理念成为 TCL 手机产品与国内消费者之间沟通的桥梁，以优雅品位的格调重塑 TCL 通讯品牌基因，并将此融入产品设计与营销推广之中。而 TCL 750 初现手机是 TCL 全新品牌理念下的首款产品，被赋予了美好的文艺气质。

  TCL 750 初现手机整体营销活动与事件契合 TCL 品牌理念，通过跨界合作，展现和加深 TCL 750 初现手机新品"美好，宛如初现"的文艺气质形象。从消费者的真实需求出发，紧贴消费者生活场景，升级消费体验，以生动有趣、丰富多样的营销内容强化品牌和产品差异化，层层传递出产品文艺气质。实现多角度、多样化输出，使消费者更深入地了解"宛如生活"品牌理念及 TCL

750初现手机。

/ 项目背景 /

如何将TCL 750初现手机的性能特点与文艺气质充分展现，提高产品的认知度和好感度，同时提升TCL的品牌影响力，成为围绕TCL 750初现手机系列营销活动的根本目标。

/ 项目调研 /

目标人群：文艺青年、都市白领及对美好生活充满向往之人。他们热爱生活，注重生活品质。对凡事有自己的见解，并对美好的事物有敏锐的洞察力；同时又渴望在物欲横流的当下能够有更多美好的事物出现来洗涤心灵、陶冶情操。因此，他们在选择手机时更加受使用习惯和个人喜好等因素影响，在注重手机功能点的同时，更加注重产品的内涵思想和品牌理念。

市场和行业：2015年，中国手机市场销量3.86亿部，比2014年降低0.8%。中国手机销量近几年来首次下滑，手机市场表现并不乐观。而在智能手机市场竞争更是激烈，产品同质化严重。中国智能手机市场呈现出疯狂追求性价比的态势，消费者需求被定制卖点标签化的现象比比皆是。

因此，基于用户与市场、行业调研结果，TCL通讯2016年在满足消费者对产品功能需求的同时，更加注重情感关怀，建立全新品牌理念，构建新产品并进行相关系列营销活动。

/项目策划/

策划目标：

通过从心出发、贴近消费者真实需求的系列营销活动，以及建立在消费者日常生活场景基础上的营销内容，在全力展示TCL 750初现手机功能的同时，更注重展现"美好，宛如生活"的价值内涵和文艺气质，诠释和演绎TCL全新品牌理念"宛如生活"。

策略：

通过系列、完整的营销活动及符合消费者真实需求的营销内容，以不同形式和切入点，与不同平台跨界整合资源，立体展示TCL 750初现手机的优越产品性能并展现"美好，宛如生活"的文艺气质。

整体营销活动在强化品牌、产品差异化优势理念的同时，以多角度、多样化内容输出；满足不同媒体推送习惯及不同平台用户阅读习惯，多样化的传播方式层层传递"文艺气质"，使消费者更深入地了解"宛如生活"品牌理念及 TCL 750 初现手机。

传播内容：

初现——生活家私享会；

初现——十五城下午茶；

初现——寻找最美萌宝；

初现——文艺青年 H5 测试；

初现——专车音乐节；

初现——TCL 全国校草选拔赛。

/ 项目执行 /

（1）初现——寻找生活之美，生活家私享会。与优质美食电商平台 ENJOY 跨界合作，联合打造名人餐桌，将科技与美食完美结合，展现 TCL

750初现手机文艺气质形象。

（2）初现——寻找生活之美，十五城下午茶。TCL 750初现手机品鉴会以文艺下午茶为活动形式，活动现场设置咖啡师教授咖啡技艺，通过生动有趣的小游戏及丰富多彩的消费者互动环节，为消费者打造文艺消费场景，玩转深度跨界互动。

（3）初现——寻找最美萌宝。与母婴平台宝宝树合作，以参与者上传照片为活动形式，重点突出TCL 750初现手机拍照等产品性能并进一步诠释其"美好，宛如初现"价值内涵。

（4）初现——文艺青年H5测试。通过共三季的文艺气质、文艺性格H5测试活动，直接辐射目标消费者，展现TCL 750初现手机的文艺气质。

（5）初现——带着心灵去兜风，专车音乐节。与交通资源平台AA租车跨界合作，以专车音乐节为活动形式，内容包括专车旅行、网易文艺"初现"歌单歌曲聆听，现场篝火晚会等，继续传递TCL 750初现手机"美好，宛如初现"的价值内涵和文艺气质。

（6）初现——TCL全国校草选拔赛。与全国最大的校园平台课程格子合作，打造全民校草大赛，吸引大学生群体的积极参与，紧贴TCL 750初现手机文艺气质，引发话题讨论。

/ 项目评估 /

（1）内容丰富、形式多样，完成系列营销活动目标。

系列营销活动及事件采用多样化形式结合推广，传递TCL 750初现手机文艺气质，以"#美好，宛如初现#"为主话题标签，先后在官方微信、微博、相关博客中推送，并在活动引爆期加入视频、直播、KOL等元素，输出内容集中传达TCL全新品牌理念"宛如生活"及TCL 750初现手机文艺气质，强化产品、品牌符号印记完成营销目标。

（2）消费者热情参与、积极分享、高度评价。

从消费者真实生活中的衣、食、住、行四个维度出发，以丰富多彩、生动有趣的系列营销活动内容和形式获得消费者的热情参与及高度评价，在提升 TCL 750 初现手机产品认知度和美誉度的同时，转化力量助力销售。

受众反应：

TCL 750 初现手机销售及话题热度居高不下，在产品性能充分展示的基础上，"美好，宛如初现"的价值内涵更是得到了众多消费者的认可与好评。

媒体统计：

TCL 750 初现手机新品发布会传播总体覆盖量近 2 亿人次，科技、时尚、娱乐、音乐等立体化内容打造集中声量，相关话题阅读量近 1.7 亿次，讨论量近 8 万次。在发布会之后的系列营销活动总体传播覆盖量近 1.8 亿人次，"#TCL 750 初现手机#""#美好，宛如初现#""#宛如生活#""#TCL 通讯中国#""#初现专车音乐节#""#寻找初现之美#"等其他相关话题都引起热烈反响与讨论。

/ 项目亮点 /

形式跨界：

6 大事件形成跨界传播矩阵，整体输出内容为 TCL 通讯"宛如生活"品牌注入文艺气质。联手中国最具品质的电商平台之一 ENJOY，开展针对文艺群体的跨界传播营销。以北京当地优选餐厅为场地进行"初现下午茶"用户体验活动，将美食体验、生活场景与产品强关联，现场邀请当红网络美食主播参与互动，活动精准影响目标受众，促使品牌整体形象、消费者情感关系迅速提升。

传播立体：

针对青年群体联动校园平台课程格子选拔全民男神、与 AA 租车携手打造"带着心灵去兜风"初现专车音乐节，活动现场与映客等直播平台合作，以

KOL及网红的参与强调口碑化体验式传播，深入影响消费者。

内容聚焦：

以"初现"为主题整合多样化传播手段，对TCL 750初现手机进行强化传播，对市场和舆论进行引导，持续不断为品牌输入文艺气质。差异化、立体化、鲜明化的传播方式为TCL通讯构筑专属品牌阵营。

亲历者说： 王修函　嘉利公关　客户总监

TCL 750初现手机以其独特的产品与品牌理念敲响了新手机营销时代的大门，成为市场浮躁境况下的一股清流。TCL 750初现手机的传播过程注重于消费者产生心灵契合，在产品之外，共同与消费者享受艺术现场氛围，共同欣赏音乐、美食，一同寻找生活的真谛，最终赢得了消费者发自内心的悦纳。在传播过程中，对销售人群进行细分并与产品功能亮点结合，促成精准而广泛的人群覆盖，同时也促进了品牌形象和产品功能的二次传播。

经历了TCL 750初现手机的品牌强化势头之后，TCL通讯中国区"宛如生活"的品牌理念具有了舆论基础和发展生命力，往后的新产品传播也会因而更加高效。

案例点评

点评专家： 陈小桃　海南大学政治与公共管理学院公共关系学系主任，教授

准确定位公众，根据目标公众的需求制定传播策略是该案例成功的关键。该案例在活动策划之初，通过详细的调研，将目标公众

锁定为都市白领及对美好生活充满向往的文艺青年。随后在策划的过程中，根据目标公众的特点将传播主题确定为与全新品牌理念"Tout Comme La Vie——宛如生活"一致的"美好，宛如初现"，该主题很好地赋予产品特定的思想内涵，诠释产品优雅的文艺气质，突出了品牌特征：一款被赋予了美好的文艺气质的"初现手机"。这一主题让目标群体能够第一时间感受到品牌的文艺气息，获得最初的品牌认同，提升了品牌的价值。

在传播的过程中，策划者将提升品牌价值作为核心目标，设计了高雅、文艺的活动与目标公众沟通。通过不同形式和切入点，与不同平台跨界整合资源，立体展示TCL 750初现手机的优越产品性能，并展现"美好，宛如生活"的文艺气质。这股文艺气质，犹如一股清流，在当前同类产品传播以怪异、媚俗、无底线等噱头作为传播买点的营销大潮中独树一帜，给予消费者美好的享受和愉悦的心理满足。

独特的品牌定位，明确的目标公众，走心的传播策略及宛如清流的传播主题，是该案例成功的重要构成要素，也是该案例获得消费者认同，取得良好传播效果的关键。

腾讯天天快报"芒种计划"

执行时间：2015年12月10日至2016年3月15日
企业名称：北京腾讯科技有限公司
品牌名称：腾讯天天快报
获奖情况：金旗奖——2016最具公众影响力品牌传播大奖

/ 项目概述 /

2015年初，腾讯新闻计划跨入泛资讯领域。同年8月，"天天快报"正式上线，主打新闻聚合，即通过智能算法及人工审核，根据用户的社交爱好与阅读习惯进行资讯内容的推送。虽然，具有强大媒体属性背书的腾讯已在新闻领域独占鳌头，但在新闻聚合领域中却实属新兵一枚。因此，如何才能一击而中、掷地有声？如何才能吸纳更多内容领域的个人及机构的关注？如何才能持续保持平台影响力的增长？这是项目要考虑的核心问题。

我们需要让更多的自媒体个人与机构为"天天快报+芒种计划"发布会"站台"。"芒种计划"发布会的时间确定在2016年3月1日，项目整体传播周期很长，因此整个传播节奏及清晰的主线串联显得尤为重要。

从新进入市场到预计目标的达成，项目组的任务重要也极其艰巨。首先，从行业着手，以循序渐进的方式深入与内容创作者进行充分沟通，以实现作者对天天快报产品的认知与认同。其次，通过多种传播手段的结合，渗透到每一位自媒体作者可能涉及的场景中，面向新闻资讯和媒体行业，塑造出以天天快报为核心产品的腾讯资讯产品矩阵的行业影响力。

/ 项目背景 /

2015 年是自媒体迅速发展的一年，各种机构组织自媒体大会频频召开，自媒体人"赶会"忙，大量的自媒体人开始曝光。即使面临资本寒冬的言论，仍有动辄千万甚至上亿的资本涌入自媒体。

而在这光鲜的背后，业内自媒体人也有着不可避免的隐忧："新自媒体人如何获得产品；内容如何在海量信息中获得更大、更精准的曝光；如何保证原创内容生产；以及最终的商业变现如何实现……一个高速发展的阶段之后，2016 年自媒体将如何突破自身的瓶颈？

天天快报本身承载的是海量资讯，目的不仅是为用户提供精准的资讯推荐，更是保证平台本身内容生产的质量、分发的流量及内容创作者权益的保护和激励。腾讯旗下的天天快报拥有恰好可以解决自媒体"烦恼"的资本和决心，凭借"强大的用户基础、浩大的流量、精准的内容分发机制、对原创内容的保护态度、实力雄厚的广告主资源"，以天天快报为核心，整合腾讯微信、腾讯 QQ、腾讯新闻、腾讯视频等多平台的流量资源，携手自媒体/自媒体人共建一个更利于优秀内容和媒体/自媒体成长的生态环境，帮助他们建立自己的品牌，进入商业的良性循环，最终实现"媒体共赢的内容生态圈"。

/ 项目调研 /

（1） 从 2015 年 6 月加入项目组以来，我们通过充分的竞品分析、定期举办自媒体人 workshop（专题研讨会）、定期举办"90 后"workshop 等方式，持续地保持与处在自媒体金字塔不同位置的内容创作者进行沟通，持续了解他们的痛点与真实的需求，梳理归纳后对天天快报产品部门进行实时反馈。

（2） 与不同领域的自媒体创业者进行一对一的深入沟通，并请他们分享在自媒体创业过程中切身遇到的困难，以及期望内容聚合平台给予的支持。这些作者包括了黄小厨、新世相、关爱八卦成长协会、魏武挥、玲珑沙龙、艺窝疯等。

调研能够帮助我们更真实地了解整个内容创作行业的实际需求。通过沟通，我们了解到，如何才能更好地洞悉用户，怎样才能更好地产出内容，如何获得更多的曝光和推荐机会，怎样获取流量，怎样实现商业变现及品牌建设……不同层级的内容创业者，具有不同层级和不同程度的痛点，这些一手调研结果，对天天快报产品的发展和推广具有重要价值。

/ 项目策划 /

围绕着实现天天快报认知度飙升及影响力塑造的目标，在 2015 年下半年，我们做了充分的铺垫，完成了面向行业的基本告知工作。

在 2015 年 10 月，天天快报攀升 App Store 新闻免费榜首后，我们与多位自媒体人如罗超、阑夕、李瀛寰、信海光微天下、郭静等进行深入沟通，以《天天快报能否实现"腾讯式"逆袭？》《天天快报为何要将资讯推荐和精细化搞在一起？》《腾讯的天天快报凭什么想挑战今日头条？》《做新闻聚合的那么多，今日头条之后我们还该看好谁？》为题，直接对标竞品，并以内容价值作为切入点，引发内容创作行业人士关注。

2015年11月开始，结合天天快报产品的升级，从内容生态建设、用户潜在体验满足的需求挖掘、产品差异化、平台属性、"更聪明地甄别文章价值"的算法技术，以及行业格局/机会点和趋势预判等角度综合入手，持续联动优质自媒体作者及知乎优秀作者进行充分解读，为2016年3月"芒种计划"发布会做好关键引导。

从2016年1月开始，全部传播的核心将指向春节后的大动作——"芒种计划"发布会。这个阶段元旦、春节、元宵节假期密集，如何使得整体传播一气呵成，如何保证传播节奏不被打乱，如何才能使得关注不被分散，严谨的传播逻辑与传播节奏设计尤为关键。

（1）在2016年1月至春节前的预热导入阶段，通过充分的、真实的、有感的行业痛点列举，引发共鸣，也同步体现出天天快报"有料"的概念。

（2）在2016年3月1日发布会现场，结合行业痛点提出解决方案，这是"芒种计划"正式亮相的过程。

（3）在发布会后，针对行业痛点，结合自身优势，逐一展开并做深入的解读，吸纳更多自媒体作者（个人与机构）入驻企鹅媒体平台。

在传播策略上，为了在长时间内能更清晰地聚焦关注，"痛点→痛点的解决"成为传播中吸纳更多内容创业个人与机构关注的关键,也使他们从对痛点解决方案的期待,转化成对 3 月 1 日"芒种计划"发布会的期待。对应传播策略拟定后,媒体渠道的选择也需要更加精准。选择有影响力的自媒体个人,以及不同层级、不同领域、不同类型的自媒体作者,对于整个内容生产领域来说,更具有说服力。毕竟,处于自媒体金字塔顶部与中底端的自媒体人所面临的痛点并不相同。而除了自媒体作者之外,关注科技的优秀媒体合作伙伴如虎嗅、36Kr,以及具有传统属性但在行业中仍具有相当话语权的平面媒体如《互联网周刊》《科技日报》等,都会在不同的传播节点上进行适合内容的产出。

/ 项目执行 /

(1)以"自媒体的痛点"为切入点,线下组织 workshop 并邀请自媒体作者进行深入探讨。

纪中展、黑马良驹、IT 怪兽雷鸣、契约、陈博文等参加了 workshop 现场,并在会后分别撰文,发表了《只要想好这三点,2016 年做自媒体仍不晚!》《自媒体创业的内容和流量痛点该如何应对?》《一个自媒体人的反思:个人化死路一条,应该组织化或者背靠组织》《成功的自媒体应该是一个跨越多平台、多媒介的 IP》《如何获得自媒体的下一个红利窗口》等文章。

(2)线上制作痛点 H5 激发自媒体人共鸣,达成频繁分享,同步完成痛点内容解读的持续扩散。

15 位资深自媒体人及 21 位媒体／互联网行业人士通过微信朋友圈自主转发和分享痛点 H5。

参与分享的自媒体个人在行业内均具有相当强的个人影响力,精准覆盖者众多。包括:科技领域(阑夕、李瀛寰)、电影与泛娱乐领域(IT 怪兽、楚沐风)、电商领域(万能的大熊)、动漫领域(苍南派)、文艺与阅读领域(探索者文艺、被我阅读)、媒体领域(张海龙、刘亮亮、张刘雷、白娜、毕忠慧、刘向东)

等。痛点 H5 在圈内有效阅读达到 3 万 + 次，相关解读内容文章通过行业微信订阅号扩散，覆盖人数达到 299 万 + 次，有效阅读 24.25 万次，分享 2772 频次，并有 904 位网友点赞。

（3）"芒种计划"发布会"有种 3 月 1 日北京见"创意悬念海报曝光，引发行业话题。

以具有悬念性的"芒种计划"发布会海报引发行业内猜想，引发高活跃度行业微信订阅号及自媒体人朋友圈的主动分享。

讨论聚焦方向：什么是有种？怎样才是有种？有种会怎样？

衔接腾讯网主编王永治在 2016 新榜大会上"今年三月有大事"的言论，目标锁定自媒体圈。引发 141.7 万次有效覆盖，实现 7.79 万人次阅读，1504 次分享，343 次点赞，实现自媒体圈内的有效关注。

（4）自媒体深度访谈内容公开。

以《泛媒体永生，需要跨过这些坎儿》为题，结合前期深度访谈的自媒体人内容公布，以"有种"衔接行业痛点，再次落点"芒种计划"发布会。

（5）"芒种计划"风信子邀请函寄出，再度实现圈内引爆。

从一颗风信子的种子出发，正面解读"有种"的含义。在邀请函发出后，带动自媒体人朋友圈纷纷刷屏。邀请函也获得了京东、雀巢等企业高管和行业人士的认可和关注，大批媒体和自媒体人对"芒种计划"发布会表示期待。

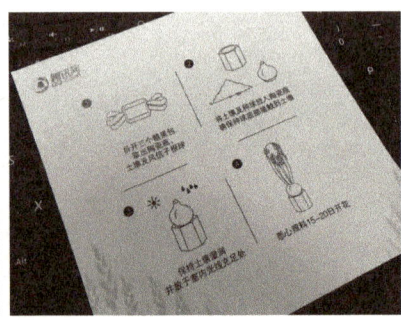

（6）"芒种计划"发布会现场转播。

- 财经、时尚、视觉、体育、生活、新闻、军事、文化、科技、娱乐等领域的优质自媒体针对"芒种计划"生产观点内容并进行分享，共计 147 频次。
- 百度新闻收录 27 频次，已被 6 家新闻类 APP 转载，包括网易新闻、今日头条、一点资讯、搜狐新闻、zaker、新鲜科技。
- 企业号实时推送现场及相关内容 12 篇，补充了详细信息，覆盖全部与会嘉宾。

自媒体人朋友圈现场分享摘要：

"腾讯播下自媒体'芒种'，整个会场过道和外围，都站满了人。"（丁道师）

"腾讯发布'芒种计划'，扶持自媒体原创优质内容生产。"（葛甲）

"腾讯网启动'芒种计划'，推出企鹅媒体平台，自媒体们又多了一个阵地！"（黑马良驹）

"腾讯新媒体'芒种计划'发布，关键词：100%分成、今年2亿元补贴、打通商业通路、原创孵化器。对自媒体人来说，我乐见腾讯发大招~"（李瀛寰）

"腾讯今天发布'芒种计划',向广大媒体/自媒体人开出了100%分成、2亿补贴、打通商业通路、原创孵化器等优厚条件,今日头条等其他平台的小伙伴想必感到压力山大了吧……关于各大手机新闻客户端的横向比较,大家可以参考一下我之前的文章。"(趣味科技)

"腾讯自媒体矩阵的'芒种计划'发布会!我们@口袋育儿 应邀参加。我们也是第一批成员。腾讯拿出2个亿让我们赚啊。今年这是要勤劳致富的节奏啊。"(麦田)

"兹认为,媒体的转型之路,除了在媒介上优化,更应该在内容深度挖掘上有突破,要不然,'内容产品化'又成了一句空谈。"(陈荣根)

"腾讯今日发布'芒种计划',打造媒体共赢生态圈,并给予全年2亿元补贴,将文章页面的全部广告收入,百分百回馈媒体/自媒体人,小伙伴们,还等什么,春天快快笔耕不辍,迎接金秋的丰收吧!"(战台烽)

"今天企鹅的'芒种计划'开发布会了啊,真的是自媒体最好的时代噜。"(鸡翅翅)

此外还有大批自媒体人在会后第一时间完成独立撰文的推送。这些内容均为自媒体作者结合自身对"芒种计划"发布会中最有感的内容切入,文章纷纷被转至包括今日头条、百度百家在内的其他新闻聚合平台中。

(7)企鹅号直通QQ公众号,再次引发分享。

从第三方的角度,撰文《"自媒体们注意了"关于QQ订阅号的通关秘籍全在此》,对在企鹅媒体平台上申请企鹅号即可自动生成QQ公号的福利进行传播。

/ 项目评估 /

在天天快报"芒种计划"系列营销活动中,整体传播精准,锁定内容创业圈（包括个人与机构），圈内覆盖面广（多个领域），覆盖不同层级（媒体金字塔顶部自媒体人、中部自媒体人、新进入自媒体行业者），传播累计送达 1500 万 + 媒体及自媒体行业从业者，长期、有效地实现了圈内实时关注与后期动作。

/ 项目亮点 /

1. 长期有效的深入沟通

从 2015 年 6 月接手此项目伊始，我们便展开了深入的筹备工作。具体表现在：

（1）长期有效的竞品研究工作。

（2）坚持定期举办媒体 / 自媒体人及 "90 后" 的 workshop，从行业角度、受众角度深入地了解、分析与研究，内容创业者需要什么，读者需要什么。

2. 面向 B 级用户的沟通与传播，更需要 "讲好故事"

一个优秀的故事，来源于真实的行业经历。了解行业的从业者，深入挖掘并对他们的遭遇感同身受，是引发传播的共鸣点。因为有长期对内容创作行业的深入了解与逐一沟通，才能够引发每一次传播内容的主动分享与扩散，以及发布会活动的参与 / 覆盖受众对活动内容的主动讨论与关注。

亲历者说： 王文强 北京斐然智合公关顾问有限公司 项目经理

这个项目对于我们每一个项目成员来说都有太多的挑战，我们的定位也绝不仅仅是一个 Agency（代理）这么简单。

"芒种计划" 的意义很重大，意味着腾讯在泛资讯领域第一次向行业展现自己的诚意。如何区隔于竞品呢？关键在于对行业的充分理解与吃透，先要懂得他们，才能给予他们所真实需要的。

在时间上也有挑战，整体传播周期长，"芒种计划"还跨了一个春节。假期预示着会有变数，凝聚受众的关注热度，邀请媒体的难度都在增大。这一度让我们很头疼。

并且To B（对企业）的传播不像社交传播，能做出那么多花里胡哨的创意，更要看逻辑的正确性和节奏的设计。而我们所面对的传播对象又是用内容说话、擅长思考的自媒体从业者们，有诚意很重要，不论是产品还是传播。

好在这是一个值得尊敬的客户，而"芒种计划"这个项目也因此成为我们团队公认的最有收获的项目，没有压力就永远不知道自己的潜力有多大。

案例点评

点评专家： 何春晖 浙江大学传媒与国际文化学院策略传播系副主任

"芒种计划"是腾讯在泛资讯领域的一次创新策划，通过富有创意的传播推广活动，不仅传递了较为清晰的品牌理念，也奠定了腾讯天天快报的品牌调性，在业内有一定的引领性。其传播策划亮点主要有两点：

（1）有的放矢，精准的品牌营销定位。

互联网时代，品牌传播进入了"精准营销"时代，精准定位目标人群和客户群体，是整个品牌营销策略制订最为关键的一步。"芒种计划"诞生在自媒体风起云涌的背景下，既看到了自媒体人巨大的商业潜力，也抓住了自媒体人在转型期的阵痛，提出了"媒体共赢的内容生态圈"这一目标，通过建立一个开放的平台，实现生产内容的规模化，从而进一步刺激内容消费群体的扩大，形成良性循环。

正是这种精准定位，让"芒种计划"在短时间内就实现了圈内实时关注。事实证明，当品牌方向正确之时，品牌传播就成功了一半。

（2）步步为营，精准有效的传播渠道。

"芒种计划"的传播设计环环相扣，步步为营。表现出了腾讯对自媒体传播渠道的精准把控、有效布局及强势引领的执行能力。首先，"芒种计划"通过举办"90后"workshop、与自媒体大V进行一对一深入交流、制作"痛点H5"等方式引爆自媒体圈，这种引发共鸣的病毒式传播为"芒种计划"取得了先声夺人的效果；其次，"芒种计划"结合企鹅号直通QQ公众号等多种传播手段，使打造的"芒种计划"发布会在各大媒体上实现持续曝光，掀起了新闻热度和讨论热度，传达出了腾讯对自媒体积极的姿态，进一步塑造了以天天快报为核心产品的腾讯资讯产品矩阵的行业影响力，提升了天天快报的品牌知名度和产品认知度。

2016最具公众影响力公关活动大奖

开放·分享——2015腾讯全球合作伙伴大会

执行时间：2015年10月22日至24日

企业名称：深圳市腾讯计算机系统有限公司

品牌名称：腾讯

获奖情况：金旗奖——2016最具公众影响力公关活动大奖

/ 项目概述 /

腾讯全球合作伙伴大会已成功举办过四届，是腾讯集团引领的全行业最前沿的盛会。2015腾讯全球合作伙伴大会于10月22日至24日在重庆举办。大会盛邀国内外行业领袖、政府高层、创业精英、主流媒体等，探讨最新的开放战略，打造腾讯开放的口碑，建立腾讯在互联网发展趋势中的引领者地位。

大会历时两天半，涵盖1场主会、12场分论坛、1场国际创业公开课、1场腾讯开放之夜晚宴、1场政府招待晚宴、1场高尔夫球赛，以及200平方米的腾讯及合作伙伴的展示区，单日参会人次达1.4万人次。

北京海天网联公关顾问有限公司作为2015腾讯全球合作伙伴大会的承办方，用一个月的筹备周期完成整体活动的策划创意、嘉宾接待管理、活动执行运营及现场管理等。

/ 项目背景 /

2015腾讯全球合作伙伴大会一如既往地围绕腾讯集团的开放战略，盛邀行业精英和创业者探讨最新的开放战略、开放能力、开放计划、开放政策等，集聚国内外行业领袖、高层政府领导、创业精英群体、主流媒体等，打造腾讯"开放"在开发者与合作伙伴群体的口碑，提升"腾讯开放平台"的行业影响力，借助此次会议建立腾讯在互联网行业中发展趋势的引领者地位。

大会整体执行周期为1个月，包括前期策划及现场执行运营。会议内容涵盖应用、QQ、云计算、硬件、众创孵化器、大学、金融、营销、微信、智慧城市、游戏领域，旨在与全球的科技精英们共同探讨当前与投资和创业相关的所有热门话题。

整体项目策划：

- 包括大会视觉系统创意、整体内容输出、大会环节流程创意、O2O会议体验创意等。
- 嘉宾的注册报名、签到、接送机管理、餐饮住宿管理等。
- 搭建AV（舞台音响灯光），舞美、第三方人员统筹，物料采购及管理，场地管理、现场流程管控及舞台调度等。

/ 项目调研 /

会议的意义：

2015年是腾讯全球合作伙伴大会召开的第五年，大会云集万名国内、国外优秀开发者，并邀请到众多海内外科技行业领军人物到场助阵。共同思考如何拓宽产业边界，延伸新的经济业态，引领整个产业走向开放、包容、无边界化,会议对腾讯乃至整个行业意义重大。

"互联网+"的大会:

通过创新有序的会议安排、通过O2O的互动体验,让来宾深刻感受到2015腾讯全球合作伙伴大会"开放·无界""合作·共赢""分享·交互"等核心关键词,使来宾更进一步了解大会开放的姿态和前瞻性。

异地操作:

由于涉及政府支持,此次会议地点设置在重庆,对于腾讯总部及承运公司海天网联来说前期完全属于非本地操作,大会筹备及运营相关的第三方人力的合理应用及外部资源配置的有效安排至关重要。

多方协作:

项目内容涉及腾讯内部多个事业群及部门、政府部门、当地合作商等多方协作,要求会务组搭建起有效的沟通桥梁并合理规划沟通模式,对项目提出了很大程度的挑战。

周期紧张:

大会从前期概念输出、执行筹备到落地运营,仅一个月左右的周期,并且横跨国庆法定假期,时间的紧张使项目的执行运营有了更高要求的挑战和更高的风险系数。

会议结构繁杂:

大会包括1场主会、12场分论坛、1场国际创业公开课、1场腾讯开放之夜晚宴、1场政府招待晚宴、1场高尔夫球赛、1个200平方米的展示区,同时涉及嘉宾的前期注册报名、现场签到及出席率统计、接送机调配及现场接待,同期主会场与分会场设置密集,所有流程环节紧密相连并环环相扣,对于会务团队人员分工明确和执行人员的综合素质有非常高的要求。

/ 项目策划 /

策划目标：

打造腾讯"开放"在开发者与合作伙伴群体的口碑，提升"腾讯开放平台"的行业影响力，借助此次会议，建立腾讯在互联网行业中发展趋势的引领者地位，将腾讯全球合作伙伴大会打造成行业国际型标准会议规模。

策略：

设置多个主题分会场，多角地度全面解析腾讯在各个领域的开放战略；邀请互联网届教父级思想家展开思想碰撞，带给创业者更多的前沿思考；邀请著名作家及世界顶级教授分享国外成功的创业社群运营经验和各自对于创业、科技发展趋势的思考，世界级大师将会给大会带来全新的视角。设置开放展示区，让来宾体验创新有序的安排及O2O互动。

大会受众：

腾讯各事业群及部门、政府领导、行业学者、科技精英、业界专家、创业者、合作伙伴、媒体等。

传播内容：

2015年是腾讯合作伙伴大会召开的第五年，大会围绕"互联网+开放"的主题，与重庆市政府携手共探产业升级与经济转型的可行途径，思考如何拓宽产业边界，延伸出新的经济业态，从而引领整个产业走向开放、包容、无边界化。延续与重庆市政府在推动互联网产业经济合作方面的良好势头，携手打造"互联网+"虚拟枢纽中心，打破地域界限，连接产业上下游生态。腾讯将与重庆市政府一起以"互联网+"为切入点，扩大重庆"互联网+"产业的全国影响力，以重庆为起点，与合作伙伴再次启航，携手攀登高峰，走向开放未来，进而推动全球进入万物互联，不断促进全国大众创业、万众创新发展的新态势，迎来全球无边界的新经济新业态。

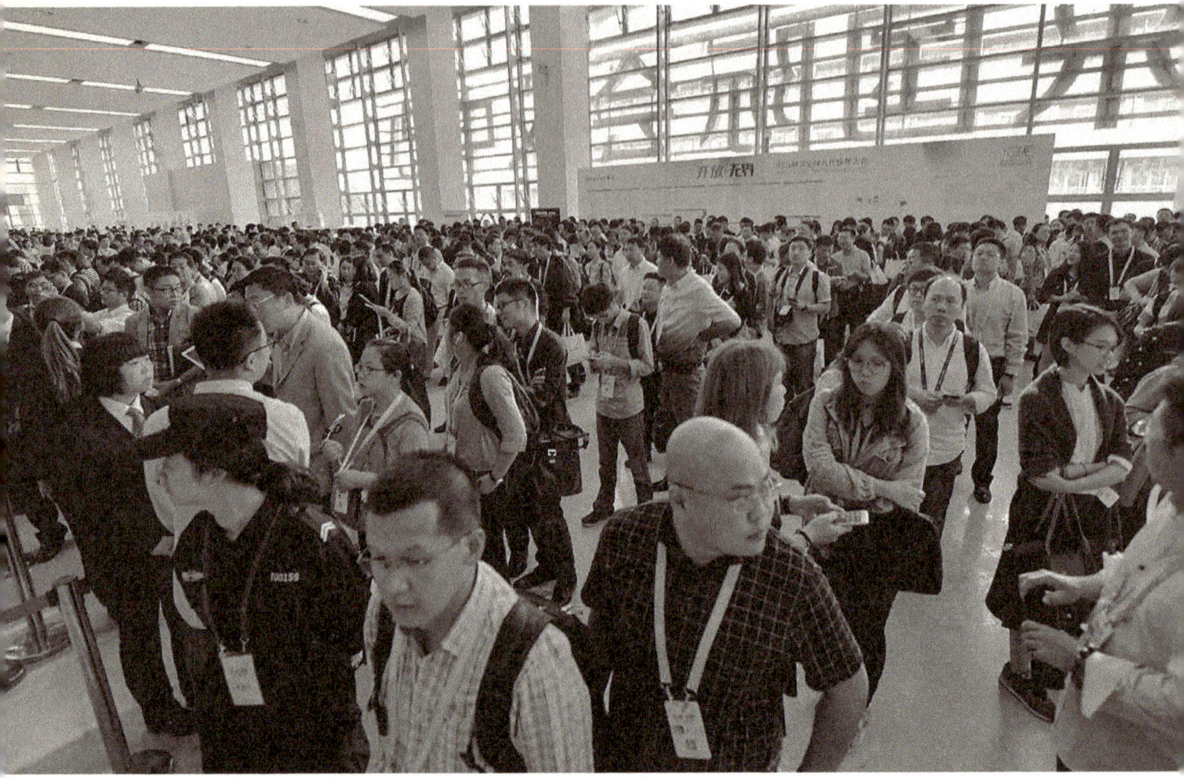

TGPC
2015 TENCENT GLOBAL PARTNER CONFERENCE
腾讯全球合作伙伴大会
2015 腾讯全球合作伙伴大会
开放·无界
2015腾讯全球合作伙伴大会
Tencent腾讯

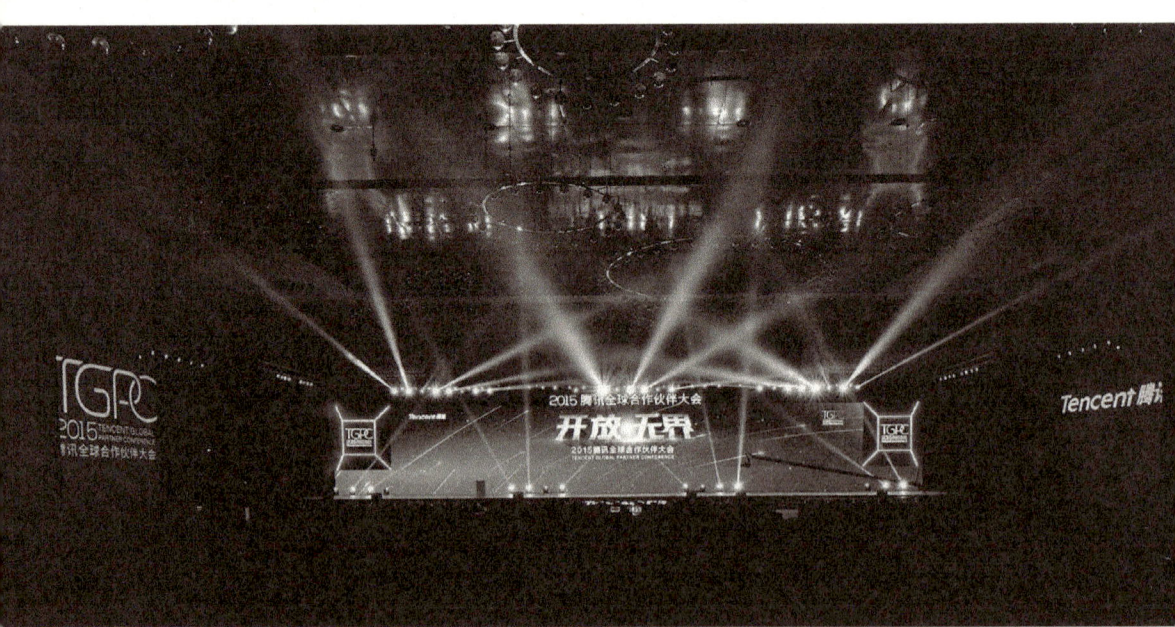

/ 项目执行 /

1. 会议基础保障部分

• 无纸化的注册报名签到系统：通过大会的微信公众账号，可以接入大会的报名注册、大会日程、嘉宾信息、嘉宾车辆等基础功能，同时采用类似机场自助签到 & 二维码闸机刷卡的功能入场，确保上万参会者的入场快捷有序。仅仅通过一部手机，让所有的参会嘉宾体验到 2015 腾讯全球合作伙伴大会这一行业前瞻性的会议移动便捷的特性。

• 多轨并行的会议内容：人员结构上以大项目经理 + 分项项目经理的结构，沟通机制上以统一标配文档 & 个性化规范标准相结合的方式，确保沟通的交叉有序。

• 嘉宾接待：与机场及当地车辆团队建立有效的沟通机制，确保嘉宾接送机排期有序，合理调度机场—重庆 14 家酒店往返、酒店—会场往返、酒店—酒店往返、会场—机场往返等多种交叉线路的车辆；合理安排重庆全城 14 家酒店的入住接待；针对上万嘉宾的集中午餐需求，通过合理规划路线和分区，确保 VIP 嘉宾、媒体、创业者及合作伙伴有序用餐，并以微信支付与当地餐饮相互接入的方式，让来宾感受到 O2O 的用餐体验，从细节上体现出腾讯全球合作伙伴大会的特色。

2. 具备自传播力效果

能量系统：以能量值这一虚拟元素为介质，在微信公众账号上构建嘉宾 O2O 体验系统——能量系统，通过线上线下设置不同的互动体验（如能量球、共享可乐机、拳击 & 拉力赛、转发分享等），促进嘉宾在会议之余，通过娱乐的方式，感受到腾讯全球合作伙伴大会"合作、交互、分享、坚持"的核心内涵。

创意景观设计：因地制宜利用酒店毗邻嘉陵江的独特位置，紧扣"开放无界"的主题，利用灯光特效，不仅将酒店喷泉打造成"开放之夜"的晚宴场所，更是在荒僻郊区为重要嘉宾打造出一个绚丽的夜间景观，成为黑夜中的嘉陵江边的一抹亮彩。

3. 开放更多可能性

将2015腾讯全球合作伙伴大会打造成一场软硬件智能互动服务大会。

/ 项目评估 /

2015腾讯全球合作伙伴大会历时两天半，共18场活动、20个展台、200位重磅演讲嘉宾，吸引300家主流媒体、2万人次参会，50万人在线观看，全网54万+的传播覆盖面，又一次创造了年度行业盛会。

2015腾讯全球合作伙伴大会从各个层面完成了会议的预期：

（1）品牌层面：腾讯开放平台迎来第5年，以深度、广度、黏度夯实了腾讯开放平台在行业中的影响力。

（2）行业层面：以腾讯开放平台为核心，建立了多方沟通交流平台，实现了创业者、政府等多方沟通机制，引领了行业风向。

（3）市场层面：加速了"互联网+"落地，加快了众创空间与区域政府的合作，以"互联网+"为基础，助力中国实现弯道超车。

（4）流程层面：流程紧凑且顺利进行，2天1场主论坛，12场分会，2场晚宴，1场国际公开课，1个展区，1处独特景观，环环相扣，紧密相连。

（5）会务层面：在筹备阶段，嘉宾前期注册邀请管理、场地沟通协调、政府事务配合沟通与协调均成功完成。在活动现场，现场嘉宾管理、VIP及嘉宾接待管理有序安全地进行，保障了会议进程的高质量。

/ 项目亮点 /

（1）结合特殊景观，打造空前胜景，以开放之夜晚宴为基础，造就了一场美轮美奂的"开放"美景。以特殊的灯光布置形式,打造了一处标志性景观,增强了嘉宾互动及后续的自传播。

(2)短短2天时间内,各主分会场累计接待人数26 000人次。

(3)以O2O的形式,打造会议餐饮体验系统,大大增加了与会者的体验形式,将会议与娱乐形式相结合,加强了"互联网+"模式的落地体验。

(4)结合"互联网+"模式,打造无纸化会议系统,加强线上体验机制,保证嘉宾在"互联网+"背景下,极致地感受领先的思维、智慧及体验。

亲历者说: 吴静 北京海天网联营销策划股份有限公司 客户总监

2015年是"互联网+"的元年,也是腾讯开放平台诞生的第五年。作为中国最大的创业平台,腾讯至今已聚集了数百万创业者。腾讯开放平台已进化到众创生态,而众创生态是一个三维、四维、甚至多维立体的空间。

2015腾讯全球合作伙伴大会,1个主论坛,1场国际公开课,12场分会,1处创意景观,2场晚宴,5000平方米展区,1次不同以往的会议体验,26 000人的传奇之旅,60人33天792小时的日夜工作……这不仅仅是创业者追梦续传的故事,更是所有参与者谱写的一篇华丽的乐章。我们不知道克服了多少阻碍和艰辛,只记得汗水中的泪水,只记得那最后一夜的欣慰,全程戒备,只为这几十个小时。33天筹备几万人次的传奇之旅,照片定格的时间喜极而泣。这是一次充满故事、充满挑战的旅程,回顾短短几天时间,"互联网+"、O2O、无纸化签到、15场发布会、无数次签约……一切不言而喻。关于经验收获,概括来讲有以下两点:

(1)因地制宜,取景用景,将自然景观或人文景观作为会议或其他类似项目中的参考元素,便于承载会议内容及进行后续自传播。

(2)加强与举办地政府部分的深入沟通及协作,在推动"互联网+"模式落地的同时,全面推进项目细节的落地,保证顺时顺势地推进"互联网+"。

案例点评

点评专家：李雪峰　内蒙古财经大学公共管理学院副院长，教授

"开放·分享——2015 腾讯全球合作伙伴大会"的亮点：

（1）这是一场大型公关活动事件。活动历时 1 个月，包括 1 场主会、12 场分论坛、1 场国际创业公开课、1 场腾讯开放之夜晚宴、1 场政府招待晚宴、1 场高尔夫球赛，以及一个 200 平方米的腾讯及合作伙伴的展示区，所有上述内容的前期策划及现场执行运营。会议内容涵盖应用、QQ、云计算、硬件、众创孵化器、大学、金融、营销、微信、智慧城市、游戏领域，全球的科技精英们不仅探讨了当前与投资和创业相关的所有热门话题，同时围绕腾讯集团的开放战略，提升了"腾讯开放平台"的行业影响力，确立了腾讯在互联网行业中发展趋势的引领者地位。

（2）热度高。此次活动现场会议历时两天半，有 18 场活动、20 个展台、200 位重磅演讲嘉宾，吸引了 300 家主流媒体的关注与广泛兴趣。

（3）此次活动有 2 万人次参会，50 万人在线观看，全网 54 万+的传播覆盖面，吸引了相关公众对于品牌、产品的关注，进一步增强了腾讯的美誉度。

（4）自传播。此次活动因地制宜，取景用景，用自然景观承载会议内容进行后续自传播。

中粮福临门黄金产地玉米油奥运营销

执行时间：2016年7月25日至8月29日
企业名称：中粮食品营销有限公司
品牌名称：中粮福临门黄金产地玉米油
获奖情况：金旗奖——2016最具公众影响力公关活动大奖

/ 项目概述 /

2016年是奥运年，作为中国体育代表团官方供应商，中粮福临门需突出官方身份，提升品牌美誉度和影响力。联科公关通过"品牌＋产品＋美食＋运动"的营销闭环为福临门打响"黄金品质 奥运信赖"的营销主题。

8月5日，举办线下发布会，中粮福临门、中国粮油学会粮油营养分会、云海肴餐饮机构、移动平台豆果美食等机构共同组成"黄金品质联盟"，发布"福临门奥运黄金菜谱"；8月6日，"运动换美食"H5活动上线，吸引25万余人参与活动；8月18日，中粮福临门黄金产地玉米油亮相里约中国之家，获得新华社、人民日报等权威媒体大幅版面报道，并在CCTV5体育新闻中进行产品露出。

/项目背景/

2016年是奥运年，作为中国体育代表团官方供应商，中粮福临门突出官方身份。

同时，福临门联合社会各界机构成立"黄金品质联盟"，欲打造福临门品牌在营养健康领域的专业、权威的形象。

自1984年洛杉矶奥运会引入商业赞助，开启"奥运经济"时代以来，如何借势奥运树立品牌形象、提升品牌知名度与美誉度，是联科与福临门都要思考的问题。

/项目调研/

- 中粮集团早在2012年就已成为中国奥委会合作伙伴，2016年里约奥运会，福临门作为中国体育代表团供应商，拥有不可撼动的"正牌"地位。
- 中国粮油学会粮油营养分会、云海肴餐饮系统、豆果美食、百度外卖等权威机构成为福临门"黄金品质联盟"首批成员，愿意为福临门做品牌背书。
- 微信已经成为人们日常社交生活中不可缺少的工具。同时，H5游戏发展迅速，好玩、好看且有礼品赠送的H5深受大众喜爱。
- 活动场所选在里约奥运会运动员与华人的聚集场所——里约之家，对品牌知名度提升非常有好处。

/项目策划/

传播目标
- 凭借福临门全产业链打造的安全品质，黄金产地玉米油自身的健康定位，突出福临门黄金产地玉米油奥运战略合作伙伴身份，传递正能量，提升品牌美誉度和影响力，打造品牌权威形象。

- 通过介绍黄金产地玉米油产品特性，辅以情感渲染，走亲民路线，经营忠诚消费人群。
- 线上线下整合营销，并使活动落地到福临门销售点，带动福临门玉米油整体销量的提升。

传播策略：

"品牌+产品+美食+运动"营销闭环。

品牌：中粮福临门联合中国粮油学会粮油营养分会、玉米深加工国家工程研究中心、中粮营养健康研究院，以及云海肴餐饮系统、移动平台豆果美食等机构共同成立"黄金品质联盟"，打造福临门品牌在营养健康领域的专业、权威的形象。

美食：发布"福临门奥运黄金菜谱"，走亲民路线，让奥运营养美食走进寻常百姓餐桌。

运动：借势8月8日全民健身日，推出"运动换美食"H5，吸引网民参与活动，提升品牌知名度。

产品：通过福临门黄金产地玉米油亮相里约，由CCTV、人民日报、新华社等多家权威媒体的报道，将福临门产品带到全世界。

目标受众：

关注健康的广大终端消费者。

传播内容：

（1）品牌阶段。

- 线下活动：8月5日，中粮福临门联合业界权威机构和企业，于天津中粮佳悦体验馆成立福临门"黄金品质联盟"，召开"黄金品质 奥运信赖"黄金品质联盟发布会暨佳悦体验馆开馆仪式。
- 微博活动：发布会前期，通过中粮福临门官方微博发布"黄金品质 奥运信赖"微博招募活动，征集消费者与业内外知名媒体前去参会，扩大了活动知名度。

- 内容宣传：发布会结束后，通过传统媒体与新媒体结合的方式，尤其通过 BTV 财经频道，从品牌、产品、消费者等角度全方位宣传"黄金品质联盟"。

（2）美食阶段。

- 线下部分：8月5日，"黄金品质联盟"发布"福临门奥运黄金菜谱"，云海肴、百度外卖同步上线。

- 微信互动：生成"福临门奥运黄金菜谱"H5，撰写"惊呆！看奥运这么久，我居然不知道……"微信图文稿件，获得 15 家微信 KOL 推广。

- 其他平台合作：豆果美食开机闪屏、首页 Banner（横幅广告）和百度外卖首页 Banner 同步推广。

（3）运动阶段。

- 微信互动 H5："运动换美食"参与消费者可以通过上传微信运动数据，换取云海肴"福临门奥运黄金餐"优惠券。

- 微信 KOL 推广："全民健身日 里约奥运求生秘籍" 19 个微信 KOL 推广。

（4）产品阶段。

- 福临门产品亮相里约，CCTV、人民日报、新华社等权威媒体大版面报道。

- 微信 KOL 推广：撰写"福临门邀你同'油'里约，探秘'中国之家'"

微信图文，3个KOL进行推广。

（5）持续期。

• 案例包装：撰写新闻稿件对案例进行回顾与包装，由广告门、人民日报海外版进行发布。

媒体策略：

• 成立"黄金品质联盟"阶段，使用传统媒体为主要传播平台，BTV财经、中国食品安全报、人民网等权威媒体发声，为产品背书，增强消费者信心。

• 发布"福临门奥运黄金菜谱"和"运动换美食"H5时，使用新媒体平台进行推广，选取了美食、健康、资讯等不同类型的KOL进行推广，扩大传播声量，深度与消费者合作，提升品牌知名度与美誉度。

• 黄金产地玉米油亮相里约之家阶段，使用传统媒体与新媒体相结合的方式，在传统网络媒体、纸媒上发布新闻稿件，在微信KOL上发布微信图文。

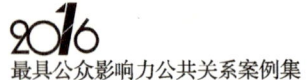

/ 项目执行 /

实施细节：

（1）品牌阶段。

传统媒体："黄金品质联盟成立暨中粮佳悦体验馆成立"新闻稿件共收录335条新闻链接，传播效果良好。

新媒体：映客平台直播发布会全程，近15 000人次观看直播。

（2）美食阶段。

传统媒体："黄金菜谱打造奥运营养"新闻稿件共收录新闻链接80余条，其中包括搜狐美食、中国健康网等业内外知名媒体。

新媒体："惊呆！看奥运这么久，我居然不知道……"微信图文获得15家微信KOL推广，总阅读量达到21万；豆果美食、百度外卖首页Banner与开机闪屏同步推广宣传。

（3）运动阶段。

新媒体："全民健身日 里约奥运求生秘籍"微信图文获得19家微信KOL推广，共获得25万+点击量，其中"美食工坊"微信推广效果最佳，达到10万+阅读量。

H5数据：活动结束统计，H5共获得25万+人参与活动，发出1000份百度优惠券与10 000份天猫优惠券，活动效果极佳。

（4）产品亮相里约阶段。

传统媒体：31家媒体进行传播，其中包括人民日报、新华社、广州日报等权威媒体。CCTV5晚间体育新闻，福临门品牌露出。

新媒体：撰写"福临门邀你同'油'里约，探秘'中国之家'"微信图文，获得3家微信KOL推广，总阅读量达到7万+。

/ 项目评估 /

效果综述：福临门黄金产地玉米油经过此次奥运营销，作为奥运级美食的品牌认知度迅速提升，成为 2016 年中粮福临门主推产品之一。

受众反应：1.5 万人次观看"黄金品质联盟"发布会映客直播，39 家微信 KOL 推广，总阅读量超过 100 万，单篇阅读量最高达 10 万 +。

市场反应：福临门黄金产地玉米油销量提升。

媒体统计：与 80 家网络媒体、39 家微信 KOL、9 家 APP 合作发稿，如吃货一族、舌尖上的美食、微聚焦、美食工坊等微信公号。

/ 项目亮点 /

1. 专业机构 + 移动平台打造品牌权威形象

奥运开幕前夕，福临门联合业界权威机构和企业成立福临门"黄金品质联盟"，打造福临门在营养健康领域的专业、权威的形象。

2. 产品特性 + 情绪渲染经营忠诚消费群

面对广大消费群体，福临门继续走亲民路线，让奥运营养美食走上寻常百姓餐桌。"福临门奥运黄金菜谱"汲取奥运五环颜色，象征着奥运五环，对应不同营养元素，得到了民众广泛认可。

3. 互动游戏 + 口碑热点让传播发酵

借助"运动换美食"H5 与网友互动，除此之外福临门还制作了系列热点海报，共同提升品牌知名度与美誉度。

4. 产品亮相里约，奠定品牌国际影响力

福临门亮相里约中国之家，对此 CCTV、人民日报、新华社等多家权威媒体进行了报道。

亲历者说： 韦如妍　中青旅联科（北京）公关顾问有限公司　高级客户主任

中粮福临门奥运营销项目历时1个月，从"黄金品质联盟"成立开始，针对健康问题，宣传福临门奥运级营养主题，开展互动活动，利用传统媒体与新媒体结合的形式进行有节奏的推广。

媒体选择上：选择美食、健康、资讯、热点等账号，与产品要宣传的点相匹配，针对关注健康人群。

内容发布上：借助时下年轻人喜爱的内容表达套路，运用创意海报、H5游戏等形式吸引受众。

在奥运期间，通过产品亮相里约事件，权威传统媒体与新媒体相结合发声，扩大品牌知名度。

案例点评

点评专家：陈小桃　　海南大学政治与公共管理学院公共关系学系主任，教授

即使是在新媒体不断创新发展的今天，借势传播仍然是公共关系策划最为重要、也最为有效的传播策略，更何况借的是全球性的体育盛事奥运会。中粮福临门作为中国体育代表团官方供应商，更不能错过借奥运突出品牌这一良机。此次借里约奥运这一热点事件策划的大型公共关系活动，通过一系列线上线下活动为福临门打响了"黄金品质 奥运信赖"的营销主题，突出了品牌奥运官方身份，从而引发媒体的广泛关注，成功吸引新华社、人民日报等权威媒体对品牌进行大幅版面报道。

案例采取的"品牌+产品+美食+运动"营销闭环传播策略，很好地将品牌特性、借势平台、目标公众兴趣相结合。健康理念、美好的食物、体育盛事、公认品牌，营销闭环中品牌的关联性与独特性无不借助里约奥运这一超级舞台得以呈现和传播。

除此之外，案例中微信运动、创意海报、H5游戏等新媒体传播方式与新闻发布会、联盟背书等传统传播方式的完美结合，在扩大品牌知名度、赢得公众信任上发挥了重要作用。

由此也给我们以启示：即使在新媒体不断勃发的今天，权威传统媒体仍然有其存在的价值，在大型公共关系活动中，策划者们应该根据传播的需要来选择，而不是一刀切地摈弃传统媒体而只选择新媒体。

2016最具公众影响力内容营销大奖

"不忘初心，方得永恒"
——I Do 纪念日系列整合营销传播

执行时间：2015 年 12 月 7 日至 2016 年 1 月 14 日

企业名称：恒信钻石机构

品牌名称：I Do

获奖情况：金旗奖——2016 最具公众影响力内容营销大奖

/ 项目概述 /

　　近年来，我国的离婚率连年上升，已成为备受关注的社会问题。基于广泛的市场洞察，I Do 发现婚后情感表达的缺失，是中国婚姻频亮红灯的症结所在。如何让 I Do 不仅仅是婚礼时刻的一句誓言，而成为用一生来兑现的承诺？I Do 希望通过一场营销战役，传达"不忘初心，方得永恒"的正能量婚姻价值观。首先，I Do 邀请社会学者共同发起"结婚证 7 年有效期"争议性话题。随后，征集千对夫妻红底照，并同天刊登于 4 大报纸整版头条。在社会对婚姻情感问题空前热议的舆论背景下，"纪念日"系列正式上市，并配合 3 部 TVC（电视摄像机拍摄的广告片）推出。最后，I Do 所属恒信钻石机构推出"结婚纪念日 7 天假"，践行情感宣言。本次传播中的情感观点一直被社会公众讨论至今，"纪念日"系列产品已成为婚后情感表达的重要载体。

/ 项目背景 /

1. 市场洞察

消费者婚后情感状态调查显示离婚率逐步升高，婚后人群对于婚姻满意度和未婚人群对于婚姻的憧憬度都很低。

2015 年民政部发布《2014 年社会服务发展统计公报》，2014 年全国共依法办理离婚登记 363.7 万对，离婚率已连续 12 年增长。

中国婚姻家庭研究会与珍爱网联合发布《2015 年中国幸福婚姻家庭调查报告》，报告显示：

- 对于婚姻满意度，女性平均得分低于男性。
- 七年之痒是婚姻情感得分最低谷；结婚十年内，结婚年限与婚姻情感得分成反比。
- 年龄与婚姻情感得分成反比；随着时间的流逝，夫妻关系淡化和生活压力增大或成得分下降主因。

2. 策略性洞察

- 婚后情感建设理念缺失：用于承载婚后情感的钻饰市场处于空白状态，社会对于纪念日仪式感的认知度和重视度极低。同时，婚后夫妻双方对情感表达（特别是纪念日及其他重要节日）的心理期待相距甚远。
- 珠宝行业整体销售额下滑，品类同质化严重：过去几年，受整体经济环境不景气的影响，全球珠宝行业销售额遭遇连年下滑。在中国，特别是一线城市，购房、交通等生活刚需成本的上升对文化基础薄弱的珠宝行业带来极大冲击。
- 纪念日礼品市场珠宝品类空白：I Do 作为主打婚戒细分市场的珠宝品牌，不但面临大环境的挑战，也面临几乎所有珠宝品牌都拥有婚戒产品线的行业竞争现状。

/ 项目调研 /

基于I Do在全国500余家门店开展的市场调查，我们发现：

• 目标群体对结婚纪念日情感表达的心理预期有明显差异。65%的男性受访者甚至不记得结婚纪念日的准确日期（其中45%的男性认为结婚纪念日仪式感不重要），而70%的女性受访者对结婚纪念日惊喜有很高的心理期待。

• 目标群体对结婚纪念日礼品类别认知非常传统。大部分受访者对结婚纪念日礼品的概念还停留在晚餐、电影、玫瑰花等传统礼品类别的选择上。

• 目标群体中，纪念日礼品的购买主导方近七成为女性。女性受众相较男性受众更重视情感表达，同时也期待相同的回应。这类女性具有较高的教育程度，对生活品质有追求，拥有稳定的物质基础，能接受并认可西方文化。

/ 项目策划 /

传播策略：

将I Do真爱永恒的品牌价值主张与已婚受众的情感需求紧密结合，配合中国婚姻生活现状及国民婚姻情感幸福指数背景，围绕如何在婚姻中践行誓言、经营幸福的主题，将品牌传播升级，从而获得全民关注、热议、反思、感动与启示。

第一阶段：关注、热议、反思。内容层面，抛出极具争议性的社会话题，引发全民关注与讨论，奠定消费者情感共鸣基础。创意层面，以"千人结婚证红底照"事件，唤醒大众感知，引发全民对"婚姻初心"的关注热议及对"婚姻现状"的反思。

第二阶段：感动。在网络上对婚姻话题空前热议之时，I Do品牌接盘推出纪念日系列新品，构建与婚后纪念日市场的情感关联。

第三阶段：启示。引领行动，烙印"情感"标签，升华品牌责任。I Do 所属恒信钻石机构推出"结婚纪念日 7 天假"企业福利假期，呼吁受众及全社会关注婚后情感经营，践行婚姻初心的承诺。

媒体策略：

以社会化媒体为主，将传统媒体作为二次传播渠道，并通过电视、广播等媒体进行整合传播。

• 第一阶段：开放平台，聚焦升级社会舆论。

基于社交媒体社会化开放平台的特点，"结婚证 7 年有效期"争议性话题在微博平台首发。借势各领域 KOL 社交媒体强大的传播力，使话题迅速发酵和扩展。此外，话题还被热门网络综艺节目《奇葩说》主动选取为决赛辩论题目，印证了话题的争议性及社会意义。

面对舆论关于婚姻制度的热议，以及大众对于婚姻与爱情的深思，I Do 品牌趁势接盘，利用结婚红底照从品牌角度回应论战，品牌情感获得正能量发声。结婚红底照选择 4 大权威纸媒（《新民晚报》《华夏时报》《新京报》《新闻晨报》）刊登，所选纸媒受众与纪念日系列珠宝产品受众高度契合，在对婚后人群形成有效触达的同时，提高了婚姻情感话题的社会价值。

• 第二阶段：全平台传播与投放，实现品牌情感理念的产品落地。

TVC 户外媒体投放优选影院贴片、机场广告、楼宇视频、地铁包车与长廊广告等渠道，覆盖全国范围内品牌重点城市，实现最大声量的传播与推广，同时配合社交平台上创意 H5 的即时传播，助力产品落地。

• 第三阶段：国内外 360° 媒体发声，凝聚社会舆论。

I Do 所属恒信钻石机构推出"结婚纪念日 7 天假"企业福利假期，采用 360° 媒体整合传播，在传统媒体、社交媒体之外，更利用"飞鱼秀"广播节目和"飞碟说"等线上综艺节目形式，多维度、多圈层传播触达受众人群。同时，引发国际社会对于中国国民幸福度及中国企业人文关怀的关注，国际媒体发声为品牌价值观背书，反哺国内媒体的二次传播。

/ 项目执行 /

创意主题：不忘初心，方得永恒

（1）核心事件创意。

• 结婚证7年有效期：如果感情会"变质"，我们是否要给结婚证加个有效期？

• 千对夫妻红底照大事件：或许不是每对夫妻都有一场完美的婚礼，但每对夫妻都一定有一张红底照作为见证。

• "结婚纪念日7天假"企业福利假期：如何表达对爱人的爱？婚后的我们是否欠彼此一个假期？

（2）制造话题，打造舆论焦点。

"结婚证7年有效期"引爆社会论战，品牌征集结婚红底照表达"不忘初心，方得永恒"。

时间：2015年12月7日至20日

平台：传统媒体+社交媒体

内容：

• 基于社交网络传播特性，利用社会学者的权威性，提出"结婚证7年有效期"争议性社会话题。话题迅速集结不同社会维度的意见领袖发表观点、分队论战，KOL与媒体持续转发和评论使话题形成全网扩散。

• 线上线下多媒体跨平台自发转载跟评，网友持续大量参与讨论，引发全民对于婚姻问题的集体探讨与反思。

• 借势"结婚证7年有效期"社会舆论，表达品牌情感主张"不忘初心，方得永恒"，线上征集千对夫妻结婚红底照，打造千对夫妻红底照大事件。

• 线上"你被红底照刷屏了吗"话题引发网友参与互动，晒出结婚红底照，回忆婚礼时刻幸福瞬间。

• 线下全国发行量最大的4大平面媒体，同天刊登整版头条创意广告，成为当日全国性新闻焦点。

（3）新品上市，实现情感理念产品落地。

"纪念日"系列借势舆论声量重磅上市。

时间：2015年12月20日至31日

平台：传统媒体+社交媒体

内容：

• 借势明星影响力，以25对明星夫妻的婚姻爱情故事为依托，打造创意H5，引爆微信朋友圈分享传播，实现从品牌正能量情感理念到产品落地环节。

• 伴随社会对于结婚纪念日话题的热切关注与空前讨论，3支"纪念日"系列主题TVC借势重磅推出。TVC以普通人的真实婚姻故事为创作原点，分别从年少时期的为爱承诺、中年时期的不忘初心、守护家庭的牺牲付出3个故事层面，诠释纪念日系列产品主题。

• 传统媒体产品专题、奖项为产品背书，解读产品工艺及设计灵感，助力新品上市。

（4）企业践行，深化情感主张。

"结婚纪念日7天假"企业福利假期推出，赢得国内外媒体赞誉。

时间：2016年1月4日至20日

平台：传统媒体+社交媒体

内容：

• I Do所属恒信钻石机构借势推出"结婚纪念日7天假"企业内部福利假期政策，成为第一家践行并鼓励员工关注婚后情感表达的中国企业。"泄露"自企业内部的邮件，利用网民"酸葡萄心理"，引发全网热议。

• 中国媒体（电视、广播、视频、平面网络等）自发报道，引发社会媒体话题事件传播。

• 海外媒体深度社评，以"中国企业人文关怀的进步""对中国国民幸福感的新认知"为话题自发报道中国结婚纪念日假期事件，称赞中国企业为国际社会带来惊喜。

/ 项目评估 /

1. 销售业绩

I Do 突破奢侈品行业传统营销方式，首次尝试大范围采用社会化媒体进行传播，成功提升品牌印象。在奢侈品行业遭遇整体下滑的大背景下，成功实现产品销售的逆势增长。

2. 营销传播效果

- I Do 品牌官方微信账号在传播周期内粉丝数增长 16%，超过预期目标。
- 在传播周期内，由 I Do 主导的事件话题 2 次登上新浪微博话题排行榜总榜 TOP 3，并登顶社会榜榜首。
- 微博相关话题累计阅读量破 10 亿，累计讨论量破 12 万。
- 赢得 250+ 海外媒体报道，覆盖全美地区，称赞中国企业为国际社会带来惊喜，强化国际背书。
- 微信文章总阅读量超 260 万，其中阅读量 10 万 + 文章占比 42%。
- 《飞碟头条》视频播报上线两周浏览总量超 130 万。
- 2015 年 12 月到 2016 年 1 月期间，百度指数 I Do & I Do 钻戒搜索量在项目第三阶段"结婚纪念日 7 天假"达到峰值，增长率高达 6 倍。
- 在项目传播过程中使用的自媒体：@鲁国平先生、@马佳佳、@休闲璐、@陆琪、@苏岑，晓玲有话说、娱乐圈头条、娱乐圈扒姐等。

3. 消费者反馈及社会影响力

- 千对夫妻参与上传结婚红底照，以真实情感故事响应品牌情感主张，实现大范围口碑传播。
- 话题"结婚证有效期 7 年"被《奇葩说》主动选取作为第二场决赛题目"七年婚姻有效期该不该支持"，再度引爆社会对婚姻话题的关注，引发全网热议。
- "结婚纪念日 7 天假"福利推出，赢得 100% 企业员工点赞，近 4 万消

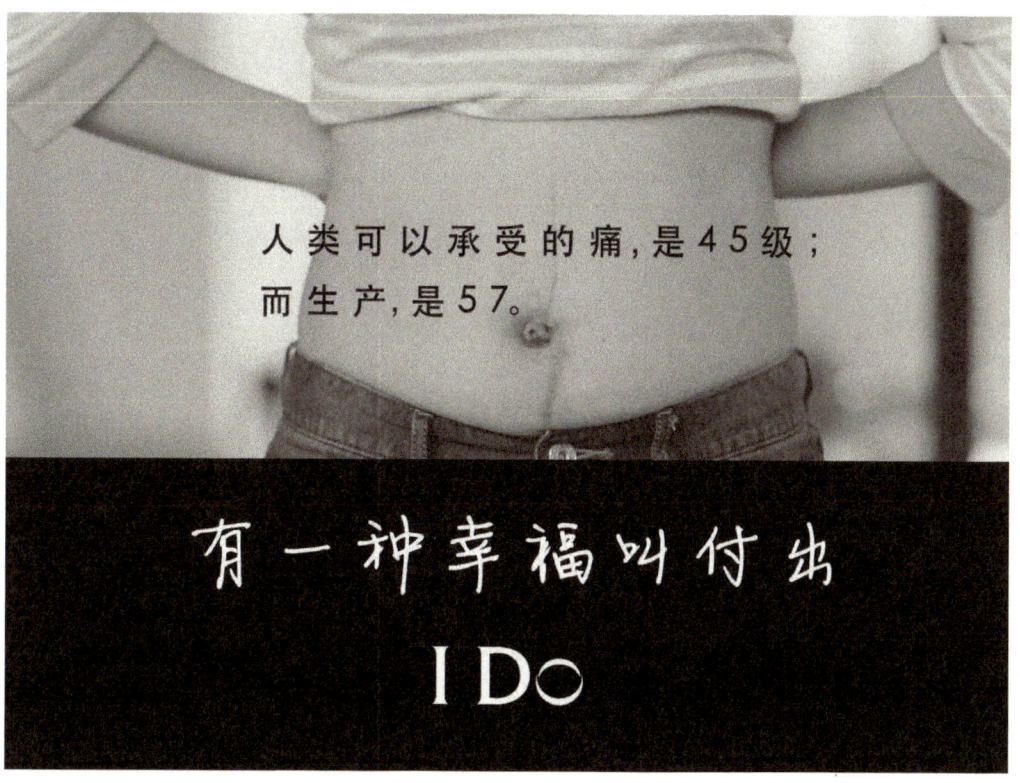

费者呼吁"婚纪假"广泛推行,开始关注婚后情感建设,支持以行动践行婚姻承诺。

/ 项目亮点 /

打破奢侈品行业新品发布传统形式,打造现象级线上新品发布新玩法

对于奢侈品(特别是珠宝品类)来说,新品或新系列的发布往往会选择采用传统发布会的线下形式。I Do 此次发布全新"纪念日"系列新品,颠覆行业传统形式,以创意内容营销为核心,采用线上发布的形式。

同时,不同于传统新品发布侧重传递产品设计灵感的营销概念,该系列的

发布关注中国夫妻婚后情感建设缺失的社会性话题,并通过一系列整合营销传播战役,让"纪念日"系列产品深入人心的同时,更传递出品牌"不忘初心,方得永恒"的情感理念,助力品牌情感理念的升级。

亲历者说: 刘冉 恒信钻石机构 品牌公关中心 总经理

本次传播不仅仅是品牌行为,也针对当下婚姻情感建设问题,欲唤醒民众对于婚姻情感建设的关注,倡导正向的婚姻价值观。

I Do 十年之际,品牌如何进一步提升并布局下一个十年,是品牌升级的内部需求。基于对中国社会婚姻情感问题的洞察,尚属于空白的婚后纪念珠宝市场成为 I Do 的升级目标。我们希望通过这场营销战役,传达正能量婚姻价值观，唤醒人们关注婚后情感建设，同步新品推广，实现品牌情感升级。

时至今日，关于婚姻与情感的社会反思仍在继续，I Do 也很高兴地看到，越来越多的夫妻开始关注并重视婚后情感的建设，并愿意通过 I Do 再一次对家人表达爱意。

希望有一天，即使消费者与我们不产生物质利益关系，I Do 的存在依然能让大众产生对爱情的美好向往和信念，这就是 I Do 的品牌大理想。

案例点评

点评专家： 吴志远　华中师范大学传播系主任

"不忘初心，方得永恒"——I Do 纪念日系列整合营销传播项目能够获得众多评委的青睐，并在实际的运作中取得良好效果，并非偶然。该项目的公共策划，在主题和相关题材的选取上比较到位，直指目标消费群高度关注的社会痛点：婚姻模式的失范，离婚率走高，没离婚的很多夫妻也问题重重，极大影响着家庭的幸福感。该策划精准地把握住了这个严峻的社会问题，由此起步，话题本身容易引起社会共鸣，实现低成本高覆盖的传播。在寻找合适的热点话题方面，公关团队做得相当不错。

该策略的挑战在于，如何将消费者对社会热点的关注，转变成为对品牌的认知？继而，增加对品牌的好感度，最终变成对品牌的消费行为。

一般来说，此类策划多在传递企业的文化，让消费者将特定的情感诉求与品牌联系在一起，而并非追逐一时的销售业绩。这种营销手法，多为全球奢侈品牌所用。此类公关策略，需要品牌能够持之以恒地推出体现品牌文化的公关策划活动，包括各类营销、品牌广告（平面或者视频）等，来实现深度传播。并且，这种多维公关策划的自身，也应该成为经典，才能让消费者内心产生真正的化学反应。

I Do 的第一步做得不错，能够引发目标人群的关注。后续的活动也卓有成效，较好地实现了 I Do 在婚姻细分市场，也就是婚后情感表达市场的品牌形象展示。

但是，珠宝产品毕竟不同于普通消费，同时受到消费者的理性诉求和感性诉求的双重影响。理性则是在产品自身的设计、品味、品质上，感性则需要坚持不懈地用震撼人心的品牌故事来打动消费者。I Do 要真正成为"婚后情感表达的重要载体"还任重道远。需要克服的，不仅仅是企业理念传播的策略和技巧，还有人性本身的障碍。

玩具"反"斗城中国第 100 家店开业传播项目

执行时间：2016 年 1 月至 2 月

企业名称：玩具"反"斗城

品牌名称：玩具"反"斗城

获奖情况：金旗奖——2016 最具公众影响力内容营销大奖

/ 项目概述 /

全球领先的专业玩具和婴儿用品零售商——玩具"反"斗城，计划于 2016 年，即进入中国市场十年之际，在北京开设其在中国的第 100 家门店。中国作为玩具"反"斗城全球扩张计划中最重要的市场之一，其第 100 家门店的开业是一个里程碑式的成就。在社交媒体急速发展的时代，联科公关为客户打造了一档有趣、有料、有惊喜的"玩具大暴走 全民共追捕"互动社交盛宴，通过打造真实有趣的玩具暴走故事和"H5 游戏 + 百万会员粉丝 + 世界级超级玩具 IP"让玩具迷的梦想变为现实，不仅得到围观网友的热捧关注，更将开业庆典的信息广而告之，同时进一步联动目标消费者，以"乐趣横生"的体验激发与消费者的共鸣。

/ 项目背景 /

全球领先的专业玩具和婴儿用品零售商——玩具"反"斗城,计划于2016年,即进入中国市场十年之际,在北京开设其在中国的第100家门店。客户希望通过社交媒体的传播为第100家店开业造势,将开业庆典的信息广而告之,并进一步联动目标消费者,以"乐趣横生"的体验激发与消费者的共鸣,提高玩具"反"斗城品牌知名度、美誉度。

/ 项目调研 /

玩具"反"斗城官方微信集聚百万品牌会员粉丝,可作为官方信息发布、扩散的主源地。可调动多家知名玩具生产商:乐高、孩之宝等旗下玩偶(包括变形金刚、奥特曼、小黄人、芭比、托马斯、乐迪等)一起参与传播活动,共同打造玩具暴走事件。

/ 项目策划 /

策划目标:
将玩具"反"斗城第100家店开业的信息广而告之,更促进玩具"反"斗城"会玩""有趣""欢乐"的品牌内涵深入人心。

传播受众:
0~6岁儿童的父母,同时扩展至泛大众。

传播内容:
打造"真实"玩具暴走事件,线下通过"知名玩具游走街道,众多市民围

观"的事件增加真实性,线上通过官方微信发布求助信息, 微博、微信大号参与讨论,玩具暴走视频扩散将传播声量进一步扩大,吸引网友围观。

媒体策略:

社交媒体为主要传播阵地,年轻的父母处于社交网络急速发展的时代,他们大部分都是社交网络平台的参与者与传播者,同时他们也有玩具的消费需求。主要使用社交媒体进行传播,能够最大化传播效果。

/ 项目执行 /

预热传播阶段

(1)在第100家店开业前夕,在玩具"反"斗城官方微信发布求助通知:

100家店的所有玩具失踪了。

（2）在微博发布"玩具在哪儿呢"热门话题引发讨论，并安排行业KOL转发。

（3）在线下拍摄以"芭比娃娃悠闲地在商场购物、警长波利在指挥交通、一群小黄人在马路旁的草坪上嬉戏打闹、忍者凯在著名旅游景点自恋地自拍、擎天柱和大黄蜂相约来4S店维修检查"为内容的病毒视频并进行推广。

（4）在玩具"反"斗城官方微信发布"玩具在哪儿呢"H5游戏——粉丝可以上传合照探查谁才是隐藏的失踪玩具，并得到玩具购买优惠券。

开业庆典现场

（1）所有暴走玩具回归门店与现场小朋友一同互动，将开业活动推向高潮。

（2）媒体专访玩具"反"斗城高层领导。

（3）相关媒体现场巡店，进行新店体验。

微信推广、H5游戏、微博话题、病毒视频等一系列传播素材将玩具暴走事件的"真实性""娱乐性""互动性"推上高潮。

/ 项目评估 /

（1）微信平台："玩具去哪儿了"单条微信获得10万+阅读量。

（2）微博平台：话题成功登上微博热门排行榜第9名，微博话题在一周内收获500万+阅读，3.2万讨论。

（3）平面发布：开业活动当天，《周末画报》刊登玩具"反"斗城高层领导专访封面报道，占据4页超大版面，活动新闻后续获18家平面媒体报道。

（4）网络发布：8家网络媒体报道，视频在百度平台发布并被推上首页。

（5）带动销量："玩具在哪儿呢"H5游戏一共发出6000张线上及门店优惠券，其中50%被使用。

/ 项目亮点 /

（1）打造新颖有趣的玩具暴走事件，以"乐趣横生"的互动体验激发消费者的关注度和好感度。

（2）有效整合线上线下资源，通过 H5 游戏结合电子优惠券，将线上事件的关注度成功转化为线下门店的购买行为，为销售引流。

有效地整合线上线下资源，利用线下实体店产品的优惠和线上社交平台公众大号的影响力促成事件，形成线上线下优势互补的关系。参与活动的粉丝受众可以通过线上游戏获得电子券，采用在实体店购买获得优惠的方式使用，这为用户提供了更多实惠和安全感。以在满足消费者（0~14岁的孩子及其爸爸妈妈）购物需求的前提下，将线下和线上完美融合在一起，更好地增强事件的影响力。

亲历者说： 刘颖　中青旅联科（上海）公关顾问有限公司　客户经理

　　此次项目的创意，从构思到完成策划几乎是一气呵成，在考虑如何联动线上线下模式成熟之后，得出的整个故事线完整明确。接下来的执行层面主要考虑怎样在各个阶段做出势头和亮点。在项目执行过程中遇到过许多突发情况，作为整个活动核心之一的病毒视频的拍摄和剪辑成为一个难点。最终，整个活动顺利执行完成，考虑到客户预算的限制，整个项目的结果和亮点还是非常令人满意的！

案例点评

点评专家：胡远珍　湖北大学新闻传播学院副院长

　　玩具"反"斗城中国第100家店开业传播项目，充分利用开业百家的最佳时间节点，通过独具创意的玩具暴走事件，引爆网民围观，形成话题讨论，巧妙地将"开业庆典""专业玩具用品零售商""品牌玩具家族"等需要告知的重要信息，在连续制造的爆点中强烈释放，打破了信息传播的单向性、程序化，形成了信息传播的场景化。以玩具暴走、官方微信求助的悬念性议题框架，在不同时空的场景化中，演绎出话题互动的娱乐性、奇观化效果。

该策划案较好地运用了整合营销传播策略。在新的媒体信息环境下，如何根据传播对象使用媒体及接触信息的特点，运用多种媒体传播手段，形成用户关注信息的多点接触与互动参与，是整合营销传播策略所力求达到的目的。玩具"反"斗城中国第100家店开业传播项目，通过线上与线下、社交媒体与平面媒体、话题建构与讨论、H5游戏与互动体验等多种传播路径，实现了整合营销传播不同场景的串烧，有效地使用户和产品、品牌及玩具"反"斗城在较短的时间里建立了较强的关联性、黏合度和感知体验。不仅用低成本的投入达到了让用户高卷入度的整合性传播优势效果，而且成功将用户的注意力资源转化为实际的购买行为，一箭双雕，可谓事件营销的成功案例。

长安FAN·欧尚边境线计划

执行时间：2016年3月至10月
企业名称：长安汽车
品牌名称：长安欧尚
获奖情况：金旗奖——2016最具公众影响力内容营销大奖

/ 项目概述 /

1辆车，5个人，8个月，6万千米，沿着中国边境线，几经生死，用车轮丈量着祖国的每一寸土地，做了一件可以吹牛的事！

长安，一个百年中国自主汽车品牌，承载几代国人的汽车工业梦，跃居年产销百万辆行列，历尽磨难，待势转型，打造一个让国人骄傲的品牌！

长安品牌，自立、自主、自强的品牌精神与探索未知的品牌气魄，与当今年轻一代昂扬向上、崇尚自由的精神气质不谋而合。

"欧尚边境线计划"中，5位年轻的意见领袖、青年大V，驾驶长安欧尚汽车，沿中国边境线，以漫画、游记、纪录片等多种方式记录行程故事。

这是一次当今年轻人生活方式的探索和传播，展示了老牌自主品牌长安汽车"向年轻人靠拢"的全新形象，强化欧尚更加"年轻化、时尚化"的品牌印象。同时，这也是一次以"自媒体矩阵"为主的品牌传播行动，依据"低成本高传播"的执行原则，力求"小事件大传播"，同时利用公益和文化话题在大众层面进行传播，并在汽车和旅游类垂直网站与兴趣爱好者互动。

/ 项目背景 /

2015年12月长安全新MPV（厢式旅行车）欧尚上市，产品主打年轻人家用市场，新品上市后急需曝光提升传播声量，并与年轻一代目标客群互动，将欧尚倡导的自由、时尚家庭用车理念广泛传播，需要借助新颖的契合年轻一代的传播渠道进行品牌推广和提升。

为此，长安汽车缜密制定全方位立体营销计划：通过中央电视台《出彩中国人》、CRC赛事（全国汽车拉力锦标赛）等活动及"欧尚边境行动"等系列营销动作，凸显"品牌向上、年轻时尚"的品牌形象，对潜在目标客户（年轻一代）进行认知占位。

"欧尚边境线计划"向人们传递了一种新的生活方式，契合年轻一代对自由和全新生活方式的向往，该部分受众与欧尚的目标受众人群高度契合。

/ 项目调研 /

项目可行性研究：

（1）前期调研："欧尚边境线计划"在规划阶段，进行了前期抽样调研，有80%的目标客群购车后有自驾和出行规划，有75%的对边境线行动这一计划表示感兴趣。

（2）传播需求：通过"欧尚边境线计划"，引领年轻一代的生活方式，提升长安汽车品牌形象。

（3）项目执行团队分工与保障：发起人杜威（驾驶向导）、协调人胡佳林（医疗保障）、摄影师张智杰（摄像摄影）、主持人张捷（趣味美食）、漫画师梁山柏（漫画漫行）。

（4）覆盖到全国县乡的长安汽车 4S 店服务网络保障支持。

（5）项目执行成本与预期可达目标：依据"低成本高传播"的执行原则，力求"小事件大传播"，项目总费用仅人民币 40 万元（团队成员全部行程食宿等费用），预计形成传播点击量 1500 万次，覆盖人群 2000 万。

（6）项目传播推广保障：本次推广以自媒体矩阵和长安品牌传播矩阵为主，同时组织媒体报道团持续跟踪发布相关新闻稿件。

/ 项目策划 /

策划目标：

通过"欧尚边境线计划"，引领年轻一代自由探索的生活方式，展示长安汽车"向年轻人靠拢"的全新形象，强化欧尚更加"年轻化、时尚化"的品牌印象。

策略：

（1）体验式营销：招募在边境线上生活的人作为志愿者，带其体验长安与欧尚品牌的核心精神，助力活动宣传，共招募志愿者 100 余人。

（2）达人式营销：5 位团队成员都是来自于各自领域的意见领袖和青年大 V，每个人都是一个不可忽视的自媒体传播达人。

（3）借势营销：长安汽车连续两年赞助央视《出彩中国人》节目第一季、第二季，央视连续半年、数个频道的重播及节目的高收视率，也让长安品牌的曝光率和美誉度大增，大大提高了本次活动的关注度。2016 年开始，长安汽车通过 CRC 赛事（全国汽车拉力锦标赛）营销、"车手来了"等民间车手竞赛活动，以及一系列的试驾、赞助越野赛活动，完成了产品体验与粉丝聚集。

（4）粉丝营销：在上述各种营销中集结的"品牌粉丝"，在活动微博、微信及旅游论坛上集结的"自驾游粉丝"，都汇成了本次行动活跃的粉丝基础。

（5）单点"病毒式"传播：5位团队成员除了记录一路的行程与品牌故事外，还会对社会热点和公益活动做单点病毒式营销，比如给边境线上的贫困地区孩童捐书、曝光当地非法宰杀野生动物等，都收到了爆点传播的效果。

（6）后期持续营销：32期《边境线生活》纪录片的发布与传播，以及后期的出书等品牌延续。

受众分类：

充分利用移动互联网时代下自媒体微信、微博、大咖自身传播和精心准备的多层次、不间断媒体关注，覆盖全国自驾游爱好者、摄影漫画爱好者、长安汽车数百万新品用户、各大主流汽车垂直网站论坛用户、所经区域客户群体等，形成多层次、多波段推广声量。

传播内容：

通过边境自驾活动，以游记、漫画、纪录片等形式传播长安欧尚引领的新的生活方式，并展示长安汽车向年轻人靠拢的新形象。

媒体策略：

以自媒体矩阵为主，包括长安汽车自媒体矩阵、尚边境自媒体矩阵、团队成员自媒体矩阵、汽车垂直论坛、旅游垂直网站等。以互动为主要传播形式，增强目标受众介入深度，充分利用自媒体形式，包括图文、漫画和视频，与目标受众进行积极互动，充分吸引目标客群代入。引发社会公众媒体关注，利用公益和文化话题在大众层面进行传播。在汽车和旅游类垂直网站，与兴趣爱好者进行互动。

/ 项目执行 /

实施细节

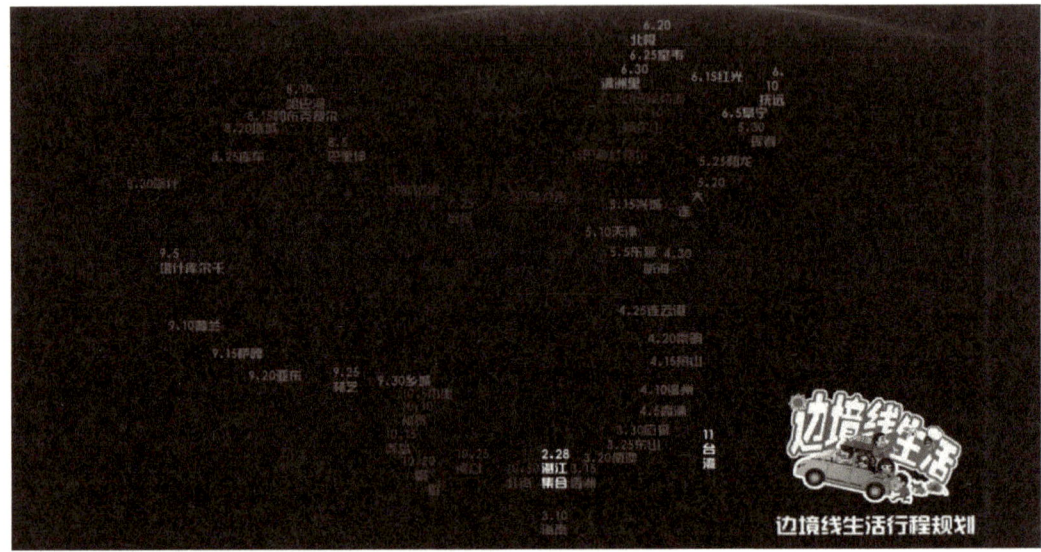

线路设计充分保证边境游可实现,全程路线事先已做好深入规划。

项目进度

2016年2月28日所有人员郑州集合,出发前往第一站海口,逆时针绕中国陆地边境线环行。先后经过东南沿海、东部沿海及东三省边境,进入内蒙古边境,穿过西北荒漠和青藏高原无人区,折返至西南边陲,抵达湛江。全程途径16个省市3个直辖市,217个县城,约6万千米,计划用时240天,共计8个月。终点回归郑州,完成全部行程。

控制与管理

(1)精干团队与志愿者的执行与配合。

(2)整个策划团队的后方支援与协商指导。

(3)覆盖到全国县乡的长安汽车4S店服务网络保障支持。

延伸项目

(1)公益:为边境线上贫困地区捐赠图书、衣物、学校等,帮助他们改善生活条件或教育条件。

（2）自驾游体验：招募车友一起进行新生活体验。

（3）旅拍：以不一样的方式帮助他人记录美好时光。

（4）"边境线生活"自身品牌延展，如漫画、游记、笔记本、定制T恤、明信片等。

（5）纪录片推广：纪录片通过新闻发布会、视频网站发布，并借助微信、微博、论坛推广。

/ 项目评估 /

效果综述

在"长安FAN·欧尚边境线计划"传播过程中，历时近8个月，整体覆盖人群3000万，全媒体点击量2500万次，话题、论坛帖、视频等渠道回复共10余万次，同期长安欧尚的百度关注指数环比上升25%，汽车之家网站的长安欧尚关注指数上升18%，路线途径地区平均集客数量上升20%，长安欧尚整体销售数据平均上升15%。活动在论坛和微博、微信平台形成积极的互动，引领了年轻一代的新的生活方式，强化了欧尚年轻的品牌形象和长安汽车的品牌精神。

受众反应

历时8个月,形成传播话题35个,新闻贴80篇,各种渠道累计点击量2500万次。话题、论坛帖、视频等渠道回复共10余万次,在论坛和微博、微信平台形成积极的互动,强化了欧尚品牌形象,提升了公众产品印象。

媒体点击量(单位:次)

汽车之家易车网	视频类	旅行APP	微信订阅号	微博	漫画	总计
2 436 069	8 480 405	1 128 332	3 223 365	12 449 385	1 133 400	25 650 956

(至2016年9月12日)

媒体统计

(1)边境线生活自媒体宣传:边境线生活V(官方微博),边境线生活(微信公众号)。

(2)5位团队达人及活动粉丝的个人微博、微信,长安汽车经销商自媒体矩阵。

(3)论坛类:汽车之家欧尚论坛、易车网欧尚论坛、有妖气漫画网站、天涯社区漫画论坛。

(4)旅游类专业网站:穷游网、蚂蜂窝、环球旅行等网站进行宣传。

（5）视频网站：腾讯、优酷、乐视、爱奇艺、搜狐、56网等媒体上进行游记、视频发布。

/ 项目亮点 /

（1）自驾边境线：环中国边境线一圈，事件本身就极具宣传点，同时通过招募车友一起体验探险，形成话题热点。

（2）活动传播形式：团队成员各有专长，用游记、漫画、纪录片、摄影等不同形式，展现活动特色。

（3）全方位的组合营销：借势央视《出彩中国人》节目与CRC赛事（中国汽车拉力锦标赛）营销，提升曝光率和美誉度，巩固粉丝基础，以体验式营销和达人式营销为核心，以单点病毒式传播和后期持续营销为辅助，形成以点带面、全方位、立体式的组合营销架构。

（4）公益性：整个策划中，有专门为边境线上贫困地区捐赠图书、衣物的救助活动，并有各种环保、保护野生动物的行动，有利于树立长安汽车自主品牌的公益形象。

（5）品牌延展：如漫画、游记、笔记本、定制T恤、明信片、通关文碟等。

亲历者说： 邓智涛　长安商用车事业部　市场总监

以前的营销多半采用的是电视广告和报纸等传统媒体，随着新媒体尤其是自媒体的快速发展，营销的手段发生了很大的变化，这就为我们创造了新的营销机会。

社交媒体促进每个人都成为自媒体，并影响周边的人，每个人会根据兴趣选择信息并发布信息。长安欧尚自2015年上海车展亮相以来就充分利用社交媒体的影响，在汽车领域第一次组织了超级测试员、千人提车团等大型的粉丝营销活动，利用汽车试验的神秘感，让长安汽车老用户成为长安欧尚新品的主动传播者，在微信、微博及论坛中成功地塑造了长安欧尚最美MPV的产品形象，为长安欧尚上市及上量提供了坚实的市场基础。

"长安FAN·欧尚边境线计划"的目标受众均有自驾游的偏好，对边境的风情、风俗、风味更是向往，从招募开始就持续性得到长安欧尚用户的关注和分享，活动点击量突破2500万次，实现了"小事件大传播"的营销目的。

我们在产品开发时尤其关注消费需求，而在自媒体当道的今天，营销活动的策划也要实现产品化，只有从消费者心理需求出发策划的营销活动，才能获得消费者选择偏好，走进消费者的心中，更接地气，这也正是一个品牌成功的基础。

亲历者说： 栗鹏举 新纪元·丰业传媒 董事长

长安汽车作为中国四大汽车集团之一，截至2016年8月，自主品牌汽车产销量双双超过100万辆，自主品牌汽车的迅猛发展，正在成为中国自主品牌成长的缩影。

在汽车市场竞争进入新常态的形势下，长安汽车营销手段不断创新，把握新机遇，迎接新挑战，将品牌营销提升至全局战略高度，实施了系列品牌公关动作，在2015年、2016年借助央视《出彩中国人》节目、CRC赛事等，有力地提升了品牌传播声量和影响力。为了使长安汽车品牌传播更接地气和切实落地，郑州新纪元广告有限公司和河南工业大学新闻传播学院共同策划了"长安FAN·欧尚边境线计划"。

该项目通过长安汽车粉丝团队自驾长安新一代家用MPV——欧尚，绕行中国边境一周的行动，旨在展现新一代年轻人勇敢前行、不畏改变，追求时尚、自由的生活方式，敢挑战、勇担当的坚定精神力量。五位年轻的小伙伴组成的自驾团队，沿路经历各种磨难，经历了祖国各地不同民族、不同季节的变化，经历着一场惊奇的人生体验之旅，同时也是长安汽车的品牌提升之旅、粉丝互动之旅和产品检验之旅。

"长安FAN·欧尚边境线计划"的实施，展现了新一代年轻人自由时尚的生活方式，其内涵的昂扬向上、坚忍不拔的时代精神，前行的坚定步伐，也象征了实现中国梦的必由之路，也是中国汽车自主品牌走向辉煌的必由之路。

"得中原者得天下"，中原是一个品牌占领全国市场的重要战略版图，也是一个品牌走向全国的起点。"长安FAN•欧尚边境线计划"起于中原，终于中原，五位勇敢的长安粉丝走过了一段自主汽车发展的坎坷之路，践行了长安汽车"前进，与你更近"的品牌理念，实现了我们策划的初衷。

亲历者说： 尚恒志　河南工业大学　新闻与传播学院　院长

"欧尚边境线计划"从创意到执行再到效果，有许多可圈可点的地方。

（1）立意新颖。围绕长安全新MPV上市，结合人们熟悉的自驾游，独具匠心地设计了一般人不可能实现的沿全中国边境线自驾游的方式，非常契合引领年轻一代自由探索的生活方式，更强化了欧尚年轻化、时尚化的品牌形象。

（2）传播方式紧贴目标受众。该活动以互动为主要传播形式，以自媒体矩阵为主，从5位达人自驾长安欧尚沿中国边境线出发，以漫画、游记、纪录片等形式记录其行程中的精彩故事，延伸到为边境线上贫困地区捐赠图书、衣物、学校，改善其生活或教育条件等，借助互联网平台，通过长安汽车自媒体矩阵、尚边境自媒体矩阵、团队成员自媒体矩阵等形式与目标受众积极互动，充分吸引目标客户群，增强了目标受众介入程度。

（3）多种营销策略并举。整个活动体验式营销、达人式营销、借势营销、粉丝营销、单点病毒式营销、后期持续营销等形式交叉使用，互相补充，不断强化宣传目的。

（4）投入小效果大。该活动形成传播话题35个，新闻贴80篇、点击量2500万次。话题、论坛帖、视频等渠道回复10余万次，在论坛和微博、微信等平台形成积极的互动。同期长安欧尚百度关注指数环比上升25%，汽车之家网站长安欧尚关注指数上升18%，长安欧尚整体销售数据平均上升15%，强化了欧尚品牌的形象，提升了公众产品印象。

案例点评

点评专家：刘晓程　兰州大学新闻与传播学院副教授

长安汽车，让边疆不再遥远！

边疆，始终是一个遥远的地方。当今社会，人们印象中的"边疆"可能是这样的：那里，天上人间，风景如画；那里，人杰地灵，物产丰饶；那里，民族多元，淳朴豪爽……

当然，人们的印象也可能是这样的：那里，地广人稀，环境恶劣；那里，老少边穷，发展滞后；那里，民风彪悍，社会不稳……

因为遥远，人们对"边疆"充满了无限的想象；因为"想象"，难免夹杂了太多的"假象"。这种形象认知的心理，和我们对一个品牌的认知过程是一样的。从陌生到熟悉，唯有"潇潇洒洒走一回"，才能体验到其中的真正魅力！

长安汽车"长安FAN·欧尚边境线计划"很好地适应了公众形象认知的这种心理。该项目根据人们对边疆的神秘向往，以及对遥远旅行的天然热爱，采用"边疆行"的体验式情景化感知传达，不仅充分满足了人们对边疆形象认知稀缺的心理需要，而且很好地借势推广了长安汽车的品牌定位，尤其是欧尚品牌的情感定位与市场定位。这个项目的实施，既唤醒了人们对长安MPV欧尚汽车品牌的产品认知，又充分表达了一家民族企业应有的社会责任和价值关怀。

让边疆不再遥远！让民族品牌更有家国责任！作为一个研究边疆传播战略的学者，我期待有更多的民族企业加入并创新属于自己品牌的"边境线计划"。

2016 最具公众影响力娱乐营销大奖

网易游戏"倩女幽魂"品牌与电视剧《微微一笑很倾城》影游联动整合营销

执行时间：2015年9月至2016年9月
企业名称：网易游戏雷火工作室
品牌名称：倩女幽魂
获奖情况：金旗奖——2016最具公众影响力娱乐营销大奖

/ 项目概述 /

作为2016夏现象级电视剧，《微微一笑很倾城》无疑是暑期收视冠军，东方卫视、江苏卫视收视率均破1，优酷播放量181亿，微博话题阅读量110亿。在剧中定制植入，并成为该剧虚拟世界架构方的《新倩女幽魂》网游服务器全线飘红。随着电视剧曝光、社交媒体传播、视频、电视广告的整合营销推广，掀起"人人玩倩女"的热潮。官方手游《倩女幽魂》连续数日在App Store免费总榜、畅销榜名列前五。品牌关键词"倩女幽魂"搜索量激增60多倍。众多网友在微博、微信、知乎等社交平台热议游戏。微博上，杨洋塑造的白衣魅者形象及剧中主演的游戏角色形象持续刷屏。"倩女幽魂"品牌和电视剧《微微一笑很倾城》深度、全面的影游联动，真正做到了玩家、剧粉、电视剧和游戏的多方共赢，成为年度最佳游戏营销案例之一。

/ 项目背景 /

1. 网易游戏"倩女幽魂"品牌背景

《新倩女幽魂》是网易游戏旗下第一玄幻网游,以经典聊斋故事为蓝本,讲述人妖魔情义三界。2.5D、3D 一键切换,10 大职业 20 大主角独具特色,并提供各不相同的缠绵悱恻、感人肺腑的官方角色剧情。海量丰富的社交、家园、PVP(玩家对战)、PVE(玩家与系统人物对战)玩法,给玩家带来不同的游戏体验。

《倩女幽魂》手游由《新倩女幽魂》网游原班人马倾力打造,是一款沿袭网游唯美画风与人设,传承经典玩法,并融合手游特性的即时制 MMORPG(大型多人在线角色扮演)手游。

2. 电视剧《微微一笑很倾城》背景

电视剧《微微一笑很倾城》是根据顾漫同名小说改编,由上海剧酷文化传播有限公司出品,由林玉芬执导,郑爽、杨洋领衔主演。该剧讲述了计算机系学霸系花贝微微与校草级大神师哥肖奈偶然间在《新倩女幽魂》网游相识后在现实中见面的一段从线上到线下恋爱的故事。该剧于 2016 年 8 月 22 日在东方卫视、江苏卫视首播,8 月 24 日在安徽卫视全国跟播,优酷同步全网独播。

• 2015 年 9 月,《新倩女幽魂》首秀礼,"倩女幽魂"品牌正式宣布与电视剧《微微一笑很倾城》达成战略合作。杨洋作为剧组代表,首次以"肖奈"身份出现在公众面前。同步开展"幽梦天使"评选,选拔游戏女玩家入驻剧组拍摄。

•《新倩女幽魂》网游作为电视剧《微微一笑很倾城》的"虚拟世界架构方",全程参与电视剧的拍摄制作。

• 2016 年 4 月 14 日,《倩女幽魂》手游正式宣布由杨洋担任代言人,白衣魅者"一笑奈何"造型引发热议。

•《微微一笑很倾城》剧组成员毛晓彤、张赫、刘颖伦、郑业成、陆妍淇与"倩女幽魂"品牌开启深度合作,与杨洋一起通过 COS(扮演)《新倩女幽魂》角色、建立游戏帮会、出席线下活动等形式突破次元壁，带动影视剧和游戏宣传。

2016年8月19日，"倩女幽魂"品牌旗下《新倩女幽魂》网游、《倩女幽魂》手游陆续发布"一笑倾城"资料片，与电视剧《微微一笑很倾城》影游联动进入宣传冲刺期。

/ 项目调研 /

1. 与电视剧《微微一笑很倾城》合作可行性研究

首先，电视剧《微微一笑很倾城》受众与"倩女幽魂"品牌相符。电视剧目标受众主要为年轻女性，对网游世界怀有恋爱憧憬，与注重社交玩法的《新倩女幽魂》网游及后来上线的《倩女幽魂》手游契合。

其次，电视剧《微微一笑很倾城》剧情中提到的网游玩法与《新倩女幽魂》网游十分相似，如结婚、灵兽、PVP等。

最后，电视剧主演影响力强大。在男女主角挑选方面，杨洋是国内拔尖的人气偶像，粉丝团拥有强大的素材产出能力及对杨洋代言品牌的支持力度；而郑爽自带"热搜"，从角色敲定开始即话题不断，为电视剧维持较高的曝光度。

2. 行业可行性研究

对于游戏圈来说，《微微一笑很倾城》是一本非常难得的小说。不同于以往游戏植入影视剧以电脑屏幕和手机屏幕生硬出现游戏画面的植入方式，《新倩女幽魂》网游不仅提供了专业的游戏内容，还参与了剧本的讨论，甚至还贡献了电视剧部分后期制作。这种深度合作的模式使得电视剧《微微一笑很倾城》在表现游戏内容时更为专业，而游戏出品方网易则保证了自家产品能以最合适的方式出现在剧中，由此带来双赢的结果。

/ 项目策划 /

1. 目标受众

本次影游互动除了带来游戏关注的热度之外，给游戏带来的传播也非常精准。新增的玩家中 16~22 岁的玩家最多，其中女性的比例超过 50%，对游戏的接受程度很高也很活跃，喜欢探索与电视剧《微微一笑很倾城》相关的元素。无论是电视剧还是网游，粉丝年龄层以 22 岁以下的学生群体偏多，且多为年轻女性。从"微微一笑"的高频词可以看出，电视剧的热播首先带来的是男女主角——杨洋和郑爽的高人气，而其中顺带提到"游戏""打怪"等相关网游词汇，为《新倩女幽魂》网游带来了不少铁杆粉丝，各种"安利"帖如雨后春笋般涌现开来。

2. 影游联动背后努力

要想达到深度的融合，就要死抠每个细节，通过影视剧传递出游戏的品牌，进入游戏后又能在其中体验到影视剧中的特殊场景。网易在这次的影游联动营销中提供了许多内容支持，与电视剧的配合更是紧密。

在剧本创作时，《新倩女幽魂》网游就与剧方达成了深度战略合作，不管是剧中的桥段还是角色职业的挑选，都经过了双方的探讨。比如电视剧中几大主角在游戏中的职业选择，彼此之间的成员配合与情侣配合，游戏团队的搭配等，都由网易操刀。

同时，作为电视剧的游戏顾问，网易《新倩女幽魂》网游团队对一款游戏产品从设计研发到上线运营都有丰富的经验。电视剧中，几大游戏公司关于游戏开发运营过程的桥段，"倩女幽魂"团队提供了丰富的原始素材并参与创作，如关于游戏引擎制作渲染的表述，主角编写的程序代码，游戏术语的设计，部分建筑模型的提供，游戏实录视频的拍摄，CG（计算机动画）高模（高细节高精度 3D 模型）的制作，音乐的融合等。为了充分调动玩家的积极性，网易更是通过选秀活动从《新倩女幽魂》网游玩家中选出 3 名女玩家参与了电视剧《微微一笑很倾城》的拍摄。

/ 项目执行 /

1. 电视剧战略合作细节

在小说→影视→游戏的传递链上，利用强大的公关能力，让影视剧采用游戏角色设定。在电视剧《微微一笑很倾城》的制作过程中，剧组能够紧密和游戏方甚至是二次元 Coser（角色扮演者）合作，沟通完成后面的大量工作。

"倩女幽魂"项目组为《微微一笑很倾城》剧组提供游戏专业领域的意见，为电视剧涉及游戏部分提供内容，同时结合电视剧情节，在游戏中打造一些与电视剧强相关的内容（如小虎咪灵兽），因为游戏细节和剧情越贴合，电视剧转化过来的用户沉浸就会越深。

2. 公关传播

"倩女幽魂"品牌承担着电视剧《微微一笑很倾城》"虚拟世界的架构方"的职责，于 2015 年 9 月正式开启"倩女幽魂"品牌与电视剧《微微一笑很倾城》影游联动整合营销项目。"倩女幽魂"品牌通过"新倩女幽魂首秀礼"对外正式宣布与电视剧《微微一笑很倾城》达成战略合作，并邀请杨洋出席发布会，这是杨洋首次以电视剧《微微一笑很倾城》男主角"肖奈"的身份出现在公众面前，并在微博发布游戏中魅者造型同人画，引发杨洋是否会代言游戏猜想，迅速吸引杨洋粉丝、《微微一笑很倾城》小说粉丝眼球。

紧接着开启"幽梦天使"评选，《新倩女幽魂》网游玩家进剧组与主演们飙戏，进一步拉近"倩女幽魂"品牌与电视剧联系。

在电视剧拍摄期间，《新倩女幽魂》网游不仅提供了专业的游戏内容，还参与了剧本的讨论，甚至还贡献了电视剧部分后期制作。对主演们的游戏形象、剧中游戏场景、推动剧情的游戏任务、BOSS、怪物模型等，提供了大量素材和建议。这种深度合作的模式使得电视剧在表现游戏内容时更为专业，也让玩家在游戏中感受到原汁原味的电视剧主角们所玩的同款游戏，由此带来双赢的结果。

2016 年 4 月 14 日，《倩女幽魂》手游正式宣布杨洋代言。通过前期杨洋代言的猜想预热及粉丝团的合作宣传，"#杨洋代言《倩女幽魂》手游#""#

白衣魅者杨洋#"等热门话题长期霸榜。手游上线当天下载量进入 App Store 免费榜总榜前 5，上线 24 小时登陆免费榜第 1。

2016 年 7 月，项目正式进入冲刺期，"一笑倾城"资料片、《倩女幽魂》手游齐发。从剧中主演游戏造型、BOSS、怪物模型，再到游戏场景、背景音乐，无处不在的"倩女幽魂"元素通过社交媒体传播开来。

/ 项目评估 /

尽管不少人调侃这部电视剧可谓是《新倩女幽魂》网游的加长版广告，但这并不妨碍其获得较大的知名度和美誉度，同时也验证了这次的影游联动是奏

效的。随着8月22日电视剧的热播，《新倩女幽魂》网游登录玩家总数创下历史新高，连开了24个服务器且全线飘红排队，人气十分火爆。

受众的关注和讨论热情一直居高不下，微博、豆瓣、贴吧、知乎等社交平台上出现了不少相关的话题，电视剧播出之后，"倩女幽魂"的百度指数也增加了60倍以上。

《倩女幽魂》手游也稳居App Store畅销榜前列。早在《倩女幽魂》手游上线当天，就已获得App Store免费榜总榜前5名，上线24小时登陆免费榜第1，上线36小时登陆畅销榜前10，并获得App Store "优秀新游戏" + "首页大图"双推荐的优异成绩。电视剧《微微一笑很倾城》上映后，更是连续两周在App Store免费总榜、畅销榜排名前五。

在项目传播过程中使用的自媒体：微博，二次元娘、贴吧君；微信，矮白公寓。

/ 项目亮点 /

（1）紧密关联电视剧《微微一笑很倾城》，突破次元壁。邀请杨洋代言《倩女幽魂》手游并扮演白衣魅者，邀请剧组成员深度合作COS倩女游戏角色，并出席《倩女幽魂》手游之夜、《新倩女幽魂》战略发布会暨玩家见面会，以游戏中的角色形象与广大粉丝见面。

（2）建立电视剧《微微一笑很倾城》"倩女幽魂"朋友圈，通过同人画、视频、条漫、广播剧、电视剧截图、游戏科普等形式，开展丰富多彩的粉丝"安利"。

（3）投身二次元，以同人广播剧、同人视频、MMD（3D动漫人物舞蹈编辑）制作、古风歌曲等方式打破次元壁，贴合二次元喜好，引流《新倩女幽魂》网游及《倩女幽魂》手游。

亲历者说： 陈鹤 北京嘉利智联营销管理股份有限公司 上海分公司 客户总监

"倩女幽魂"品牌与电视剧《微微一笑很倾城》本次合作的成功并非偶然，也不是轻易能够复制的，这将成为"倩女幽魂"品牌影游联动项目团队及我本人终生难忘的从业经历。

对于网易游戏"倩女幽魂"品牌团队，特殊的IP遇到了有资金、有远见的团队，给力的研发结合细致的市场推广，网游和手游积极配合，是项目成功的原因。

对于我的团队，"倩女幽魂"品牌影游联动项目为做传统公关行业的我们提供了绝佳的学习机会，同人视频、广播剧、同人画、COS、明星联动、粉丝联动、游戏直播企划等各项工作，在本次项目的推进中都得到了质的飞越——摒弃固有思维，结合电视剧IP，结合游戏自身特点，深入小说粉丝、演员粉丝、玩家中，提供定制化、独一无二的传播创意。

案例点评

点评专家： 苏宏元　华南理工大学新闻与传播学院院长，教授

电视剧及游戏的成功，前提是定位准确——十几到二十几岁的年轻受众，特别是年轻女性。原著小说已经成功拥有坚实的粉丝基础，搬上荧幕的消息必定引起受众热议与期待。在角色选择方面，针对目标受众，精心选择了时下超高人气偶像，带动其粉丝狂热追随。小说粉丝与明星粉丝在社交媒体或现实生活中参与议论、传播，热度从线上到线下全面蔓延，极具话题性，吸睛效果十足。

电视剧播出之前，主演微博和电视剧制作方配合持续宣传，传统电视广告投放，加之线下路演宣传，这一系列强力造势手段，引发播出后的热烈讨论。游戏本身以同人广播剧、同人视频、MMD制作、古风歌曲等方式打破次元壁，贴合"二次元"喜好，制作精良，具备良好的玩家口碑，经过新媒体平台发酵，热度持续上升。电视剧与游戏高度配合，在整个联动过程中，始终引起广泛的受众关注和互动。通过官方宣传、明星效应、网络舆论、线下互动等传播要素，积极带动社会参与。传播强势而精准，影响广泛且深刻。

总之，"倩女幽魂"品牌和电视剧《微微一笑很倾城》深度、全面的影游联动，真正做到了玩家、剧粉、电视剧和游戏的多方共赢，也实现了品牌与相关公众的双向交流，是一个成功的品牌联动整合营销案例，也是一次成功的公关活动。

猎趣 APP "拯救剁手党" 网红直播推广项目

执行时间：2016 年 7 月 22 日至 31 日

企业名称：北京猎趣电子商务有限公司

品牌名称：猎趣

获奖情况：金旗奖——2016 最具公众影响力娱乐营销大奖

/ 项目背景 /

当前共享经济空前火热，而随着消费的升级、诚信体系的不断完善，以及人们对绿色生活方式认同度的提高，闲置物品"流转＋分享"已经成为人们生活的一种新常态。闲置物品交易 APP 纷纷涌现，目前行业态势呈现出闲鱼、转转和猎趣三足鼎立的局面。在整个闲置物品交易行业竞争日趋激烈的大环境下，传统的广告营销模式已经难以满足用户不断提升的口味需求。若想在市场越来越细分的势态下谋求更多机遇，获取更多流量，就必须积极探索全新的品牌营销方式。

/ 项目调研 /

行业现状：

纵观行业营销方式，闲鱼主要依靠本地化闲置交易社区"鱼塘"开展各种活动和交易，转转则更多采取简单粗暴的传统广告形式进行营销推广，猎趣作为中国版的 ebay 在预算有限的情况下拒绝正面粗暴的砸钱宣传，利用营销方式上的整合创新对品牌进行有效曝光成了本次传播的关键。

传播环境：

猎趣品牌现阶段不仅需要提高知名度，还需要通过与用户的深度沟通来留客集存，这就需要在营销传播上有效创新。通过深入洞察用户需求，我们想到了时下很火的"网红＋直播"这一模式。目前很多品牌纷纷有意试水"网红＋直播"营销，当前的合作模式大概分为两种形式：一种是邀请顶尖网红合作；另一种是采用人海网红战术。具体采用哪种营销方式，全看品牌经费是否充裕。那么，如何有效而又创新性地切入这种新型的营销模式？

经过调研我们发现，现在很多女性很爱冲动消费购物，会产生大量闲置物品。同时她们也会定期整理闲置物品，而这些闲置物品是需要更好的处理方法的。所以，我们利用网红既是受众也是传播媒介的属性，借助网红直播元素的介入，力求做到与闲置消费的主力群体实现完全的"沟通"，从产品推荐走向受众认知，从传统产品销售走向受众价值观营销。

/ 项目策略 /

猎趣与网红的合作，不是简单地停留在形象与公众知名度层面，而是将重点放在打造对于受众、品牌本身和行业都无法复制的营销经典。除了大胆启用网红＋闲置这一跨界组合方式外，如何将网红的红人属性在直播过程中与品牌进行完美的互动结合是本次跨界营销的重中之重！

1. 闲置 + 网红，行业跨界营销领路者

猎趣率先联合映客、一直播等平台的一众当红主播们进行了一场闲置物品交易直播，共同开创直播 + 新玩法。

2. 跨界联合，受众选择高度匹配

选择映客、一直播等平台进行联合跨界，原因在于这些平台资源优质、专业性强，受众范围横跨 3C、家居、美妆、科技等多个行业领域，与猎趣用户属性匹配。

3. 深度互动新模式，打造营销闭环

本次跨界不仅仅只是一次品牌曝光，更是要让受众在互动直播和深度沟通中，更加便利、快捷地实现闲置物品的交易体验。从活动流程设计上打造营销闭环，真正做到"红人直播—物品分享—在线购买—产品体验—购买惊喜—互动分享—直播兑换"多屏互动打造营销闭环！

以网红直播作为现象级热点进行话题引爆，带动品牌原始用户群体、跨界受众群体、潜在消费群体在短时间内集中产生大量的互动讨论，从而实现品牌快速有效地发声。此外，借助黄金媒介资源，针对不同人群属性进行品牌传播延伸，全方位、有层次地解读此次事件，将猎趣品牌与受众圈层进行强有力的链接。

/ 项目执行 /

1. 网红直播爆点事件

时间：7 月 22 日至 23 日

覆盖人群：现场参与 17 万 + 人次，影响 1300 万人次。

网红直播前期进行预热告知（网红 QQ 群、微博、微信及上一次直播尾声口播）。

网红直播现场 360° 产品全方位植入（环境布展、口播互动、弹幕露出等）。

网红分享购物细节和闲置物品处理过程，通过本身的粉丝效应诱导用户体验购买。用户通过网红直播获得网红出售闲置物品的交易信息，通过扫描二维码等多种方式跳转猎趣平台进行产品购买，产品购买后用户获得平台发送的惊喜代码，凭借代码返回直播平台可兑换主播私人订制的福利发送（奖品包括并不限于主播献歌跳舞加私人微信等）。产品平台展示露出短短 2 小时内，吸引近 17 万人次围观参与活动。

活动全程借助新媒体发酵，多渠道整合拓展活动影响力，借助微博话题、双微 KOL 分享、平台专栏、直播推广等媒体渠道的密集传播，打通事件营销与大众接收信息的接触点，尽可能全方位、多层次地传递事件热度和品牌影响力。当日微博"网红老司机教你剁手不吃土"话题冲至第五位，覆盖人群达 1300 万人次。同时，新闻报道作为更高属性和声量的传播媒介，更专业、更深层地提高、升华了此次猎趣跨界直播营销活动中的品牌理念和调性。

2. 事件包装，完成品牌升华

时间：7 月 22 日至 29 日

覆盖人群：1300 万人次。

如何将一个品牌爆点事件提炼和升华为行业聚焦热点？

首先，从人群锁定和覆盖面积上快速、全面地实现一定广度和精准度的传播。门户、垂直、高精尖等媒体的积极转发，不仅成功地实现助推品牌升级和理念传达，还更为有效和有力地奠定了猎趣品牌在行业和市场中的品牌基调。

其次，除了主流媒体的联合报道和事件热度的持续发酵，曾响铃、李东楼等资深大咖有深度、多角度地对此次事件的剖析和解读，也成为猎趣品牌升华和凝练的最佳契机。

综上，适时的事件引爆，加上后续有节奏、多层面的持续传播，体现了猎趣品牌项目在执行层面中融入的革命性创新理念及标杆性的执行模式。

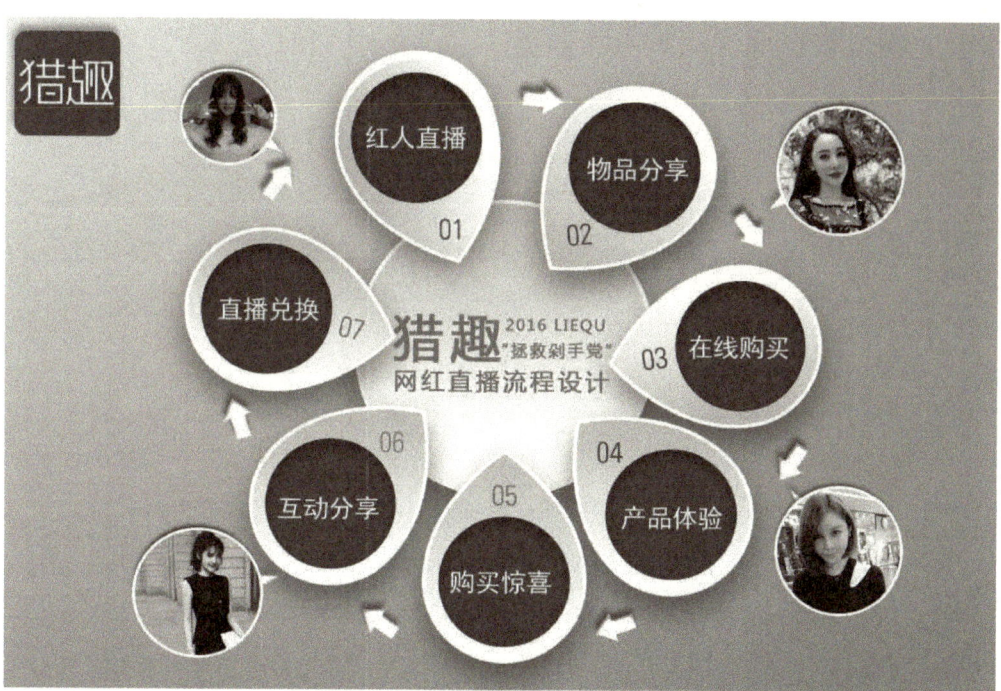

/项目评估/

通过活动传播使品牌得到大量曝光,品牌理念与价值广泛传递给受众,品牌的知名度与美誉度迅速提升。

1. 网红定制剧360°无缝植入产品,迅速曝光品牌,引爆传播高潮

7月23日的网红直播中,数十位顶级网红主播直播猎趣品牌定制剧,期间品牌全程曝光,累积围观量达16.69万,整体影响人数1300万+。以网红达人带动受众,这样的社交基因可以让产品的生命周期保值延续并持续曝光。

2. 门户、垂直、高精尖等媒体积极转发,成功助推传播效果最大化

新浪、网易、搜狐等数十家门户网站特约撰稿,今日头条、一点资讯、搜狐等互联网先锋媒体专栏作者专属点评事件……近百家主流媒体均对猎趣网红直播事件进行了大范围报道,成功助推品牌信息扩散;创业邦、百度百家、钛媒体等高精尖媒体几大知名编辑"麻辣"剖析事件,引发上百家新闻媒体跟踪报道,网红直播事件被多层次、全方位地广泛传播。

3. 主流自媒体深度剖析事件,精准覆盖目标受众,持续发酵事件热度

数位知名博主对事件进行了现场实时直播,共收到8128次转发,评论766条,点赞1336条;微博话题"#网红老司机教你剁手不吃土#"飙升至热门话题榜第五位,共获得阅读量1300万+人次,互动评论超过3.6万+人次。

多个资深广告媒体KOL纷纷借势发布多类型长文,共获得阅读超过25万+次,微信朋友圈及微信大群传播,获得转发近1000人次。

/项目亮点/

通过此次创新性营销活动,实现了品牌曝光与营销创新的双赢。主要表现在以下几个层面：

（1）闲置＋直播的行业跨界首秀，实现品牌与受众的深度沟通及千万级的品牌曝光。

利用网红和直播这种当下最火的形式，与猎趣品牌特性相结合，打造猎趣网红直播季。在进行趣味创意互动的同时，吸引目标受众对产品产生深度记忆，深度挖掘用户的潜力，对于猎趣而言，这是一个现象级的大事件曝光，不仅在线几十万的围观使猎趣获得了迅速曝光，而且间接影响达千万人次，实现了品牌千万级的曝光。

（2）创新的互动营销闭环设计，打破跨平台限制。

在此之前，网红直播也经常被其他品牌当做营销新打法，但是单一的合作形式、毫无特色的内容输出都让品牌与网红的合作变得浮于形式。此次活动直播过程中不仅有网红私人物品的现场售卖，还有意想不到的惊喜等待用户体验。"直播—分享—购买—体验—惊喜—分享—直播"多屏互动打造营销闭环。在直播过程中，受众与网红实现深度沟通，再将受众引流至猎趣，受众可享受全新的购物体验。整个过程不仅将品牌曝光及产品体验融为一体，而且这种互动营销模式既新颖又娱乐化十足，易于受众接受，实现了受众、猎趣、网红的共赢。

本次跨界合作，不仅让猎趣在行业内实现了发声与亮相，也实现了品牌和用户之间进行的一次兼具深度和趣味的对话，开辟了闲置交易领域跨界营销的新模式。此次项目尝试，对猎趣本身甚至整个行业，都颇具前瞻性。

亲历者说： **马韶婷 北京墨攻文化传媒有限责任公司 项目经理**

在目前闲置物品线上交易领域三足鼎立的情况下，如何应用新型媒介形式整合创新，简单直接地与用户达成深度互动，让品牌在短期内能迅速落地曝光并达成品牌声量的累计，成为这次品牌事件化营销的关键。

网红直播作为 2016 年最火热的媒介资源，诸多品牌都在思考如何将网红

+ 品牌的营销组合玩深玩透。猎趣 APP 网红直播推广项目中，网红沟通和协作是项目执行的关键，为了能够在活动中充分调动用户参与互动，项目组花费了大量时间和精力，反复和各个主播沟通，挖掘明星主播背后的故事和感情线。为了能够让用户在活动中充分感受到猎趣的品牌力，充满游戏趣味的活动流程设计和 360° 无死角的品牌信息释放都成为活动亮点，这场创新的体验式营销事件也因此获得了各界关注。

案例点评

点评专家：樊传果　江苏师范大学传媒与影视学院副院长，教授，广告研究所所长，文化创意产业研究所所长，PRSC 学会常务理事等

APP 品牌推广，重要的是如何借助一些高效的传播手段在短期内快速提高品牌知名度和用户认知度、好感度，并能留住用户。通常，必须创造性地开展活动事件营销，并整合运用多种媒体高效开展公关宣传。

从案例描述情况来看，猎趣 APP "拯救剁手党" 网红直播推广项目取得了较好的传播效果，在广告与营销模式创新方面做得非常好。一是借助当下吸睛效果十足的 "网红直播" 元素，有效开展 "网红＋直播营销" 跨界营销，网红的主力粉丝与猎趣 APP 的主力群体做到了高度匹配。二是在直播现场积极开展 "场景营销"，360° 植入大量的产品 "场景广告"，极大地增加了品牌曝光度，提升了活动的品牌推广效果。三是话题丰富，手段新颖。在活动现场开创了许多直播新玩法，让用户在和网红的直播互动中，又巧妙地和猎趣 APP 的使用体验有机融合，让受众在互动直播和深度沟通中通过猎趣 APP 更加便利、快捷地实现闲置物品的交易体验，增强了对猎趣 APP 品牌的认知度和活动营销效果。四是借助活动丰富的话题，整合运用多种传播媒体，尤其是网络媒体，在活动全程借助微博话题、双微 KOL 分享、平台专栏、直播推广等媒体渠道的密集传播，打通事件营销与大众接收信息的接触点，全方位、多层次地传递事件热度和品牌影响力，极大地增强了活动传播效果。这是本次营销活动能覆盖到 1300 万人次的关键。五是积极开展事件营销，通过活动包装，借助门户、垂直、高精尖等媒体的积极转发、主流媒体的联合报道、资深大咖的事件剖析和解读等，进一步扩大了活动的影响力和品牌的知名度、美誉度。

可以说，这是借助娱乐圈事件进行成功营销传播的典型案例。

OPPO 娱乐明星定制机社会化系列传播

执行时间：2016 年 5 月至 8 月

企业名称：广东欧珀移动通信有限公司

品牌名称：OPPO

获奖情况：金旗奖——2016 最具公众影响力娱乐营销大奖

/ 项目概述 /

　　OPPO 作为国内销售量前三的手机品牌，除常规自身品牌及产品的传播外，与其他手机最大的营销差异在于利用多方娱乐明星进行定制机的售卖及传播。赞意互动为李易峰、TFBOYS、杨洋等明星的定制机传播量身打造传播计划，传播效果既有手机的销售数据支撑，又有粉丝的讨论声量，形成了一套创新型娱乐明星定制机传播方法论，提高了 OPPO 品牌在业内的口碑，并且形成了鲜明的品牌定位。

/ 项目背景 /

　　（1）伴随着手机市场的两极分化，以苹果手机为首的 iOS 系统手机形成了一批忠实的粉丝，小米、魅族、华为等国内较早崛起的手机品牌也形成了其固定的粉丝群体，OPPO如何在这二者中择其一并形成自身鲜明的品牌定位？除了打造产品端的内容外，确定传播立足点也很重要。

（2）在"充电5分钟，通话2小时"广告已经形成很好的自传播效果的基础上，如何更大程度地提高这句宣传语的影响力并将闪充功能"植入"消费者心中形成良好的认知，成为OPPO品牌对于产品端的要求。

（3）在粉丝经济越来越鼎盛的今天，当红明星有一批能够创造流量的粉丝，OPPO身先士卒地签约了当红"炸子鸡"李易峰、新生代偶像潜力股杨洋，以及国内超人气组合TFBOYS，如何利用好他们的人气为OPPO品牌增加影响力是传播的首要核心。

/ 项目调研 /

（1）传播基于目标消费者。增设Foucs Group（焦点小组）调研前置传播的新模式，在咩咩phone、TFphone（OPPO为杨洋、TFBOYS打造的定制机名称）传播初期，为了更好地为定制机量身打造传播方案，分别发出样本量为500人的调查问卷，直接与目标消费者对话，因此OPPO的娱乐明星定制机社会化传播是基于调查，有真实的事实支撑而建立的。了解到粉丝对于定制机的期待及对于品牌的期待后，再进行项目的方案策略规划。

（2）传播不能脱离品牌。娱乐明星定制机的传播方法不仅要贴近粉丝的喜好，同样还要分析洞察到目标消费者最热衷讨论的内容，打造"充电5分钟，咩咩2小时""充电5分钟，元气2小时"等广告语，采用品牌率先开放广告语创造的方式增加品牌端UGC。

/项目策划/

策划目标:

- 提升品牌影响力,扩大公众对 OPPO 品牌更加广泛的认知,树立差异化品牌形象。
- 强化"充电 5 分钟,通话 2 小时"的认知及公众对于闪充功能点的记忆。
- 创建品牌和代言人粉丝的纽带,强化二者之间的关系,增加品牌好感度。
- 基于微电影播放量的增长,售卖定制版手机。

策略:

(1) 由无到有,由品牌好感度到品牌强关联度,逐渐加强 TFBOYS、杨洋、李易峰粉丝对 OPPO 的品牌信赖和依赖程度。

(2) 电影式传播策略。预热期通过新颖的微电影花絮放出形式建立关联,打造独家话题;热播造势期利用打造"第一部上映的微电影"话题,形成传播亮点;热播爆发期强关联定制机,主推预约和购买信息;后期通过外围营销和粉丝联动,形成售罄的效果。

(3) 线上传播配合线下亮点事件,构成线上线下的联动圈,让定制机的信息时时刻刻均存在于用户周边。

传播受众:

明星粉丝,OPPO 品牌忠实消费者。

传播内容:

所拍摄的微电影上下集、定制机周边及定制机本身,均是传播内容的重要组成部分。外围利用线上资源进行以下内容的传播:

(1) 预热海报、倒计时海报及微电影拍摄花絮传播给活动预热。

(2) "充电 5 分钟,元气 2 小时"等广告语进行阶段性重点传播,强化记忆点,配合预热视频利用"带你去探班"等活动吸引粉丝注意,针对不同明星的粉丝特点在该阶段有差异化地传播内容,例如为杨洋专门打造了"咩星球"从而聚集粉丝力量,增加粉丝的专属感和对品牌的好感度。

（3）通过大量UGC内容及粉丝线上活动，配合微电影上下集的传播，最大限度地打造传播声量，助力产品预约。

（4）预约及售卖的间歇期，利用外围打造微电影口碑，从而激发粉丝的炫耀心理，进而使其对品牌的好感度直线上升，为产品造声势。

媒体策略：

（1）官方微博作为独家物料的发散地，是主要的发声渠道。

（2）明星粉丝团除了扩散信息之外，还承担了原创物料发生渠道的角色，在传播阶段配合官微一起打造声量。

（3）外围微博账号进行辅助配合，进行口碑传播，让更多的受众看到传播内容，从而刺激粉丝更加主动地为传播增加声量。

明星定制机的媒体策略以OPPO官微和粉丝团为主，其余外围的配合一方面能够扩大受众面，让传播拥有更广泛的影响力；另一方面能起到满足粉丝团期待，增加粉丝团讨论积极性的作用，整合了多方媒体并且有的放矢地选择

重点传播渠道，是娱乐明星定制机传播的重要一环。

/ 项目执行 /

  OPPO娱乐明星定制机的项目传播周期基本都控制在15~20天，从预热海报到最后的手机售卖会经历预热阶段和爆发阶段。

  在预热阶段，主要涉及海报的制作及事前的联络沟通，包括事前UGC的沟通及微博物料的搭建与准备，例如在咩咩phone中首次采用特定的"咩星球"微博背景，赋予粉丝一个新称谓，从而将他们更好地团结在OPPO品牌周围。

  在爆发阶段，主要以微电影的传播为主来吸引更多的手机预约，以系列的主题海报作为承载。为了充分传递闪充功能点，进行了百度词条的建立、粉丝换头像、应用微博贴纸等能让粉丝真正玩起来的活动。

在项目的中后期配合明星定制 H5 等社交传播素材进一步扩大影响力，在传播中除充分利用粉丝团外，还通过大量具有影响力的 KOL 晒周边等吸引关注。

/ 项目评估 /

效果综述：

社会化系列传播中，TFBOYS 定制机 TFphone 在 30 秒内售罄，主话题"充电 5 分钟，元气 2 小时"微博话题阅读量超过 10 亿，讨论量达 360 万。杨洋定制机咩咩 phone 成功将咩咩和闪充功能点相关联，建立了相关的百度词条，在售卖当天被一抢而空。李易峰作为 OPPO 明星定制机的开端，预约量达到 8 万台，并引起了粉丝的广泛关注和讨论。

受众、市场及业内反应：

受众的反应是考量系列定制机传播的关键因素，除了可观的数据量及瞬间售罄的定制机之外，粉丝是否对品牌产生了好感度同样是考量传播效果的因素。粉丝主要有以下两个层面的反应：

（1）粉丝对品牌产生初步的好感。

TFphone 传播阶段结束后，成员易烊千玺的粉丝团自发对本次定制机的传播进行了总结和二次传播。这不仅表达了粉丝对品牌的好感，同时表明经过此次针对明星本人的传播，在粉丝心目中形成了 OPPO 与其他品牌的差异化。

（2）粉丝对品牌依赖且信任。

继李易峰定制机喋喋 phone 发布之后，2016 年 8 月借由电视剧《青云志·诛仙》播出的契机，OPPO 打造了李易峰青云志定制版，开辟了娱乐明星定制机的另外一个领域——和娱乐明星的作品相关联创造"周边"式定制机。因喋喋 phone 的成功，在传播初期就引起了粉丝的期待，3000 台定制机一抢而空。此次传播抓住了粉丝的兴趣点，并且给予他们专属感及独特的定制感，因此找到了传播的突破口和成功渠道。

在业内，营销行业权威网站"广告门"总结并发布了本项目的传播案例，娱乐资本论等众媒体大号均自发总结、盘点本项目的传播效果和手段，从李易峰到TFBOYS再到杨洋，娱乐明星定制机的社会化传播已经成为OPPO的一个差异化特点，同时也是如何应用粉丝团增强传播效果的教科书式的创意营销。

媒体统计：

微信：创意广告，南都娱乐周刊；微博：影视大魔王。

/项目亮点/

（1）粉丝营销的传播策略，打造了"粉丝—娱乐明星代言人—品牌"的传播闭环，通过传播强化了三者之间的关系，并且多管齐下灌输品牌理念、传播品牌功能点。

（2）在既有的传播方法论中，针对不同的娱乐明星定制专属于代言人的不同传播亮点。

（3）手机售罄，话题讨论声量高，能够将参与定制机的粉丝和OPPO的关系拉近，并且使其对品牌产生期待感。

（4）有自发的业内声量，并且成为业内关于粉丝营销的典型案例。

亲历者说： 李铭　北京赞意互动广告传媒有限公司　高级客户服务主管

娱乐明星定制机项目的执行难度在于之前并无业内较为成功的案例可以提供思路借鉴，在明星定制机的社会化传播中我们属于较早吃螃蟹的人；另外一个挑战就是粉丝营销存在很多不确定性，尤其是签约的代言人均为当红且极具话题性和争议性的，如何能利用好粉丝又不把品牌牵扯进去是一个难点，而且在执行中确实遇到了相关问题，备存 Plan B（B 计划）是粉丝沟通的关键；同时"闪充"的品牌亮点和粉丝的关注点并无强关联，怎样灌输功能点给粉丝也是关键。

在项目前期我们做了很长时间的调查，了解粉丝的关注点及心理，后期迎合粉丝喜好，通过各种活动如建立百度词条直接强关联品牌功能点，通过话题的可塑性增加话题的记忆点。

这些新的尝试无论是在粉丝圈还是在业内都获得较为良好的效果，正是因为没有先例，在打造出一套专属的传播策略后我们是十分有成就感的。

一直被诟病及不看好的粉丝同品牌之间好感度的建立，是可以通过贴近、了解获得的，娱乐明星这把利器需要在前期加强了解，在中后期进行有意义并能同时契合品牌功能点的传播，才能获得很强大的收益。

案例点评

点评专家：杨丽萍　广西财经学院公共关系学系主任，副教授

娱乐营销与自媒体结合，使得今天的营销进入了"产品即内容，内容即广告"的娱乐营销 3.0 时代。这是一个"无娱乐，不营销"的时代！

本案例的最大亮点和成功之处是将娱乐营销与粉丝社群完美结合，利用明星效应，充分发挥明星粉丝社群自媒体传播、主动传播的优势，并最终实现粉丝经济最大化，创造了手机定制机娱乐营销典范。

（1）本案中娱乐营销的成功离不开前期较为扎实的目标消费者调研分析和粉丝洞察。站在日益个性化的消费者角度，将好产品配合优质的娱乐内容，构建产品与目标消费者的亲密关系；在产品和目标公众之间建立强关联,将娱乐内容与消费行为打通。企业不是站在自己的角度自说自话,而是主动适应娱乐的语境,如"充电5分钟,咩咩2小时""充电5分钟,元气2小时"等,与用户一起娱乐,让用户参与到品牌的娱乐营销中,运用整合娱乐营销策略,让娱乐营销衍生出更多的传播内容和介质,让产品核心信息"充电5分钟,通话2小时"获得明星粉丝及OPPO手机消费者的关注、参与互动、自发传播。

(2)通过创建粉丝专属社群,充分利用明星效应吸睛。对于本案的娱乐营销,从娱乐内容到娱乐社群,OPPO品牌定制机通过签约明星,构筑以娱乐为主线的社群,提供娱乐消费者参与的机会,如"带你去探班""咩星球"等,让OPPO定制机话题深入粉丝内心,积极参与并不断刷新话题,制造内容、主动传播。以OPPO官微和粉丝团为主,外围微博账号为辅,紧紧抓住粉丝的兴趣点,进行口碑传播。赋予粉丝专属感及独特的身份认同体验,增加品牌好感度,促成粉丝完成定制机购买行为。实现了经济效应与社会效益最大化目标。无论是定制机的销售量,还是热点话题的传播量、互动关注和讨论声量都达到了预期目标。

(3)活动新颖,话题丰富,内容鲜活,成功打造娱乐营销典范。通过微电影拍摄及花絮播放、推出系列的主题海报、粉丝换头像、微博贴纸等新颖的互动活动让粉丝真正玩起来。还对核心信息"闪充功能"建立了百度词条。线上传播配合线下热点事件,如利用明星主演的电视剧热播打造"周边"式定制机。构成线上线下联动圈,形成传播闭环。这些都极大地增强了娱乐营销活动的传播效果,提高了OPPO定制机品牌口碑。

当然,娱乐明星的影响力对娱乐营销的作用往往还具有不确定性、不可控性;还有粉丝圈的不稳定性及相互间的排他性等特点。因此企业在娱乐营销时对娱乐明星影响力进行全面评估非常必要。

2016 最具公众影响力技术创新营销大奖

易赞"支付宝9.9新版"发布大数据精准营销——"让生活更简单!"

执行时间：8月4日至21日

企业名称：北京易粉科技有限公司

品牌名称：易赞

获奖情况：金旗奖——2016最具公众影响力技术创新营销大奖

/ 项目概述 /

2016年8月初,支付宝9.9新版发布,易赞围绕着支付宝9.9新版升级新功能,以"支付宝传递一种生活态度,让生活更简单"为主题进行了全媒体传播。首轮以支付宝9.9新版上线传播为主,利用自媒体大数据技术,实现目标人群精准高效曝光达8613万,后续传播针对"支付宝9.9新版社交化"进行深度解析,进行新一轮意见领袖发声,3天内覆盖目标人群2581万,成功传递支付宝9.9新版"让生活更简单!"理念。同时,自媒体大数据技术的应用,使此次推广成本节省51.37%。

/ 项目背景 /

从支付宝 9.0 版本开始，支付宝就明确了从支付工具向生活平台进化的升级方向，支付宝 9.9 新版在品牌方面持续聚焦一站式生活服务平台的打造。

支付宝 9.9 新版基于"数据驱动""智能推荐"技术在产品功能上做了重大改变，实现从原来的人找服务，转变为服务主动找人的升级体验，通过贯穿消费、生活、金融理财、沟通等多个领域的生活场景，完成以每个人为中心的一站式生活服务平台，真正实现支付宝"让生活更简单！"理念。

如何将支付宝 9.9 新版的理念与产品新功能快速、准确地传递给消费者，让更多用户了解、体验到支付宝的迭代升级，提升 APP 的打开率及用户黏性，是此次媒体营销要解决的问题。

/ 项目调研 /

作为阿里巴巴互联网金融战略生态的基石，支付宝月活跃用户数已超过 3 亿，成为继微信和 QQ 之后的又一个超级流量入口。调研数据显示支付宝 9.0 版 APP 行为数据："85 后"是主力军，二三四线城市"90 后"支付宝用户活跃度较低。

面临的挑战：

（1）如何让用户快速、准确地了解和体验支付宝 9.9 新版的新功能，引发全民参与？

（2）二三四线城市"90 后"支付宝用户活跃度较低，如何触达这部分目标用户？

（3）如何找到影响目标群体的代言人或媒体意见领袖，影响并激活目标用户？

（4）海量自媒体渠道过于分散，数据不公开，转化效果无法保证。

/ 项目策划 /

营销目标：

借助易赞的大数据平台及投放系统：

（1）准确找到意见领袖代言人。

（2）实现准确的"90后"人群洞察。

（3）精准定向投放广告，精准匹配度达95%。

（4）提升支付宝9.9新版用户认可度。

传播策略解析：

易赞大数据中心基于海量自媒体的深度数据挖掘，对大数据营销场景和行为精准捕捉并进行标签化分类，帮助支付宝进行目标人群洞察，并在投放中实时跟踪互动用户数据，实现越投放越精准的效果。

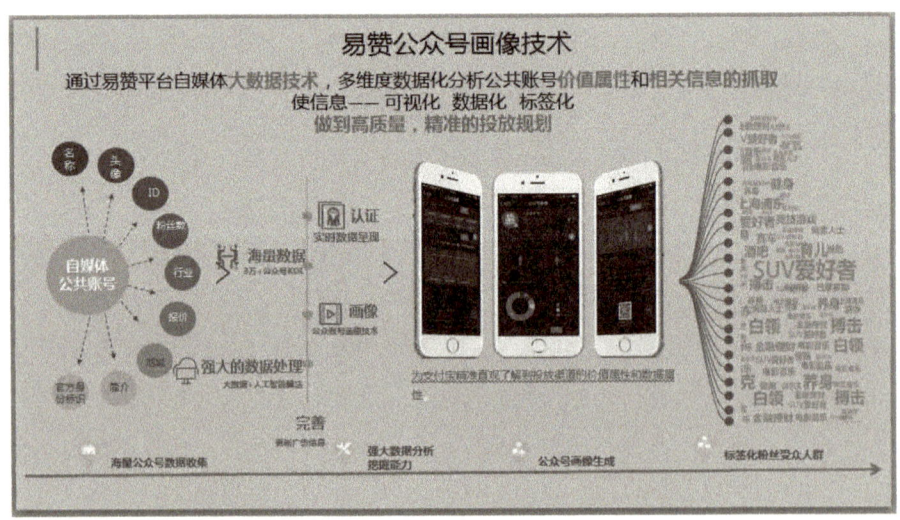

易赞2.0公众号画像技术示意

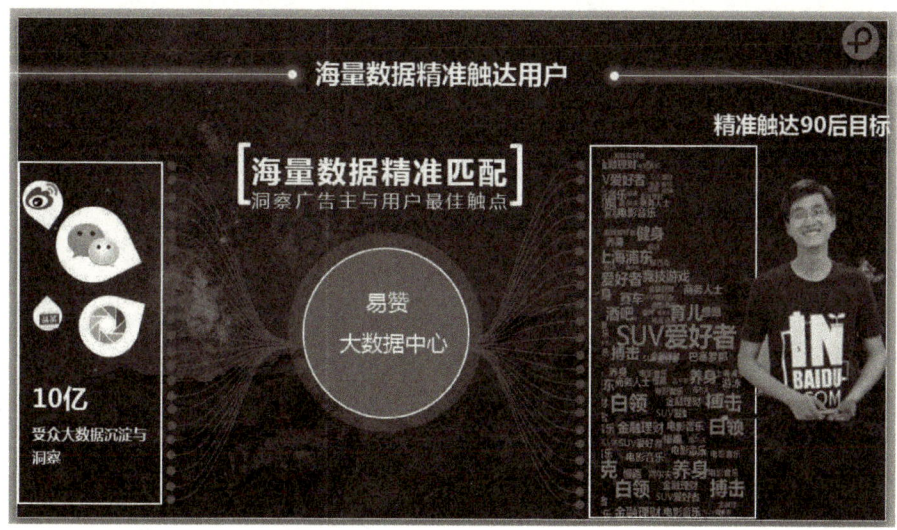

运用新媒体大数据技术寻找潜在目标人群

易赞公众号画像技术，实现 360° 公众号数据画像，帮助支付宝精准找到行业意见领袖代言人，引发行业 KOL 热议，迅速影响行业，引导传统媒体持续发酵。

传播内容：

行业意见领袖集体热议：支付宝 9.9 新版基于"数据驱动""智能推荐"技术在产品功能上做了重大改变，实现从原来的人找服务，转变为服务主动找人的升级体验；持续聚焦一站式生活服务平台的打造；支付宝语音机器人能力及可能的拓展空间；支付宝 9.9 新版里的社交元素。对上述内容的讨论和各方面评论，引导行业关注、热议，推动事件持续发酵，进而引起广大消费者关注、了解、体验，引发全民热议支付宝 9.9 新版。

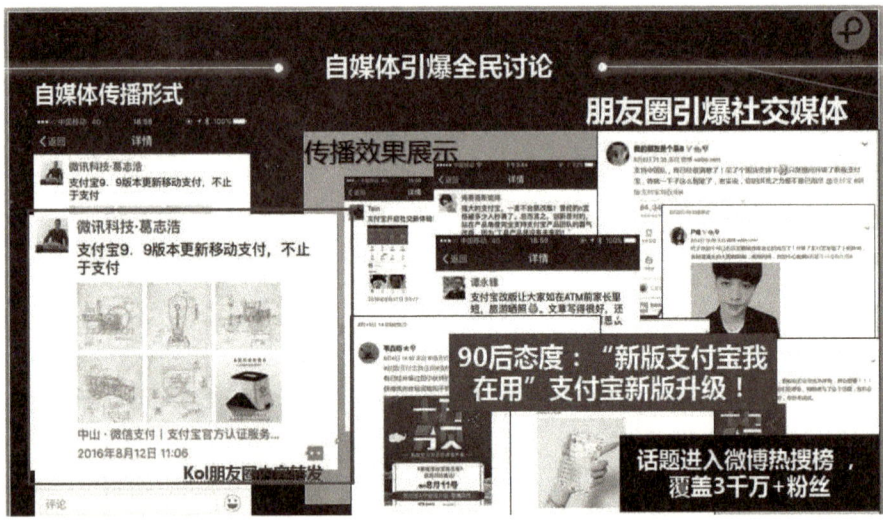

晒海报 + 话题引爆社交媒体

媒体策略：

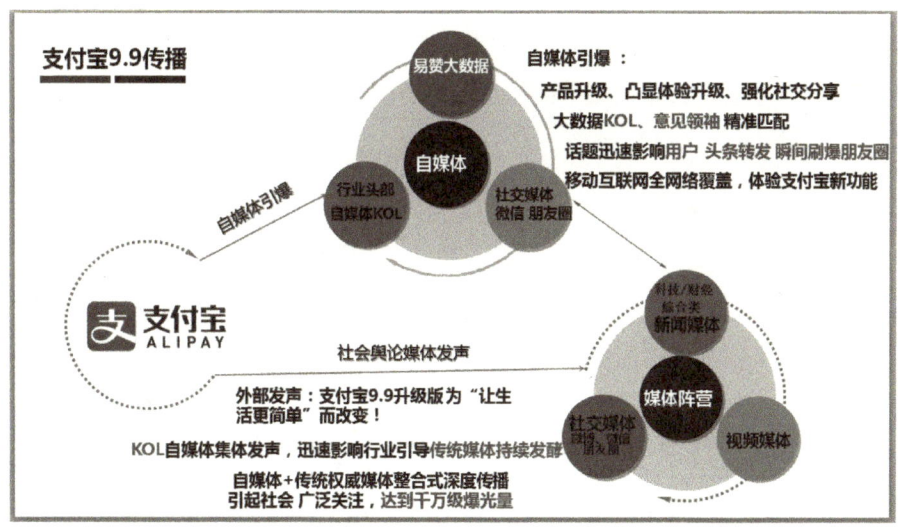

/ 项目执行 /

（1）意见领袖行为数据挖掘。

运用易赞大数据技术，针对3万+自媒体KOL进行全维度、有深度的数据挖掘。

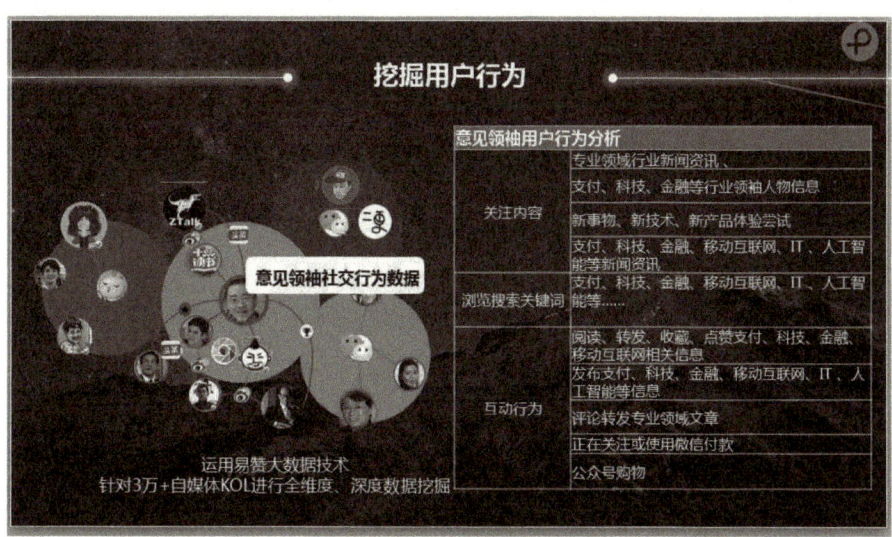

（2）"90后"目标群体行为数据挖掘。

针对"90后"目标群体，运用易赞大数据技术，实现对大数据营销场景和行为的精准捕捉，并进行标签化分类，锁定高转化潜在的用户。

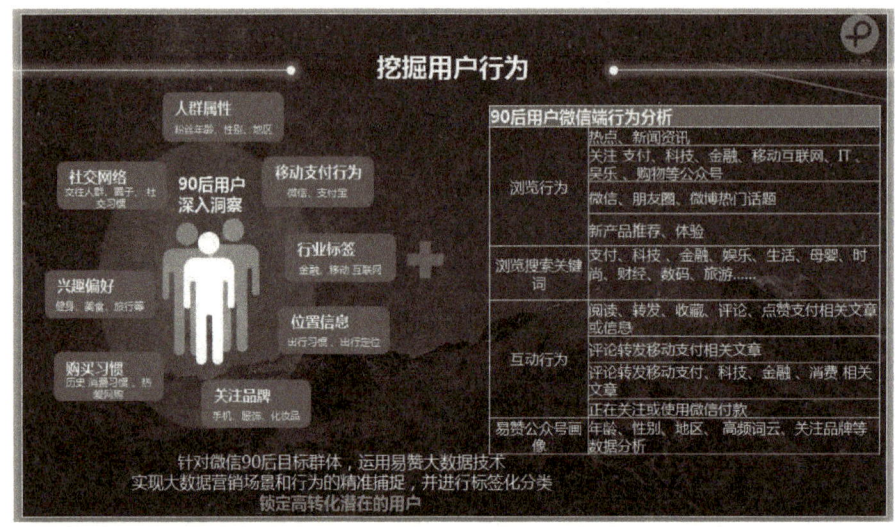

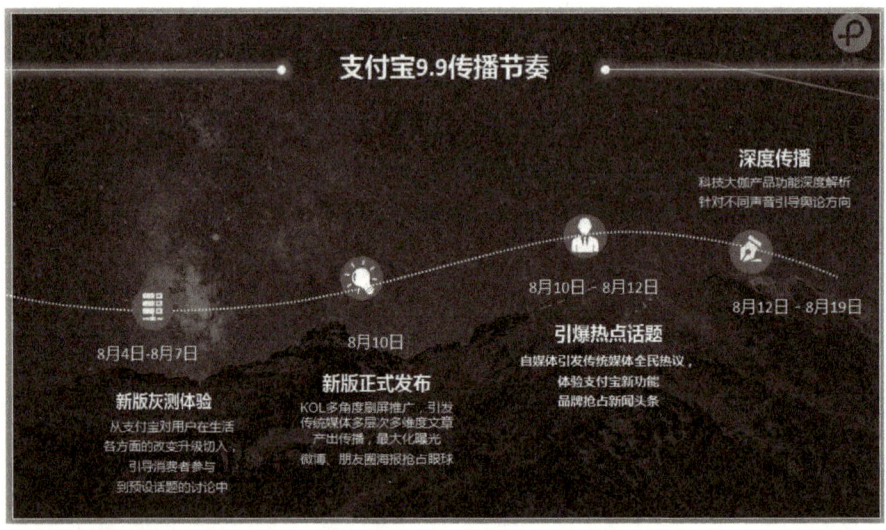

传播节奏:

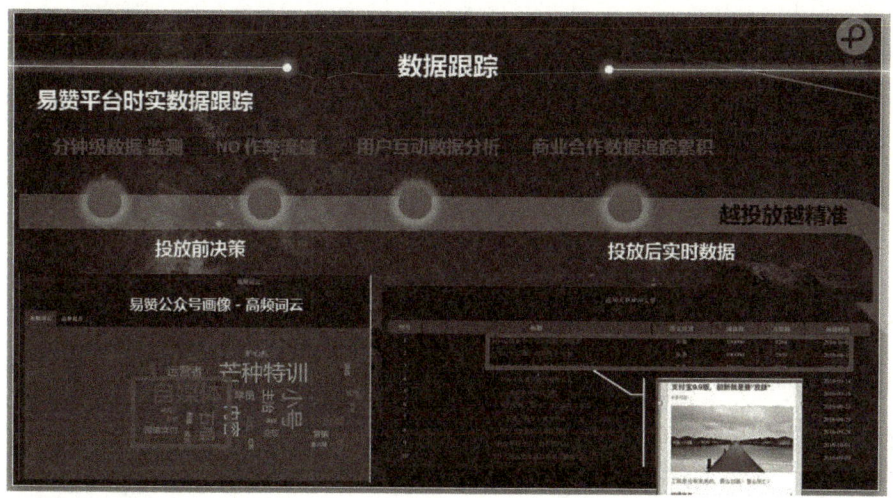

传播数据实时跟踪

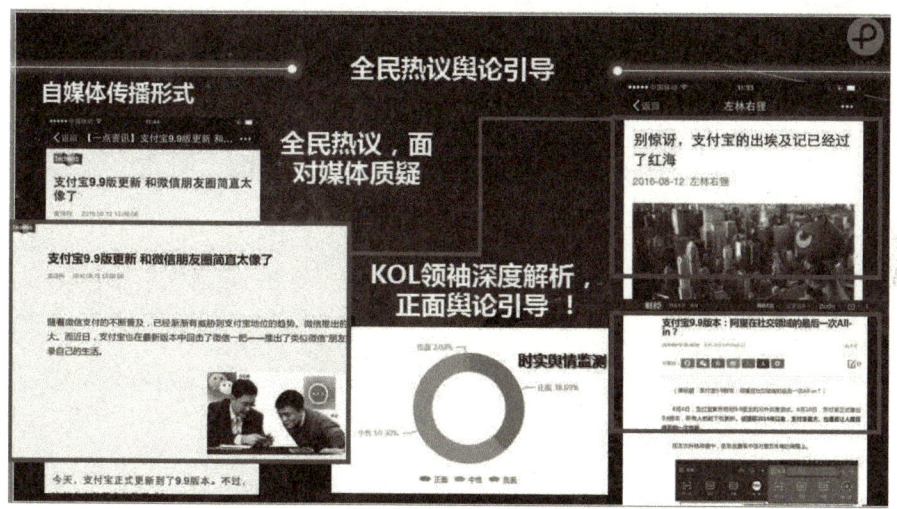

针对负面声音舆论引导

/ 项目评估 /

易赞新媒体大数据技术帮助支付宝 9.9 新版上线实现了超乎预期的

品牌力提升。实现目标人群精准高效曝光达 9400.8 万（第三方数据统计为 1.1194 亿左右），阅读量 816.3 万，转发评论 50.4 万，新媒体大数据的应用，精准触达目标人群，产生高频互动体验，使此次推广成本节省了 51.37%。

第三方调研数据显示，经过 2016 年 8~9 月共一个月的投放后，支付宝月活跃用户提升 3.4%，支付宝 9.9 新版认可度提升 162.3%。

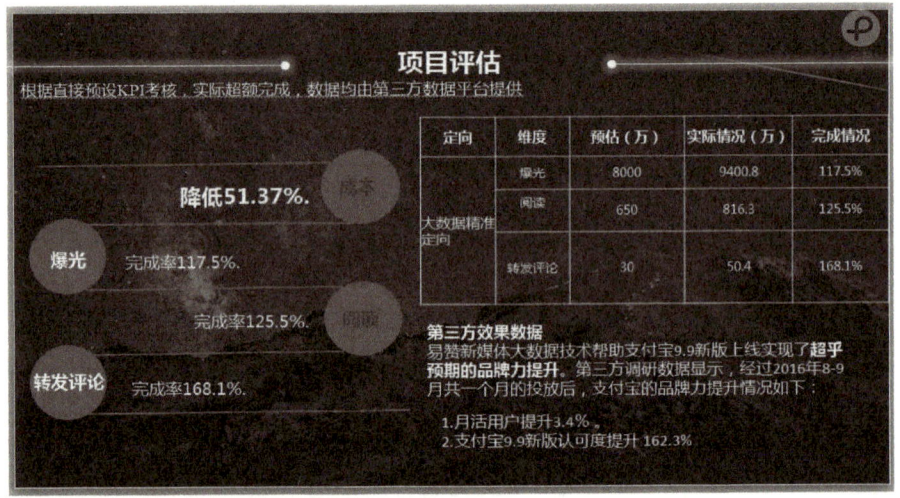

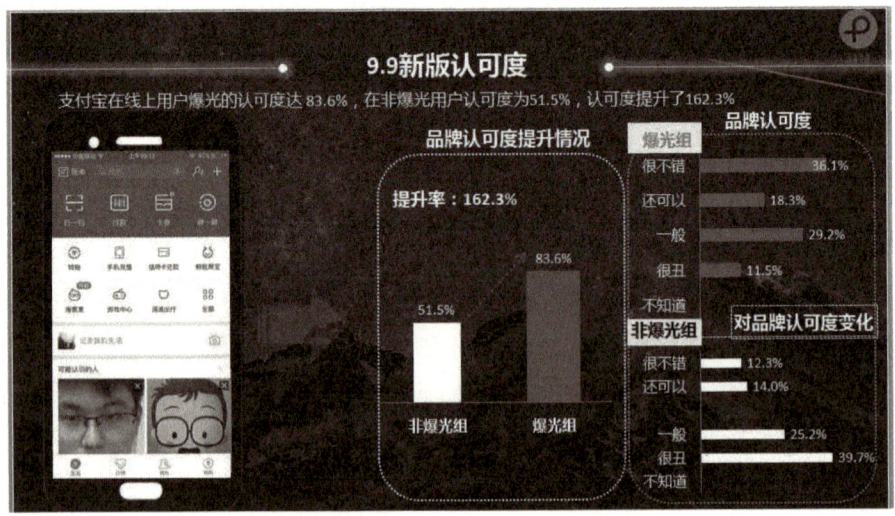

新品认可度广告曝光组与非曝光组对比

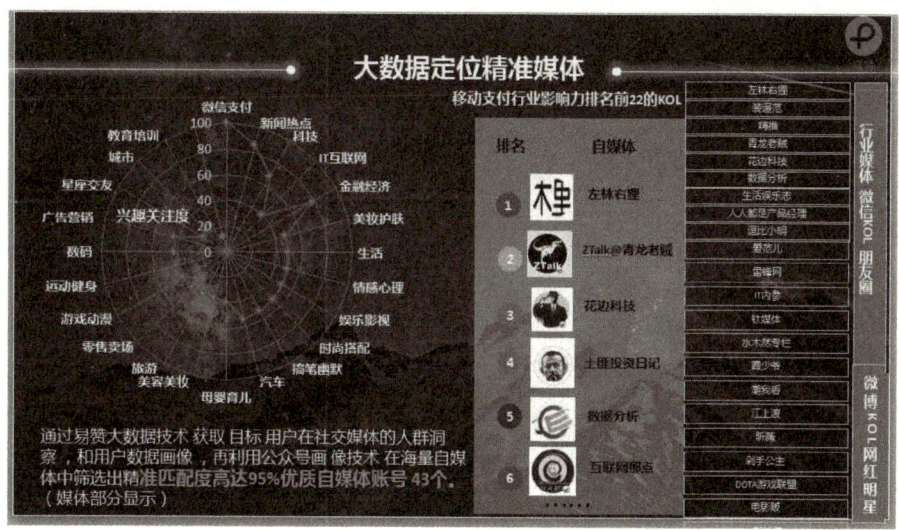

项目传播过程中使用过的自媒体

/ 项目亮点 /

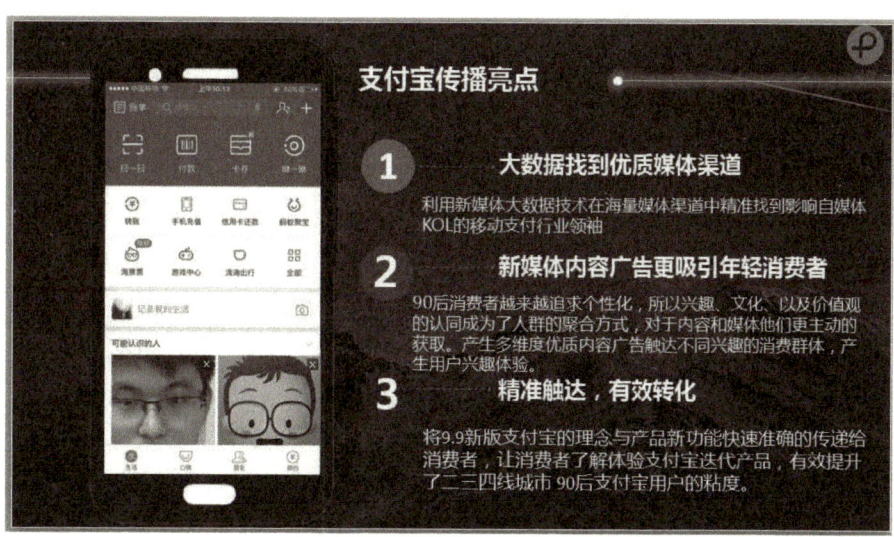

亲历者说： 晓衫 蚂蚁金服 公关经理

　　此次易赞携手支付宝，强强联手探寻更高效的精准营销。支付宝首次尝试易赞新媒体大数据技术的应用，达到了超乎预期的传播效果，并节省了近一半的营销成本。

　　支付宝9.9新版上线首发传播对于我们尤为重要，此次自媒体引发传统媒体话题的策略成功地引起全民关注，在消费者互动体验支付宝新功能的同时，讨论话题持续发酵，引发热议，成为社会热点事件。

　　新媒体是支付宝传播的重要阵地，在碎片化的媒体里找到精准渠道，有效触达目标人群尤为重要。未来，支付宝会在大数据营销创新技术应用方面有更多的尝试。

案例点评

点评专家： 蓝劫　资深公关人

　　互联网及移动互联网改变了中国的商业结构，BAT（百度、阿里巴巴、腾讯）已经在中国经济和商业结构发展中起到了极其重要的作用。而互联网及移动互联网平台的兴起，也改变了传统公关及宣传的模式。如何从产品上满足年轻人的生活需求，如何在宣传中更适应他们的媒体使用习惯，就成了摆在BAT和公关人面前的课题。

　　移动互联网产品的快速迭代是其区别于传统产业升级的最大不同，这种快速迭代不仅是基于对产品功能更新上的需求，更是在竞争上的需求。此次支付宝的迭代需求也是源于其来自微信等平台的直接竞争。但在产品升级的时候，除了符合公司对于产品社交属性的延展，也要满足既有客户不断提升的需求，更要在现有基础上吸引更多的客户。这样才能满足产品在深度、广度、用户使用频次及时间上的竞争需求。

随着人们对媒体使用习惯的巨大改变，传统公关人的经验已经不能完全满足现实的需要了，对于现今消费者使用习惯的调查已经非传统方式可以满足。因此更多的基于互联网和移动互联网的技术就成了成功营销的非常重要的辅助手段，此次易赞通过其大数据工具对于用户使用媒体的习惯进行抓取、分析、学习，使其对用户的精准投放成为可能。

尽管互联网快速发展似乎让人们更依赖于技术，但易赞人在项目中对于方向精准的把握，以及对于口碑管理的重视，也都是项目成功不可或缺甚至是决定性的因素。

如今的时代是一个需要坚持以人为本，同时提升视野的时代，同时也需要先进技术加持的时代。缺少人对于方向的把控或者缺少先进技术的支持，都不可能做到圆满。此次易赞通过先进技术在大海中精准拾贝的案例，正是当今最In（时尚、流行）的公关经典案例，值得学习。

网易乐得欧洲杯"斩男"H5

执行时间：2016年6月至7月

企业名称：网易乐得科技有限公司

品牌名称：网易乐得

获奖情况：金旗奖——2016最具公众影响力技术创新营销大奖

/ 项目概述 /

此次欧洲杯"斩男"H5，是项目组针对品牌男性用户群体量身定做的创意性H5传播方案，"足球+美女"双重吸引力，充分刺激男性用户群体的神经。在形式上，通过百分百还原直播画面让整个H5更真实、更有趣味性，同时加入互动足球游戏，自然地将足球元素和网易乐得品牌及产品信息带入，让用户更易于接受。

此外，除了H5的内容，其结尾的自定义分享转发语也是此次设计的一个亮点，不仅更加趣味性地促进了整个H5的传播扩散，同时自然地将用户带入到产品中，帮助提升转化。

/ 项目背景 /

在欧洲杯期间，各大品牌企业纷纷借势营销，网易乐得在此期间推出"欧洲杯竞猜"主题活动。在传播上，如何将产品与欧洲杯进行强关联，出新、出奇吸引以男性为主的消费者，用低成本打赢声量战，并真实地为产品带来销量，是项目组需要突破的核心挑战。

/ 项目调研 /

本届欧洲杯开幕之前，国外知名营销机构 RadiumOne 曾对欧洲杯赞助商的品牌辨识度做过调研，让 1000 名喜欢足球的英国人列出 5 个与欧洲杯相关的品牌。结果显示，9% 的被调查者提到了耐克，但正牌赞助商阿迪达斯的品牌辨识度仅为 11%。

以上数据说明，传统的冠名、赞助等方式已经被社会化营销模式所诟病。网易乐得作为一个新兴品牌，想要在欧洲杯期间杀出重围就必须独辟蹊径，找到用户真正的痛点，并通过最简单、直接、可传递的方式传递到用户面前，才能够真正地与用户建立关系。

此次欧洲杯"斩男"H5 就做到了这一点，通过手机这一当前最为普及的媒介，将"足球 + 美女"的组合直白地摆在目标用户面前，简单却又十分具有趣味性的互动极易引起用户的共鸣和好奇，进而引起大规模转发，最终实现声量和销量的双重提升。

/ 项目策划 /

策划目标：

通过此次 H5，打造网易乐得品牌个性，吸引用户关注并拉新。

策略：

使用能刺激到男性用户荷尔蒙的绝佳组合"足球+竞猜+美女"，用有吸引力的方式传递"欧洲杯竞猜，就来网易乐得"，让信息更有冲击感。

传播受众：

该 H5 的目标受众为男性群体，一方面男性群体对足球项目关注较多，其参与并购买相关产品概率更高、预算更多；另一方面男性是网易乐得的主要目标受众群体，因而通过打造直播 H5 更能够吸引这部分用户的关注和互动。

传播内容：

结合热门直播形式，制作业内首款直播互动 H5，利用网红美女主播进行核心信息传递，并设计用户与主播互动，增加趣味性与自传播效果，成为一款热门"斩男"利器。

（1）100% 还原直播形式。

通过页面和设计模拟直播平台开屏画面，5 名当红女主播变身足球宝贝，用户可根据喜好选择任一主播房间，给用户带来最真实、最新奇的互动体验。

（2）探秘足球宝贝主播间。

用户进入直播间，可以选择体验与直播APP同样的社交功能，在美女主播"直播"的过程当中进行互动，点赞、留言、"送游艇"，喜欢她就支持她。

（3）点球互动，边看边玩赢红包。

美女主播变身守门员，与用户进行点球游戏。在游戏中，足球宝贝引领用户走向球门，模拟点球大赛的真实场景，同时设置红包奖励，刺激用户下载并参与足球竞猜活动。

（4）自定义转发语，分享整蛊好友。

在转发扩散的环节，规避诱导分享的风险。设置自定义转发语，用户可以任意发挥，整蛊、娱乐好友，刺激用户分享进行二次扩散。

媒体策略：

H5 精准微信群推广：H5 上线后，发布到精准微信群进行推广，利用相关的专业类 KOL 对此次欧洲杯 H5 进行扩散传播。

微信大号推广：H5 上线后，策划基础话题进行传播，同时选取草根类、娱乐类微信大号，进行引导性传播。

专业平台推广：在 H5 传播扩散后，对其进行案例包装，并通过数英网、广告门等平台进行曝光，从而提高品牌传播效应。

/ 项目执行 /

第一阶段——H5 上线（6 月 25 日至 27 日）
6 月 25 日，欧洲杯"斩男"H5 正式上线，通过专业的平台传播、微信群等方式，对 H5 进行扩散传播。

第二阶段——话题发酵（6 月 27 日至 7 月 5 日）
通过第一阶段的传播扩散，欧洲杯"斩男"H5 取得了较好的声量，传播效果较好。在第二阶段着重进行话题发酵，选取微信大号对 H5 内容进行传播，加深用户的印象，同时吸引更多新的受众对 H5 的关注，进而帮助转化。

第三阶段——案例包装（7 月 5 日至 7 日）
在此次 H5 传播结束后，着重进行案例包装，将此次 H5 案例上传至广告门、数英网等专业媒体平台，从而帮助提升品牌形象及品牌知名度。

/ 项目评估 /

传播效果：
- 欧洲杯"斩男"H5 上线 5 天，共有超过 50 万用户进行了互动。
- 平均访问持续时间 179 秒，近 3 分钟。
- 平均游戏次数：3.85 次。
- 游戏加载成功率：80%。
- 在短短的 7 天内，为网易乐得带来近 5000+ 新用户。
- 微信平台的阅读原文转发率高达 26%，远远高于行业平均水平。

/ 项目亮点 /

直播+互动的技术突破，双重保险打造最新奇的用户体验

首创美女直播互动H5形式，结合时下火热的社交形式，用H5的方式100%还原直播平台功能，给用户带来前所未有的H5互动体验。

视觉+听觉，潜移默化植入品牌和产品信息

此H5将网易乐得的产品功能和竞猜玩法充分融入每个环节当中，让用户在参与的过程中，随时感受网易乐得的产品特点，趣味互动形式充分调动起网友的参与热情。

拒绝千篇一律，自定义整蛊转发语给你一个分享的理由

在最后引导转发的界面中，摒弃死板直白的引导语形式，而将决定权交给用户，自定义转发语内容，在提升用户体验的同时，给用户主动转发、分享提供一个恰到好处的理由，从而提高H5的传播量。

亲历者说： 杨涵淅　网易乐得科技有限公司　高级公关策划经理

此次欧洲杯"斩男"H5是首次尝试将H5与直播相结合，不仅在技术上实现了突破，在内容与形式上也是一次创新。该项目启动时值欧洲杯，各大品牌与产品纷纷借势热点进行营销活动，网易乐得利用产品特点，将"猜球+美女+游戏"相结合，以吸引人眼球的方式将品牌和产品展现给目标受众，加深了用户对品牌的认知。此外，此次H5集观赏性和交互性于一体，用户通过参与我们设计的互动游戏可以得到产品平台的红包奖励，从而也保证了最终的转化，实现声量与销量俱佳的目标。

案例点评

点评专家：张宁 中山大学传播与设计学院教授，博导，副院长，中国新闻史学会公共关系研究会副会长

通过一个H5，把时下营销的时尚要素都聚拢整合过来，精准定位目标受众，通过手指的点拨把受众自然地带入欧洲杯情境，尊重受众对主持人的个人喜好，通过直播间、在线游戏两大网络时尚要素接入品牌，整个过程自然流畅，从欧洲杯到直播间到网络游戏，都跳出了以往营销策略的旧色彩，突出了新元素，整体的创意比较流畅而自然。当下手机／微信成为受众信息接收的主要平台，如何在这个平台上展开有互动、有热度、有兴趣的传播活动，H5虽然只是一个入口，但是链接到直播间和在线游戏，通过游戏结果与品牌直接挂钩，这种方式顺从个人兴趣和媒介使用习惯，会有比较好的效果。该方案针对性比较强，不管是直播间还是游戏，都是直接指向男性受众的有效的策略，最后的分享环节也跳出了以往微信分享的固定套路，使用新颖的方式进行再次传播，这也是一种令人耳目一新的思路。项目执行的三个阶段也与欧洲杯的真实情景具体结合，从预热到升温到提升热度，让一个品牌的传播既来自微信上的个人和群体，也继而向公众号和多元的网络平台上扩展。品牌传播的主题清晰、针对性强、路径简洁而畅顺，使用了当下最为新颖的传播方式，能调动受众的参与兴趣和转发意愿，是一个设计合理、策略得当、效果值得肯定的案例。

2016最具公众影响力营销实效大奖

"烹"然心动在宜家
——"小厨房中的大智慧"消费者推广活动

执行时间：2015年6月至12月
企业名称：宜家
品牌名称：宜家
获奖情况：金旗奖——2016最具公众影响力营销实效大奖

/ 项目概述 /

宜家一直致力于为大众创造更美好的日常生活。作为全球最大的家具及家居用品零售商，宜家通过全球性的《家居生活报告》，向消费者诠释关于饮食习惯、烹饪和吃的问题。可是，宜家作为一家瑞典企业，对中国式烹饪又有多少了解呢？

为了更好地了解中国人的口味并收集他们的日常生活资料，从而使宜家的厨房业务受益，宜家在中国进行了一项调研，考察中国各地普通百姓的饮食习惯和厨房使用方式。研究发现：对于许多中国人来说，烹饪和用餐已成为生活中一种重要的娱乐方式。这一发现业已成为宜家开拓中国厨具市场的指南。围绕提高日常生活质量的主题，我们制造舆论，促使中国家庭通过亲自下厨来表达对家人的爱。

通过对大量中国消费者的研究，我们打造了实用的厨房布置方案，记录了厨房烹饪实况，以真实的爱情故事短片进行社交媒体互动，并通过前所未有的媒体曝光率，加强宜家作为"居家生活领导者"的权威性。

/ 项目背景 /

宜家是全球最大的家具及家居用品零售商。宜家以提供质优价廉、实用美观的产品而享有盛誉，并在中国市场居于领先地位。作为居家生活领导者，宜家对来自包括上海在内的全球多个城市的消费者进行了调研，深入探究其生活习惯，并在此基础上发布了年度居家生活报告。2015年的报告主题为"食在当下"，主要分析人们的烹饪用餐和厨房使用需求。这份报告的主题也成为宜家2016年度在中国进行市场营销和推广活动的焦点。

为了更好地为中国家庭提供用餐解决方案，宜家还走访了中国的典型城市，充分了解中国家庭的烹饪习惯，在调研中发现中国人以擅长烹调而自豪，但很多都市家庭却往往没有足够的时间细烹慢煮。他们也期望拥有宽敞美观的西式厨房，但由于公寓住房的设计限制，他们的烹调方式也受到多种限制。

此外，对食品安全的担忧和对健康食品的渴求，也在迫使中国家庭逃避餐馆就餐和快餐，从而回归自家厨房，制作营养卫生的家常便饭。更有甚者，有的城市家庭还自己种菜。

/ 项目调研 /

为了更好地了解中国家庭的饮食和厨房使用情况，我们在全中国范围内进行了调研，深度探究中国家庭对于烹饪用餐的看法，了解了他们的相关困惑、忧虑、期望和向往。我们的调研结果表明：对许多中国人来说，在自家做饭和用餐已成为一项重要的娱乐方式，在亲自做饭和一起用餐的过程中，家人们享受到天伦之乐，厨房里的小快乐给忙碌的都市人提供了一个释放压力的出口。

基于这一认识，宜家将自己的经营理念定位于"通过在家烹饪、用餐，创造高品质的日常生活"。我们开展了名为"小厨房中的大智慧"主题活动，该活动的核心环节为"为爱下厨"。我们邀请消费者通过烹饪传达爱情、亲情、友情并将其活动视频上传到网上，以此增强活动的影响力。

/ 项目筹划 /

策划目标：

强化宜家"居家生活领导者"形象，

吸引消费者到店选购厨房用品。

我们的目标客户群主要是中国都市的中产阶级家庭。他们受教育程度高、思维开阔、乐于提高生活质量；他们懂科技、追时尚、讲究物美价廉。他们中有的在装修新买的房子，有的在重新装修现有住房。

宜家将今年最核心的关注点集中于"通过在家烹饪、用餐，创造高品质的日常生活"，旨在为在家烹饪用餐的人们带来更佳的体验和更大的满足。

/ 项目执行 /

发布《中国居家生活报告》并进行大规模媒体宣传推广

（1）登门采访来自上海、北京、沈阳和武汉的6～8个家庭，编写网络调查问卷，收集到1500份网络回复。在主流社交媒体频道和平台上发起热门讨论并登录热门搜索。将收集到的所有信息整理成报告，重点部分以清晰信息图的形式呈现。

现场环境图

宜家中国零售总裁朱昌来女士讲解宜家 2016 新财年主题

（2）邀请来自15个城市的300名媒体代表参加全国性的媒体见面会。在会上进行宜家厨房体验馆先行试点体验，展示简约的居家设计解决方案。

线上线下联动推广宜家厨房体验

（1）在上海市中心交通便利路段开设厨房体验馆，通过线上征集的方式，吸引家居爱好者、宜家粉丝到宜家厨房中来体验，并吸引附近居民前来体验最新的产品和设计方案。路过体验馆的市民也可进馆随意参观，查看橱柜或坐下来喝杯茶。

（2）邀请社交媒体红人来馆体验，选拔粉丝参加红人讲授的厨艺课程并拍摄视频，在社交媒体上广泛传播。

（3）在11月11日"光棍节"当天与时尚杂志《红秀GRAZIA》合作，在体验馆举办消费者活动，拍摄活动视频并上传至社交媒体。

"为爱烹饪"小视频拍摄

（1）在宜家中国官方微信公众号上征集普通人的故事，在2周内收到618个回复。

（2）精选出8个故事，邀请这8组家庭来体验馆现场秀厨艺。

（3）为活动拍摄视频并上传于各大社交媒体账号。

在项目传播过程中使用的自媒体：

厨娘物语(lovecnwy)：邀请微信公众号厨娘物语与粉丝共同参加厨艺课堂，学习为自己的好朋友制作甜品。

我有饭（youfanclub）：邀请微信公众号我有饭和粉丝一起参加厨艺课堂，学习为家人、爱人制作早餐。

美食圈（mmssqqu）：邀请微信公众号美食圈与粉丝一起参与活动。

/ 项目亮点 /

本着为大众创造更美好的日常生活的愿景，宜家进行了缜密的市场调查和社会分析。通过发布《中国人居家生活报告》（*Life at Home Report*）及以"为爱下厨"（Cook for Love）为主题的真人短片，宜家记录了中国消费者面对现代生活所感到的失意和担忧，借此成功吸引受众，让他们重视生活中的"柴米油盐"琐事，提升生活质量。 项目取得的真正成果，是围绕"产生持续影响"这一核心主题，不断整合市场营销、数字/社交媒体和交流活动。

亲历者说： Kelly Shen 明思力（中国） 总监
Vivienne Jia 明思力（中国） 顾问

对我来说，参与这个项目是一次相当特殊的体验：我们帮助消费者实现了他们关于烹饪和厨房的梦想，收到了他们对宜家产品的反馈，也从宜家"居家生活领导者"的理念中受到启发。有的消费者坦言："我热爱烹饪，喜欢邀请朋友品尝我的手艺，但我的厨房并不给力。我的梦想厨房色彩明快，有足够的空间和功能齐全的设备。它是开放式的，这样我可以一边做菜一边和朋友聊天。感谢宜家选择了我的故事，为我打造了梦想厨房。在这里，我和朋友共进晚餐，留下了生命中宝贵的记忆。"这段话是最打动人的。所有的参与者都向我们分享了生活经历，这也使得我们更加了解自己的目标受众。同时，我们和消费者之间有了更好的交流机会，让他们爱上宜家，爱上我们的活动，热爱生活。

在媒体环节，人们可以了解宜家的新鲜事儿，了解它为了点亮居家生活而做出的努力。宜家的愿景是"为大众创造更美好的日常生活"，这次活动帮助宜家实现了这一愿景。

美中不足的是，这次活动参与的家庭为数不多。如果这项活动能顺利在全国开展，效果会更好，这样就会有更多的家庭能参与体验活动，点燃他们对日常生活的激情。

案例点评

点评专家：吴磊　嘉希传讯亚洲分部（GHC Asia）中国区董事总经理

宜家发起的"小厨房中的大智慧"活动堪称经典案例，实现了成功的公关和有效的市场营销。

所有杰出的交流活动和项目都是建立在可靠的策略之上的，而策略的形成离不开对目标群体的了解，后者则需要周密的调查和敏锐的洞悉。作为跨国公司，宜家巧妙地以现有的全球调查结果为依托，同时也为中国受众进行"量身定制"的调查；通过与中国家庭的深入沟通，借助全面的思维导向方法，两种调查都取得了定性和定量研究成果，为后续工作开展奠定了坚实基础。

成功的交流活动，是对一次性事件或媒体集中报道等方式的超越。这些活动致力于把握被影响人群的深层次的心理趋势和动机，以此来引导变革。借助调查结果，宜家可以敏锐地识别现代中国城市居民生活中的矛盾焦点：人们从烹饪中获得自豪感和激情，享受阖家分享美味的时刻；但对厨房和厨具却有更高的期待。这一矛盾形成了创意点：不只是单纯地做品牌推介，而是采用更有趣的方式吸引潜在消费者和客户。

活动开展的核心要素有：内容、体验、参与、回馈与推广。每一个要素都有自己的意义，并势必产生一定影响。如今的很多活动的问题症结在于仅仅依靠一到两种方法，将媒体报道作为制胜关键。然而，要想改变人们的行为方式，让他们行动起来（在这里是指消费者最终决定购买厨房用品），就必须形成触及人们期望和热情的、更深层次的情感交流。再加上信息发出者本身的号召力和大众的参与，就能达到强有力的宣传效果并导致购买行为。

宜家对中国市场的深刻把握和敏锐度，一直是我所敬佩的。不知这次营销的成功是得益于轻松、简明的瑞典文化，还是仅凭优秀和睿智的商业模式，但宜家绝不是第一次在中国因为出色的公关活动而被人称道。宜家将自己定位为"居家生活领导者"，人们在这里的购物体验也确实有种宾至如归的感觉。这折射出宜家准备在中国市场上大放异彩的决心。当其他零售商纷纷折戟中国市场时，宜家却凭借强大的适应能力取得了卓越成就。这种企业文化也必定是促成本次活动的创意极其成功的关键。这个活动的确激发了我对宜家及其企业文化和员工更大的好奇性。

同时，它也体现了有效公关活动的真实威力：它可以吸引包括我在内的外部人士想要更加了解和接触某个品牌，并最终做出购买决定。

宜家棒棒的！

2016年腾讯里约奥运实时营销

执行时间：2016年8月6日至22日
企业名称：腾讯科技（北京）有限公司
品牌名称：腾讯新闻、腾讯体育
获奖情况：金旗奖——2016最具公众影响力营销实效大奖

/ 项目概述 /

2016年里约奥运会对于腾讯来说，是一场真正的24小时全时营销战役。对于奥运这个四年一次的体育盛会来说，如果只关注比赛结果，那就太遗憾了，因为奥运最动人的是那些需要慢慢品味的细节。在时差11小时16天的奥运会期间，腾讯每天产出1~3张实时营销海报，放眼全世界捕捉赛场内外的激动、悲情、惊讶、感动、冷门、平等、欢乐时刻、大众盲区等，用独特的画面或者富有内涵的文案诠释"不一样的视角"。稍纵即逝的传播时机，不仅仅有对内容创作速度的要求，更是对整个团队创意、制作、审核决策、发布、效果评估、策略修正体系的巨大考验。本次营销通过对奥运会赛事做出快速反应，对网民热点话题进行捕捉，创作出海报作品，迅速引起用户情感共鸣和产生表达情绪的连接点。

/ 项目背景 /

2016年的里约奥运会，对于各大品牌、媒体、广告主而言，无疑是一个营销的大战场。面对用户习惯的转变、媒体平台及技术的转变、品牌营销大环境的转变，各大媒体平台纷纷对奥运营销投入重点资源，希望能够玩出花样，玩出不同。

腾讯里约奥运实时营销是一次以用户为中心、以移动端战略为导向的营销尝试。让腾讯自己成为一个用户情感倾注的连接点，让品牌传播能在适合的时间出现在适合的渠道上，让用户与品牌之间密切交流，让品牌营销给用户制造情感参与和释放的平台。在策略上借势奥运开始24小时全时营销，围绕"不一样的视角，不一样的奥运"的核心概念出发。不一样，是腾讯对今年奥运的理解，通过原创衍生节目、实时营销海报创意事件等，实现内容与营销融合，线上线下联动，好看与好玩联结，让用户换种姿势看奥运，换种玩法参与奥运。不一样的内容，不一样的整合营销，不一样的用户体验，更重要的是不一样的价值观和精神体系传递，这也恰好踩准了国人从围观奥运到全民参与奥运的价值观转变的时间节点。

/ 项目调研 /

早在2013年腾讯网便成为中国奥委会独家互联网合作伙伴，本次里约奥运会腾讯网也自然成为互联网官方唯一合作媒体。为配合全力报道奥运，腾讯体育在里约赛场前方近千平方米的"中国之家"投入百人前方报道团队、十人明星报道团，以及联合15家国内媒体和6家国外媒体组成捷报联盟。腾讯将通过腾讯体育APP、腾讯新闻客户端、腾讯视频客户端、微信、手机QQ、腾讯网等移动+PC全平台，以及微信运动组成的社交矩阵，向中国互联网用户及时、全面地传递奥运信息，聚合奥运民众参与度。

全世界对 2016 年的里约奥运会都有着不同的视角，对中国来说这次更是一个巨大的转折点，无论是政府、企业、媒体还是公众，对奥运的理解都在发生着变化。最值得关注的有两点：① 2014 年国务院 46 号文件的发布，让体育一下站在了风口，体育产业联动的消费也开始走出"封闭"。②过去人们谈奥运，竞技的成分多一些，如今中国正从竞技体育大国转向全民运动大国。体育正慢慢从一个大多数人只能"围观"的事情，成为全民参与的社交化运动。

多年来，人们谈到奥运更多的是聚焦在赛事上，表现最明显的就是"唯金牌论"。大众基本上都是围绕赛事本身做文章，不管是接受赛事动态信息，还是手机普及率高了之后带来的互动交互、参与感，都没有脱离赛事本身。2016年里约让全世界都进入了"奥运时间"，这里定格了竞技体育的精彩与残酷瞬间，在"不一样的视角"之下，这里没有奖牌至上，没有功利心态，只有对一个个惊喜、激动、冷门、懊恼瞬间的定格记录。

我们通过实时海报营销，让腾讯成为一个用户情感倾注的连接点，让用户与品牌之间密切交流，让品牌营销给用户制造情感参与和释放的平台，进一步提升腾讯在国际赛事传播上的影响力。

/ 项目策划 /

奥运会是全民的奥运会，每个人都会参与其中，不仅有晚上关注比赛的重度体育迷，还有白天围观凑热闹的群众。如何才能让腾讯成为亿万用户见证、分享、吐槽、群议的聚集地？

在当下浮躁的媒体传播环境下，很多媒体为了追求收视、流量及关注度，只是一味地追热点、追爆点，忽视了媒体产品本身的初衷。媒体不只是传播内容的工具，更需要有高度的价值观和使命感。从媒体品牌层面，不仅仅要深耕报道的专业度和多元化等硬指标，更要通过媒体自身的实践去创造强价值观势能，从精神层面去影响和引领用户。

"腾讯新闻"针对本届奥运会的报道，推出了主题为"不一样的视角，不一样的奥运"实时营销方案。"不一样"，是腾讯对今年奥运的理解。奥运期间，腾讯每天产出1~3张实时营销海报，放眼全世界捕捉奥运赛场内外的激动、惊喜、感动、黑马、大众盲区等，用角度独特的画面或者富有内涵的文案诠释"不一样的视角"。同时整合利用网络媒体、社交媒体、自媒体等，优先发声，准确地表达情绪。

比如，在孙杨未能如愿收获男子400米自由泳金牌的时候，担着万众期待目光的孙杨，在进入混合采访区的瞬间，与媒体记者抱头痛哭的画面。

还有在男子100米自由泳预赛上，一位来自埃塞俄比亚的大肚腩选手，落后了第一名半个泳池。腾讯抓住了这个普通观众可能很少关注到的画面，并且告诉大家，不用"吐槽"大肚腩，只要来体验和享受奥运就行了，大肚腩也能登上奥运会的舞台。

林丹和李宗伟两位羽球老将的第37次交手，是惺惺相惜的对手，也是相爱相杀的朋友。这才是应该被歌颂的竞技精神。

12年来经过无数次淬炼、摔打的"女排精神"，没有什么精神的铜墙铁壁，只有千锤百炼的实力证明。

一个个精彩的瞬间被腾讯快速抓住，形成热门话题。总而言之，"不一样的视角，不一样的奥运"，"不一样"是今年奥运带给大家最显著的感受，这种感受的背后，则是整个社会精神价值体系的变化。里约奥运会并不承载意识形态，而是纯粹的全民全方位参与的Party（大聚会）。奥运会有结束的一刻，但回归人文精神的价值观，追求不一样的视角，则是永恒的。对营销层面的启示是，只有注入价值观和精神内涵的整合营销，才是有灵魂的营销，才能笼络住人心。

/ 项目执行 /

四年一度的奥运会一直都是品牌营销的大考。与以往任何一届奥运会不同，在移动互联网时代，一方面，用户的兴趣点更加碎片化，每个用户都是有价值的传播自媒体，单向度传播起到的作用越来越弱；另一方面，奥运营销的传播时机稍纵即逝。因而，品牌要重视和随时关注用户的声音，寻找到品牌和用户感同身受的情感连接点，最快速地反馈用户情绪，这正是腾讯启动奥运会实时营销的初衷。

奥运会是一场真正的24小时全时营销战役，对赛事来说难度最大的就是不可预判性，永远不知道哪些东西能瞬间成为爆点，例如"洪荒少女"傅园慧。可以说这不仅要考虑内容创作的速度和质量，更是对整个团队的创意、文案、制作、审核、发布、效果评估的巨大考验。为了保证沟通工作的顺利进行，奥运会开始前一天，奥运团队已经入驻场地开始工作。同时，明确了四个项目小组，赛事组、内容组、设计组和项目总控。赛事组对赛

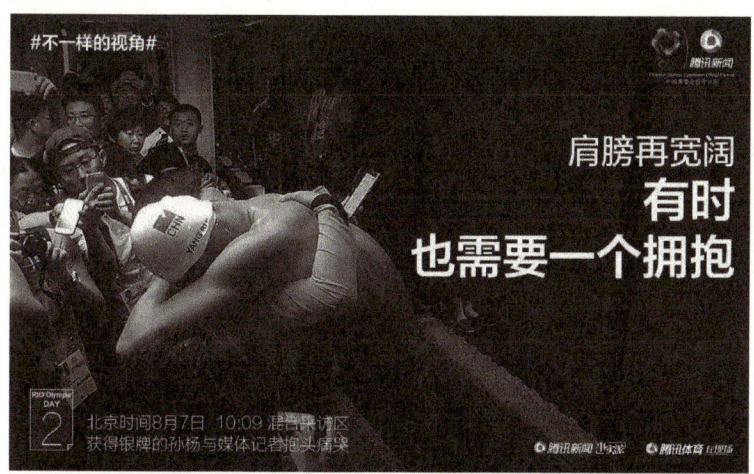

事进行预判和奥运素材收集工作并参与创作；内容组负责内容的创作和传播；设计组负责海报设计、制作；项目总控对内容进行把控与审核。可以说，这是一支集创意、设计、文案、媒介于一体的综合作战小组。为顺利完成目标，在奥运会项目启动前一个半月，项目组就筛选了一批由资深体育爱好者组成的奥运团队，针对奥运会的重点赛事和事件进行预判，选出了包括开幕式、首金、荣誉、悲情时刻、泪水、不公、黑马等在内的重要时刻，并不断地召开碰头会选出最优方案。同时考虑到里约与北京 11 小时时差，不仅要覆盖夜间观赛的铁杆体育迷，还要照顾白天回顾赛事的普通体育迷及凑热闹的围观者。为了保证 24 小时运转，奥运团队进行两班倒的不间断工作。在紧张的奥运周期内，在正常进行工作之外还要保证每天 1 小时的碰头会，分享当日传播效果、重点赛事、工作安排、话题预判等，正是依靠这套系统，才保证了实时海报的内容创作速度和质量。

在整体推广上，为了让用户内心产生共鸣，并激发深度互动，除了整合网络媒体、社交媒体和自媒体之外，同时借助腾讯平台的内部优势资源，在奥运闭幕式结束后的 10 分钟内，投放微信朋友圈广告，集中展现 17 天的实时海报内容，对深度体育迷进行全覆盖，让内容以最快的速度和最大的范围影响用户，在内部和外部形成闭环，在受众整体认知的提升方面发挥重要作用。

/ 项目评估 /

第三十一届夏季奥运会已经结束，为期 17 天的赛事给我们带来了无数的难忘瞬间，腾讯新闻针对本次奥运会推出了主题为"不一样的视角，不一样的奥运"的实时营销。在"不一样的视角"下，腾讯新闻对热点快速反应，第一时间形成营销方案。

本次传播分为四个阶段：

第一阶段，8月6日至11日，聚焦最热赛事。以独特的视角、创新的市场营销手段，展现多样化的奥运体验，是本次里约奥运实时营销的核心支撑点。针对开幕式、孙杨奖牌、张梦雪首金、傅园慧等赛事看点，共创作主题海报14张，GIF图文5组，并撰写趣味微信长文2篇。其中，开幕式海报获得田径队员史冬鹏转发及羽毛球队员高崚转发。获得40余位知名人士参与互动及二次传播，包括人民网主编蔡军、科学网陈铁喜、经纪人夏心蕾，以及各电视台、平面媒体记者等。

第二阶段，赛事周边和花絮话题。里约奥运会第二阶段实时营销，聚焦孙杨做客《第一时间》、傅园慧做客《金牌驾到》等极具话题性的节目、人物及事件，结合用户娱乐化需求，联动内容线，截取话题性短视频、产出GIF表情包、创意趣味长图、鬼畜视频[1]，精选严肃八卦等优质公号平台约写深度内容，引发各圈层人士的关注与积极互动，获众多同质化内容效仿，最大化地提升品牌曝光。总覆盖大众人群近12亿，总互动量达12万次，自媒体约稿阅读量达23万+，并获86次转载，鬼畜视频获视频网站转载3次，总播放量228万次。

第三阶段，8月12日至19日，以体育精神为主导。本阶段的升级版实时营销海报以"事实派"精神从媒体角度诠释了女排高歌猛进、丘索维金娜7次出战奥运会、秦凯求婚何姿等奥运热点中蕴含的普世价值观。共创作主题海报11张、创意长图1张，进一步提升了腾讯的口碑与受众认知，KOL朋友圈传播引发了大量高知用户的互动和自主传播。其中不乏新华社评论部主任汤嘉琛、央视著名主持人鲁健、前奥运冠军顾俊、pptv（苏宁）体育节目制作总监杨晓晖、逻辑思维主编陈兴杰、湖南卫视编导蔡果等颇具影响力的高知用户。后续收集到的可统计二次传播量约121人次。

第四阶段，8月19日至22日，奥运深度回顾。4天持续地传播、放大里约奥运会最具情怀的瞬间，共创作主题海报8张，吸引演员杨子、主持人朱迅、歌唱家尤雁子、新媒体观察者魏武挥、唯效互动创始人

---

[1] 鬼畜视频指通过剪辑已有的视频，用诡异的重复画面达成极高的视频节奏和同步率并配合诡异音乐的视频。

OscarWu、领英中国负责人 Mei、高德地图总监 mile.zhao 等 200+ 知名人士参与互动与二次传播。

在项目传播过程中使用的自媒体：严肃八卦、happy 张江、麻辣婊哥。

/项目亮点/

17 天，32 个精彩瞬间，不是取巧的借势，是对奥运精神普世价值的不懈追求。奥运选手史冬鹏多次在自己微博、朋友圈等平台，使用腾讯体育奥运物料发表状态，并主动参与互动话题，带动品牌影响力；实时营销主题海报被知名广告营销公众号 TOP 创意广告作为盘点奥运创意营销的案例收录并分享，获得 20 000+ 阅读及大量赞评互动；诠释了腾讯新闻事实派"深度、客观、多维"的媒体理念，认知度高达 65%，媒体投入极少。

傅园慧创意长图的微博平台扩散传播，获得"洪荒少女"傅园慧本人点评互动，知名当红演员 Angelababy（杨颖）参与傅园慧创意长图的转评互动，并获得 8 万+转评赞互动，二次影响到 Angelababy 吧粉丝团、Angelababy 后援会总会等官方明星粉丝后援团，以及军人、体育、作家等各圈层黄 V 用户累计 20 余位，二次影响人群达 23 万+。

亲历者说： 王春雨 北京锐易纵横文化传播有限公司 总经理

如果用一句话总结奥运会那就是——"痛并快乐着"。

在围绕"不一样的视角，不一样的奥运"的营销主题下，里约奥运会对公关人来说是一场"熬运会"。在时差 11 个小时，17 天的比赛中，进行 24 小时实时营销，注定"黑白颠倒"。虽然在筹备期间就已经尝试了多种文案的搭配和海报的设计，但是体育赛事面临的最大考验就是不可预料性，除了盯着比赛之外，我们还要有各种预案，包括夺冠、失利、突发、黑马、不公、激动、惊喜等，所有的细节和情况都需要认真考虑。

放眼全世界，中国人对奥运的关注度是最高的，超过9成的观众都会观看奥运比赛。在这个碎片化的时代，每个人的关注点其实是不一样的，不仅要考虑到晚上核心的观众，还要照顾到一些喜欢白天凑热闹的观众。不仅如此，还要对奥运的历史和价值观有诠释和理解，不能浮躁地去制造片面的内容。

从奥运开幕式开始，每次的热点充满着随机性，张梦雪奥运首金、傅园慧表情包走红、秦凯求婚何姿等，可以说每一张海报出现的背后都是团队无数次的推敲和讨论，是最后选出的最优方案。如果把奥运项目比喻成一个游戏副本，在通关这个副本之前，需要我们合理利用每一个成员的知识和技能协同工作，达到共同的目标，这考验的是整个团队的默契。

案例点评

点评专家： 于运全 中国外文局对外传播研究中心研究员，《对外传播》主编

紧跟全民奥运的社会热点，将品牌与受众对人本奥运的共同探求作为提高营销实效的关键，是2016腾讯里约奥运会实时营销案例成功的关键。该案例在营销策划之初，就通过详细的调研，将营销的具象载体明确为视角独特的海报作品。在随后的策划与执行过程中，腾讯放眼全世界捕捉赛场内外"不一样的视角"，用独特的画面或者富有内涵的文案诠释"不一样的奥运"。腾讯的海报作品通过"回归奥运精神的人本属性，摒弃金牌至上的不当取向"，建构品牌与用户之间情感共鸣与情绪表达的连接点；通过移动端战略快速地连通受众的平常心态与人本关怀。在此基础上，腾讯的整合营

销依托成熟健康的大国国民心态在大众传播中所凝聚的强价值观势能，着重在精神层面去影响和引领用户，以与用户共鸣的时效赢得了品牌营销的实效。案例中，腾讯及时挖掘里约奥运"洪荒少女"傅园慧、秦凯求婚何姿等赛事热点背后的人本价值，将热点背后的价值观作为提升传播信息能力与品牌营销能力的基点，运用移动端产品进行分阶段、分类型的二次传播，有力实现了腾讯品牌营销与传播效果的提升。总之，2016年腾讯里约奥运实时营销中所体现的价值引领、用户中心与移动端导向，为整合传播时代营销实效的提升与公共关系的实践创新提供了鲜活案例。

附 录

京东（JD.com）

京东于 2004 年正式涉足电商领域。2015 年，京东集团市场交易额达 4627 亿元，净收入达 1813 亿元，年交易额同比增长 78%，增速是行业平均增速的 2 倍[1]。京东是中国收入规模最大的互联网企业。2016 年 7 月，京东入榜 2016《财富》全球 500 强，成为中国首家、唯一入选的互联网企业。截至 2016 年 9 月 30 日，京东集团拥有超过 11 万名正式员工，业务涉及电商、金融和技术三大领域。

2014 年 5 月，京东集团在美国纳斯达克证券交易所正式挂牌上市，是中国第一个成功赴美上市的大型综合型电商平台，并成功跻身全球前十大互联网公司排行榜，2015 年 7 月，京东凭借高成长性入选纳斯达克 100 指数和纳斯达克 100 平均加权指数。

---

[1] 据商务部数据显示，2015 年全国网络零售交易额为 3.88 万亿元，同比增长 33.3%。

奥林巴斯

奥林巴斯创立于1919年，始终致力于以领先的"光学－数字技术•服务•专业培训"推动社会发展，在医疗、影像、生命科学及产业等领域不断积极开拓，通过先进的产品和技术服务中国，践行"守护美丽生命"的企业承诺。

医疗领域

奥林巴斯在全球医疗内窥镜市场占有率超过70%，中国95%的三甲医院都在使用奥林巴斯内窥镜进行消化道疾病的早期诊断和治疗。为推动中国医疗事业的发展，奥林巴斯以C-TEC（医疗培训中心）为核心开展了业界首屈一指的产品及医生手技培训。

影像领域

奥林巴斯最早提出微型单电相机的概念，在PEN系列微型单电相机逐步被公众认可的基础上，又推出了面向专业用户的OM-D相机与M.ZUIKO DIGITAL PRO系列镜头，并同步开展用户体验、摄影课堂等活动，帮助用户提高拍摄技巧，定格和记录生命的美丽瞬间。

科学领域

不论是能够发现生命深层之美的显微镜，还是为生命美丽护航的无损检测及探伤设备，奥林巴斯都在以自己的方式，帮助人们实现生命美丽的梦想。同时，奥林巴斯根据用户的需求，提供一体化的解决方案，注重技能培训，实现行业良性成长。

秉承"承光之力，点亮生命"的品牌理念，奥林巴斯在践行企业公民的社会责任的过程中，不断升华"Social IN"（将社会的价值引入公司内部）的企业经营理念。未来，奥林巴斯还将继续为实现人类健康幸福的生活而不断努力。

伽蓝(集团)股份有限公司

伽蓝(集团)股份有限公司是一家集研发、生产、销售、服务于一体，聚焦于化妆品及个人清洁与护理品业务，同时发展时尚产业，规模和实力领先的中国化妆品集团企业。

伽蓝集团致力于专为东方女性提供世界一流品质的化妆品，自2001年在中国上海成立以来，先后创立了美素、自然堂、植物智慧、医婷等四大品牌，业务规模迅速发展壮大。至今，伽蓝在全国31个省、市（自治区、直辖市）建立各类零售网络23 800多个，覆盖城市、县城及一万多个城镇，在百货商场、KA（重要客户）卖场、超市、化妆品店、药房中均设有品牌专柜，直属员工超过8000人，网络总从业人员超过60 000人，成为国内市场份额与品牌业绩同步稳定增长的行业领跑者。

2001年，伽蓝集团和"自然堂"诞生。

2005年5月，《伽蓝心·中国龙》系列活动——伽蓝集团成立庆典在北京人民大会堂盛大举行，实现多品牌集团化运营的华丽蜕变。

2005年11月，在品牌专卖店全面发展的基础上，自然堂提出商超5G战略，在国产品牌纷纷退出商超渠道的局面下，宣布逆市进军商场和KA渠道，成功逆袭商超渠道并继续领导渠道变革。

2010年9月，伽蓝集团以化妆品领军企业的身份，成为"2010年上海世博会"唯一参展的中国化妆品企业，成功迈入中国企业第一阵营。

2011年4月，伽蓝集团参加"博鳌亚洲论坛"，成为其白金级会员单位。

2012年1月，伽蓝发布"龙计划"，为代理商度身定制，搭建伽蓝商学院、财务支持计划、龙俱乐部三大平台。

2012年3月，自然堂正式成为中国跳水队的官方合作伙伴，与跳水梦之队一起征战伦敦、美在巅峰，在世界舞台展现中国人的自信与骄傲。

2013年6月，伽蓝集团成功搭载"神舟十号"开展太空生物科学研究并取得成功，成为亚洲第一家通过世界最先进的航天技术开展空间生物科学研究的企业。2016年，伽蓝集团搭载"实践十号"人造卫星，持续开展护肤领域科研项目。

2013年9月，伽蓝集团被授予"中国南北极科学考察队合作伙伴"，自然堂品牌"雪域精粹系列"和"男士系列"被授予"中国南北极科学考察队专用产品"。

2014年7月，伽蓝集团旗下中国原创高端美妆品牌——美素，孕育五年，华美再生。

2014年10月，伽蓝集团与联合国开发计划署(UNDP)合作的"中国少数民族文化产业可持续发展项目"经过四年实践，成为全球成功案例，荣登UNDP全球网站。2015年，伽蓝集团与UNDP达成第二期合作，共同开展"美素野生小玫瑰种植园"公益项目。

2015年5月，美素成为2015米兰世博会中国国家馆官方唯一指定化妆品合作伙伴。美素为中国馆礼仪定制专属妆容，美素瑰蜜凝颜礼盒作为国礼馈赠国内外政要贵宾。

2015年9月，"胜利日大阅兵"上，仪仗队女兵选用自然堂粉饼和唇膏笔打造妆容。一时间，女兵同款爆红网络。

2016年6至10月，自然堂再度成为中国跳水梦之队的官方合作伙伴，助力中国跳水队取得7金2银1铜的佳绩。

2016年10月，全球第一款来自太空实验室的精华液——美素"人参再生精华液"上市。精华液第一位使用者舒淇小姐为新品揭幕，中日韩100位美肤专家成为第一批试用者，该精华液的上市也标志着"# 护肤进入太空时代 #"。

自主研发、科技创新

伽蓝集团从创建伊始，便坚持自主研发与全球合作相结合的发展路线，在全球范围寻找安全有效的天然成分，运用世界先进科技，确保其生产配方及工艺既适合东方人肤质，又时刻同步于国际一流水平。伽蓝集团的每款产品从原料选择开始，都经过至少60种科学验证，满足消费者对质量、功能、环境的要求。2013年6月，伽蓝首次通过搭载神舟十号开展太空生物科学研究，成为亚洲第一家通过世界最先进的航天技术开展空间生物科学研究的化妆品企业；2016年10月27日，全球第一款来自太空实验室的精华液——美素"人参再生精华液"诞生。2016年9月29日，伽蓝集团在现有的核心技术3D皮肤模型的基础上，通过与法国公司LabSkin Creations合作，成功利用3D生物打印技术打印出中国人的皮肤，成为全球第一家利用3D生物打印技术打印出亚洲人皮肤模型的企业。

企业社会责任

伽蓝集团的企业社会责任是，为消费者提供能激发和反映其价值主张的世界一流品质的产品和服务；与客户合作共赢、共同成长；为员工提供发展，关注每一位员工的贡献与成长，与员工共同进步。

在发展业务的同时，伽蓝集团始终坚持作为合格企业公民的责任，致力中国传统文化的保护、传承与发展，推动教育事业，消除赤贫，保护环境，以实际行动回报社会。

使命、愿景及价值观

将东方生活艺术和价值观的精髓传遍世界，为消费者提供爱不释手的、富有艺术感染力的、世界一流品质的产品和服务,帮助消费者实现更加美好快乐的生活!这是伽蓝肩负的使命。

伽蓝的愿景,是成为可持续发展的、具有稳定的成长性和盈利能力的、富有社会责任感的世界级消费品企业,让员工、合作伙伴、各利益相关者的事业不是昙花一现,而是基业长青。

为达成这一使命和愿景,伽蓝及其伙伴在秉持诚实、正直、信任、进取心、主人翁精神这五个基本价值观的同时,共同坚守"合作共赢、快乐共享"的企业核心价值观,以此作为公司发展的内在动力。

伽蓝集团 2016 年 15 周年大事记

1 月 24 日,"共生长 赢未来"2016 伽蓝集团代理商年会举行,近 1500 人欢聚一堂。

3 月 17 日"中国品牌,中国崛起的力量"——伽蓝 15 周年商业零售客户大会举办,共 1200 余人参加了本次会议。

3 月 30 日自然堂新晋代言人欧阳娜娜表白会成功举办。

4 月 26 日,伽蓝航天科技成功搭载"实践十号"卫星上天,同时举办了"护肤品与航天科技研讨会"。

5 月,伽蓝集团以"有科技才有未来,品质好是一切营销的前提"为主题亮相上海两大美博会。

5 月 25 日,"温太医请你喝一瓶"美素花饮口服首创话剧式直播发布会举行。

6 月 15 日,伽蓝集团成为东方美谷理事长单位。

6 月 12 日,美素携手品牌代言人舒淇小姐开启新女性"盛女时代"。

6 月至 10 月,自然堂继 2012 年之后再度携手中国跳水梦之队,开展奥运主题营销。

9 月 5 日,赵丽颖以"少女萌主"的身份成为自然堂全新咬唇膏代言人,即时上线了咬唇膏新品并在线直播派对全程,1 小时卖出 11 000 支,创下行业新纪录。

9月5日至6日，"一伽人一起嗨"自然堂15周年经销商大会举行，来自全国各地的代理商、经销商代表6757人共聚上海。

10月27日，全球第一款来自太空实验室的精华液——美素"人参再生精华液"诞生。美素代言人舒淇成为第1位使用者，来自中日韩的100位最负盛名的美肤专家共同见证一触即发，三重再生的强大再生力，而该精华液的上市也标志着"#护肤进入太空时代#"。

奥运年，如何做一场最契合产品精神的营销？
人物专访：伽蓝集团　高级公关总监　陈涓玲

四年一度的奥运会，看得见的赛场上，各国运动员奋勇争夺金牌；而在另外一个看不见的赛场上，众多企业费尽心思进行奥运营销。

2012年，自然堂就以"征战伦敦、美在巅峰"为主题，触电奥运营销，开启了与中国跳水队的合作。今年，在上届奥运营销经验的基础上，自然堂已从借助赛事、助力夺冠的阶段，进化到将品牌特质、情感诉求与奥运相结合，借此彰显品牌精神和主张。在"第五届社交网络营销论坛"上，伽蓝集团高级公关总监陈涓玲分享了2016年奥运期间"自然堂2016奥运营销项目"传播活动。

创意为先，内容为王，执行到位，重在实效

本次推广活动的"小蓝瓶"和喜马拉雅山脉相关，叫自然堂"冰肌水"。

大美之道，藏于天地之间，而肌肤的奥秘，也蕴藏在自然之中。地球上最强大的生命力都孕育在最严酷的极地，为了给消费者提供高品质产品，自然堂从源头开始，保护性开发喜马拉雅山脉的天然冰川水、雪地植物和海洋矿物质，追求产品品质并持续不断地创新。用最合理的价格，为消费者提供源自喜马拉雅山脉大自然最好的馈赠。

如何让自然堂"冰肌水"在众多美妆产品中异军突起，并将"你，本来就很美"的品牌态度传递给更多消费者？

自然堂一直在思考什么运动特质最契合产品和精神。中国跳水队代表自信、快乐、时尚和美丽，她们所展示出来的整体气质和与生俱来的那种美，能够完美地诠释自然堂所要展示的精神。于是，便有了自然堂与中国跳水队长达5年的情谊。2012年，自然堂助力跳水队"征战伦敦、美在巅峰"。而2016年里约奥运会，自然堂与跳水队再度携手，全力支持中国跳水事业。自然堂希望能够通过水和水之间的连接，让喜马拉雅山脉的冰川水再次与奥运水花共舞。

一场成功的营销活动最重要的是什么？我们将其总结为：创意为先，内容为王，执行到位，重在实效。本次奥运，我们不仅见证了中国跳水队取得7金2银1铜的历史最佳战绩，在整个奥运季的3个月，自然堂更是获得了电商、商超和美妆店三大销售渠道的全面增长。其中，电商平台流量同比增长300%，销售金额增长100%，美妆店渠道同比增长20%，商超渠道增长17%，本次奥运营销，是销售业绩和影响力增长的重要原因。

"自然自信，做十分的自己"奥运营销三阶段

本次营销以"自然自信，做十分的自己"为主题，在三个阶段下了功夫：

第一，基于"点亮水立方，点亮中国夺冠路"这个故事开场，自然堂有了自己的奥运宣传片。"如果都听他们的，你还会为我骄傲吗？"这个宣传片很好地体现了自然堂鼓励女性活出真我的态度。除此之外，还整合线上线下资源，于7月底凝聚亿万女性自信力量，点亮北京的水立方，并将她们的自信笑容投射在水立方的蓝色外墙上。

第二，7月25日，自然堂将汇聚全国亿万女性的自信力量，凝聚成"自然堂能量瓶"点亮水立方。同时邀请杨烁成为自然堂奥运助威特使，将"能量瓶"带到里约，亲手交给跳水队。在里约，当大家踩着光亮，到达目的地之后，自然堂奥运助威特使杨烁和大家一起见证了中国跳水首金的诞生，吴敏霞成为首位五冠天后，陈若琳成为年纪最小的五冠天后，而秦凯向何姿求婚也瞬间火爆网络，杨烁更是成为最帅"中国观众"赚足了话题和眼球。同时，我们的跳水运动员夺冠后发声："感谢不完美，成就十分的自己"。

第三，奥运会结束后，自然堂还邀请到10位奥运冠军在全国10个重点城市进行巡回路演，将自信能量再度传递给亿万女性，鼓励大家自然自信，面对人生大赛场。由亿万女性汇聚而成的自信力量，通过自然堂能量瓶的传递，也从跳水队的手中又重新传递给这些自信女性，并鼓励她们"自信面对人生大赛场，做十分的自己"。

此外，在9月5日的自然堂15周年7000人经销商大会上，自然堂不仅为中国跳水队举办了庆功会，奖励100万元，还与中华环境保护基金会一起，邀请冠军们成为首批"自然堂·喜马拉雅公益合伙人"，一同保护喜马拉雅冰川，保护水的源头。

在营销1.0时代，企业注重的是产品；2.0时代，以消费者为中心；而到了3.0时代，企业必须更多地关注面对社会的可持续发展能力，在营销中加入社会人文关怀，主动承担更多的社会责任，才能让品牌基业长青。我们的"冰肌水"源自喜马拉雅，更希望能够真正地回馈发源地。自然堂合理使用、保护性开发喜马拉雅山脉天然成分，发起成立"喜马拉雅环保公益基金"，致力于冰川、珍稀植物和动物、独特文化的保护，并通过各种形式将喜马拉雅美好而丰富多彩的生命力展现给世界。未来，希望大家也能够和我们一起参与其中。

全球著名慈善家巴菲特曾说过:"每个个体对慈善的态度将推动建立一个更好的社会。"当更多人投入到一个社区的微小慈善事业中,这个进程所蕴含的精神力量将是巨大的,而且随着时间的推移,这种精神力量也将改变整个社会的行为风尚。个人如此,品牌亦如此!

蓝色光标数字营销机构

蓝色光标数字营销机构（BlueFocus Digital 也称 BlueDigital），前身为蓝标公关，成立于1996年，总部设在北京，于上海、广州、深圳、西安等地设立分公司，员工超过2000人，业务遍及国内主要经济发达区域。作为目前唯一具有全球覆盖能力的本土传播集团，蓝色光标的旗舰品牌蓝标数字集合领先的业务板块，以内容创意为核心，为国内外各行业领先客户提供数字领域的整合营销解决方案。近年蓝标数字横扫业界国内外各项大奖，不仅获得纽约 ONE SHOW 国际创意节上中国最佳的优异成绩，还获得了大中华区艾菲奖的全场大奖，逐渐展现出在数字营销行业的强大实力。

公司网址：http://www.bluefocusdigital.com

打造移动互联时代的数字旗舰

人物专访：蓝色光标传播集团执行 副总裁
蓝色光标数字营销机构 首席执行官　　矫龙

对于营销行业来说，2016注定是平静下翻滚着无尽变化的一年。这一年，移动互联网开始大面积覆盖消费者的生活场景，而随着各类移动终端的深度普及，消费者的时间逐渐被节点化、场景化。随之而来的，是人与人的关系、人与产品的关系被推翻重洗，自媒体、微信公众账号等另类原生内容的出现也为广告主与消费者之间的沟通创造了新的渠道和界面。

品牌过去单纯"覆盖"和"触达"的流量思维被打破，也触发代理公司和广告主的共同思考。如何通过价值主张与技术手段，在移动互联网营销时代挖掘出更大的营销价值，实现更精准的营销触达？

于是在时代洪流下，依靠平台起家，拥有巨大数据承载能力与技术分析能力的互联网公司开始自建内容创意团队，甚至开始为广告主提供内容服务。埃森哲、德勤、IBM等具有深厚服务基因，又配备不可小觑的案例数据与数据分析能力的策略咨询类公司，也开始通过收购数字营销公司的方式来搭建自己的数字营销板块。无论是互联网公司还是策略咨询公司，都想依靠自身的优势适当切入营销行业，这意味着，随着市场环境的变化，数据和技术的壁垒在逐渐消融，企业和策略的链条在逐渐打通。当然，这也会让未来营销行业的竞争更加激烈，同时也带给我们更多的玩法和契机。

从蓝色光标传播集团（以下简称蓝标集团）的角度来说，我们已经明确敲定了两大战略——营销智能化和服务国际化。无论收购多盟还是Madhouse Inc.，或是累积数据资产、提升技术分析能力，我们都进行了移动营销层面的全面布局。至此，从最前端的设计公司，到中间的移动营销板块、内容创新板块，直到蓝标电商内容服务板块，我们在智能营销时代爆发之前就实现了上下游的打通。而作为蓝标集团的旗舰品牌，蓝标数字未来将在布局CRM（客户关系管理）和Social自媒体平台的同时，坚持以创意内容为业务核心，紧密结合"产品+技术+服务"的业务模式，发挥自己在数字化营销整合服务上的优势，促成更多互联网平台与广告主之间的优质合作，实力演绎蓝标集团Leading Agency（领头机构）的角色，为更多广告主提供更为精准而优质的定制化数字整合营销服务，努力将自身打造成为全球数字营销的旗舰。

北京环智文化传媒有限公司

北京环智文化传媒有限公司，前身系北京庄凌文化传媒有限公司，是一个集公关传播、品牌顾问、新媒体营销推广、移动互联与新媒体渠道平台于一体的数字化营销公司。

环智推出基于创新及策略的品牌传播公关，借助数字化的精准营销，整合跨领域的优势资源，将多维业务组合，为客户提供系统的解决方案并创造企业成长价值。环智采用"业务单元复制"和"平台资源共享"的发展模式，在北上广等众多一线城市设立了分支机构，迅速实现了全国范围的业务覆盖。

环智人一直秉承传媒人的价值理念，恪守职业操守和价值底线，致力于为客户提供复合媒体时代的品牌营销及推广的全案式解决方案。

公司网址：http://www.zhuangling.com.cn

做好品牌传播 "创意至上"还不够
人物专访：北京环智文化传媒有限公司　总裁　林晨

"凡是过去，皆为序章。"在"罗辑思维"的跨年演讲中，罗振宇用莎士比亚这句名言勉励创业者。作为专业公关领域的创业者，北京环智文化传媒有限公司总裁林晨用六年从0到1，将公司迅速打造为一家在多个城市有分支机构的全国性公关公司，深获业界与客户的好评。

这个有着十年媒体印记的公关人，和团队一起将传媒基因与公关思维结合，酝酿出环智独有的一套公关思想。它的未来，值得期待。

好创意是一个深入浅出的过程

时代在革新，除了传统的公关营销，现在的新媒体营销、数字营销等已成为行业发展的新注脚。在求新求变的大环境中，内容的重要性没有变，甚至已有"内容为王"的趋势。

一个好创意，是整个公关传播战役中的特种兵，可发挥叠加式的传播效应，赋予传播生命，在无限的信息海洋里具有自发扩散性。

一个好创意的产生，并不是"灵光乍现"，而是一个深入浅出的过程。一个好创意的诞生，建立在对服务企业、产品、所属行业有扎实的认识，对传播内容与价值有系统的梳理之上，并需充分理解客户需求，最终转化为有价值的要素，包括事件、好文案等，再从相适应的媒体渠道传播出去。

这也决定了，一个好的内容创意人应该是多面手，不仅要有广泛的知识面（包静态知识和动态的信息），同时还要懂得与热点相结合。但仅仅如此还是不够的，在移动互联网时代，好的创意，还必须有技术实现手段和相适应的传播渠道，才能够实现传播最大化。

好品牌 还需不断地加持、沉淀

对于企业而言，有足够好的创意就够了吗？这是很多企业会有的误区——唯创意至上。实际一个好的企业完全依托创意，这是不正确的事情。一个好的创意，在短期有好的传播效果，但还不足以形成长久的品牌与良好声誉的积累。

长期的企业品牌或产品营销推广，应该对企业发展战略、长短期目标、产品有清晰的了解，并构建一套相对完整的传播的思路。在此基础上，不仅要能孕育好创意，还需要与其他扎实、专业、多角度的内容形成互补，对品牌不断加持、积淀。

移动互联时代，社会舆论与传播环境正发生着巨变，以内容创业的新媒体崛起，给公关关系行业带来新的机会与挑战。过去已成过去，赢在未来最重要。公关行业、数字营销，将仍是市场的刚需产品，而且需求很强劲。未来公关行业也会越来越集中，留下的一定是非常有价值的公司。因此作为公关人，需要时时思考，如何给企业提供有价值的服务，全面提升竞争力。

北京龙茂弘熙咨询有限公司

北京龙茂弘熙咨询有限公司2014年由知名励志女性名人贾玮创办，公司除了聚集大量优秀的公关人才外，还拥有一支国际"积极心理治疗"顶级专家团队，对重点营销方案运用心理学知识进行剖析与论证，确定营销思路符合人性需求，确保营销案例推向市场时可以自然引爆，达到最大化的传播效果。

公司网址：www.pabgroup.cn

公司项目负责人都是 CMO

人物专访:"中国十大小而美公关公司"龙茂弘熙 创始人 贾玮

2016 年金旗奖"最具公众影响力活动大奖"最终花落"中国十大小而美公关公司"——龙茂弘熙,算起来这家创业仅三年的公关公司,已经两次获得金旗奖这个公关行业颇具分量的奖项。而它快速成长的秘诀在哪?为此,我们专程采访了龙茂弘熙创始人兼 CEO 贾玮女士。

问:恭喜龙茂弘熙,也恭喜贾玮,获得了本届金旗奖的"最具公众影响力活动大奖"。

贾玮:谢谢,非常感谢金旗奖评委的认可。如果说创业第一年获奖靠的是灵机一动的创意迸发,是意外之喜,那这次获奖则是对我们从方案策略到具体执行再到团队协作能力等全方位的综合肯定,这是让我更感觉欣慰的地方。

问:这次获奖的 VIPKID 星球总动员项目在业界收获极佳的口碑,能给我们简单介绍下这个案例吗?

贾玮:VIPKID 是我们合作时间最长的客户之一,我们一路陪着它从 A

轮成长到现在的在线少儿英语行业独角兽。当拿到这个 C 轮发布会的项目时，我们的第一反应是：不要把这件事做成以融资金额也就是"钱"为核心的发布会，而是要去做一场符合 VIPKID 品牌主旨的，有感情的发布会。最终，我们决定以"星球总动员"为主题，用电影首映礼的创意形式去包装整场发布会，将 VIPKID 的每一个员工打造成"帮助孩子自由行走于这个星球"的平凡英雄。

这场发布会里面走心的创意点很多，包括剧院会场、电影票邀请函、打板器宣布融资，以及大片感十足的"电影"视频与谢幕视频等。发布会结束时，整个大屏播放的答谢字幕，里面包括所有曾经帮助过 VIPKID 的个人、企业，也包括所有参会的媒体、KOL、嘉宾，很多人感动落泪。

问：金旗奖的评审十分严格，而您的团队却屡获他们的青睐，很好奇这是一支怎样的团队？

贾玮：我们公司选人很严苛，但选定的人就会用心去培养。公司里面有 16 年公关经验的 4A 公关牛人，也有曾经做到甲方高层的专业市场牛人，还有知名媒体人，这些人都在手把手地将营销绝学交给每一位团队成员。现在公司里，可以说每个人都身怀绝技，各有所长。于是我们用最直观的方法将每个人的特长展现出来：根据三国杀的卡牌，给每位员工定制了一张自己名字的武将牌，技能都是根据员工的性格与工作特点来编写的。我们经常聚在一起玩"公司版"三国杀，也在面向客户介绍团队时使用这些卡牌，让他们自己选择"翻谁的牌子"。

问：您觉得屡次获奖的秘诀是什么？

贾玮：心态。刚刚说到公司选员工很苛刻，其实选择客户也是一样。倒不是故意装出一副"高冷范儿"，而是我们选定客户后就会全情投入，所以时间与精力不允许我们服务那么多客户。我们在做每一个客户时，不会把自己当成乙方，而是当成甲方市场团队中的一员。现在公司里所有的客户负责人都把自己定位为甲方公司的 CMO（首席营销官），积极想策略，优化每一笔市场费用，对每一次宣传负责。

附 录

公司有自己的服务宗旨,那就是:我们从不只完成客户要求的100%。所以,在这种心态下,在公司里各位CMO的带领下,我们自然可以做出一个又一个的经典案例,打造一个又一个的经典品牌。

北京派合文化传播股份有限公司

北京派合文化传播股份有限公司（简称派合传播）是一家整合营销公关传播顾问公司，成立于 2005 年 6 月，现已挂牌新三板（股票代码 839457）。

派合传播旗下共有两个子品牌，分别为 Party-Maker 和 Pionir，分别开展线下活动和线上传播业务。

公司自成立以来，从最初举办个性化沙龙、活动策划、整合营销与执行，历经多年发展，成为专职从事商业客户的品牌策划与管理、大型活动策划与执行、公关传播和数字营销等的专业整合营销公司。

派合传播拥有专业的服务团队，具备多样而专业化的背景，我们的服务领域覆盖 IT、互联网、快消、医药、体育等行业。我们的主要客户有 EMC、西门子、腾讯、亚马逊中国、乐视、中脉国际、康宝莱、捷斯瑞医疗、中网等。

派合传播为中国国际公关协会 A 类会员，荣获中国公关行业的金旗奖"2015 最具公众影响力数字营销大奖""2016 年最具公众影响力公关活动大奖"。

创造营销新阵地

人物专访：派合传播　董事兼总裁　Jacky Chang

2016年12月31日元旦放假的第一天，睡到自然醒已经是快11点了。打开手机查看着"嘟嘟"进入的微信，多是早起的朋友们今天第一轮的新年祝福。走进洗手间，打开视频APP，收看如约而至的最后一期《晓松奇谈》，高晓松盘点着这一年节目线上的收视数字已突破9亿。中午打开百度外卖点了两份韩式套餐。饭后靠在沙发上回复着已经堆满的微信，并翻看着朋友圈，看到当晚罗振宇将在某卫视进行跨年演讲、崔永元要在新年第一天开脱口秀表演、网友们对葛优主演的《罗曼蒂克史消亡》的影评，还有就是朋友圈里各地的"吃喝玩乐摄影大赛"。用手机订了下午的电影票和临近的餐厅，又买了第二天小崔脱口秀的票。晚上想喝点酒，所以不开车，用易道叫了车，刷二维码取了电影票，用手机卡券买了冰激凌和饮料。晚上吃饭时，发现朋友圈里在疯转习总书记的新年贺词，还未跨年，一句"撸起袖子加油干"已经成为2017年头条热句。晚上回到家迫不及待地打开电视，罗胖的跨年演讲已经开始了，他正解说一个新词"GDT——

国民总时间",即中国大众在互联网上消耗的时间,全年累计达到18 250亿小时。临近午夜零点,我挑选了六幅图片分享了2016年最后一次朋友圈。

这一段流水账记录了我的一天,主角不是我,而是移动互联网。想想现在每一个人的生活,等电梯、坐地铁、大家围在一桌吃饭或是无所事事时都在干些什么?对,时间都在手机上。这是社会发展的一种恶疾,还是我们营销行业的一次巨大商机。正如罗振宇跨年演讲中所说,未来的商机把握两点即可:一是帮助用户节省时间,第二是帮助用户浪费时间(在他们觉得美好的事情上)。这应算是"营销"大概念的升级版,对于营销而言,营销中的"营"是吆喝,而销则是"成交",加在一起才形成一个完整的闭环。以往公关行业扮演"吆喝"的角色较多,而制造"成交"做的还很欠缺。而移动互联时代的到来,将我们牵引到了一个新的营销阵地,因为用户的时间全在这里,无论你是帮他们节省了时间,还是有法子拖住他们的时间,都可以为公司赚到钱。这块新阵地,壁垒绝不是技术,而是用户体验思维。

自2015年我们开始组建SoLoMo(派合社交移动化营销模组),SoLoMo这个词最早出现于2011,由美国硅谷著名VC(风险投资人)约翰·杜尔首先提出。它由三个独立的单词组合而成,即Social(社交)、Local(本地)和Mobile(移动),这其实就是移动互联网的三项核心基石。近年围绕这些领域的技术应用层出不穷,而我们从用户体验的角度出发,将SoLoMo重新定义为

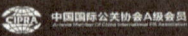

So easy（易操作）、Low cost（低成本）和More effective（多功能），以品牌主和受众能理解的方式提供移动化的轻应用解决方案。

这一模组下涵盖移动场景互动、大数据营销、社交应用，甚至还有轻应用VR（虚拟现实技术），而这些解决方案无一例外地采用非APP的方式，让用户以更"轻"的形式参与体验和互动，以"节省时间"和新颖的形式吸引用户的驻足关注，再通过多元的"内容"吸引用户将更多的时间留下，从而创造成交。而在移动互联的阵地中，成交是可以被量化和追踪的，从某种意义上讲，营销行业未来完全可以不靠"吆喝"赚钱，而可变换为以成交量和成交额来结算服务费，可以预见后者将使公关行业在大营销链条中重新扮演更重要的角色，这一实践也将重新验证公关从业人员的创造和创新能力。2017年让我们一起为新营销阵地做出各自的努力。

世纪宝华公关顾问(北京)有限公司

BOVA(世纪宝华公关顾问(北京)有限公司)是中国市场中快速成长且具有创新精神的整合营销服务公司,为业务合作伙伴提供行之有效、个性化的整合营销服务。目前,已成功地服务滴滴出行、乐视网、大众进口汽车、大众汽车金融中国、达能集团、雅士利、美国梅西百货、强生等多个知名品牌。

在提供创新的、个性化的、全方位的整合营销服务过程中,BOVA既是战略伙伴,也是创意智囊和实际问题解决者。团队根据客户需求及市场动态变化精心雕凿每一次策划和执行,用实力和结果来证明一切。

BOVA的团队成员多数曾是4A国际化公司的骨干力量,拥有国际化的、一流的整合营销策划和执行能力,实战经验丰富,为合作伙伴在中国的行销和发展带来实在裨益,不只注重传播,更注重促进销售,助力合作伙伴战略成功。

BOVA具备独特创新的内容营销能力,以及将其有效地转变为与消费者高效沟通的能力。团队拥有国内外众多一线内容资源及专享内容资源,借此帮助合作伙伴量身定制打造专属个性化内容。

BOVA擅长平衡品牌间利益,有着优秀的跨品牌合作策划和管理能力,通过营销策划将双方的利益最大化。每次策划，BOVA均以洞察市场为基础，充分利用平台资源以吸引更多资源，使得整场营销无论从资源还是影响力都可达到最大化。

在"为更好，敢不同！"的口号下，BOVA承诺在专注、激情、创新、诚信服务方面发挥最高的水平。

公司网址：http://www.bova-pr.com

内容和平台构建品牌生态营销
人物专访：世纪宝华公关顾问（北京）有限公司
副总裁　Michael Yuan

眼下，传统营销方式和渠道已被颠覆，微博、微信、APP、信息流和自媒体等火速兴起，将营销数字化推向高潮。现代传播正在向数字化、多样化、高速化急速发展。当然，消费者的口味也在不断被调高，品牌和营销策划机构使尽了浑身解数去迎合消费者口味。如何让营销策划更具生命力，在这个时期就显得尤为重要。这也正是在中国市场中的所有营销机构都应该严肃思考的问题。

内容，数字时代的营销利器

随着消费者品味和欣赏力的提升，他们对内容的理解也从曾经品牌单一的"我说你听"的形式，向多样性和互动性的方式快速演进。今天，我们所说的"内容"已经不再是通过数字化手段简单地传递品牌核心信息，而是要依托于具有吸引力的先进数字化表现形式、捆绑IP等方式进行更高效、更持久的传播。在未来，我们将在全球范围内收集优势内容资源，植根中国本土打造专属内容资源，使我们的合作伙伴可以获得度身定制的、更丰富的、更优质的内容选择。

平台，并不是互联网行业的专属

中国互联网的高速发展，不但改变了经济格局，也在改变中国传播市场格局。面对数字时代的来临，每个营销策划机构已经不再是一个单纯的个体，也应向平台化发展。简单地讲，每个营销策划机构就好像是一座桥梁，连接品牌与品牌、品牌与消费者、消费者与消费者，这是时代发展的趋势也是对我们的挑战。我们已经开始打造独一无二的品牌生态营销大平台，以互联网品牌为核心，整合现有服务品牌资源，并吸引更多优势品牌及资源，通过我们的个性化营销策划让品牌和品牌利益最大化。在不远的将来，希望我们可以为合作伙伴提供一站式的营销策划服务，从内容到策划、从传播到销售、从品牌到品牌、从品牌到消费者，形成无缝连接的平台。

新纪元传播集团

新纪元传播集团创始于2006年，是一所由跨国公司优秀创意人，以及500强公司品牌策划人构建的专业品牌整合营销策划传播集团。集团实行上海、重庆、郑州三地联动，既追求国际视野，又注重本土洞察与客户需求紧密结合。

公司拥有60位资深策略、创意人员，通过品牌审视及前瞻创新的理念，融合市场环境、企业理念，为客户提出行之有效的品牌策略，以专业的品牌整合与"全传播"的方式，以伙伴式的顾问合作关系，为品牌成长和未来发展，提供强劲持久的推动力。

公司网址：http://www.zzxjygg.com

有品牌才有未来
人物专访：新纪元传播集团　董事长　栗鹏举

随着数字技术和新媒体的发展，公关的营销手段日益丰富，作为专业企业品牌服务商，秉承"有品牌才有未来"的品牌营销理念，新纪元传播集团也在不断探索公关传播的战略方向。

探索边境之路，呈现英雄之勇——《长安FAN·欧尚边境线计划》，1辆车，5个人，8个月，6万千米……沿着中国边境线，几经生死，用车轮丈量祖国的每一寸土地。这是一次当今青年生活方式的探索和传播，新纪元传播集团为其制定了全方位的立体营销计划，并以漫画、游记、记录片等多种形式记录行程故事。

《长安FAN·欧尚边境线计划》展示了自主汽车领军品牌长安汽车"向年轻人靠拢"的全新形象，强化欧尚更加"年轻化、时尚化"的品牌印象。同时，这也是一次以"自媒体矩阵"为主的品牌传播行动，依据"低成本高传播"的执行原则，力求"小事件大传播"，同时利用公益和文化话题在大众层面进行传播，并在汽车和旅游类垂直网站与兴趣爱好者互动。

面对纷繁变化的营销市场环境,新纪元传播集团及时聚合丰富的实践活动，学习借鉴行业经验，不断推进自身变革和行业发展，专注于汽车品牌营销与整合传播，以极富营销力的策略创意，为汽车品牌客户与合作伙伴的成长及未来发展，提供持久强劲的品牌推动力。

有品牌才有未来——新纪元传播集团将与众多合作伙伴精诚合作，携手前行，致力于向世界传播优秀品牌，成为人人尊敬的创意机构！